JN095110

こんなときどうする？

Q&A

処分の難しい不動産を整理するための法律実務

負動産にしないための
法的アプローチ

弁護士

関口康晴

町田裕紀

〔著〕

日本加除出版株式会社

はしがき

　近時、所有者が不明な土地の増加が社会問題化しており、民法（物権法・相続法）が改正され、相続等により取得した土地所有権の国庫への帰属に関する法律といった関連法も制定されました。

　しかし、所有者が判明していても、不動産の処分が困難な場合があります。売主側に処分が困難な事情がある場合、たとえば、不動産所有者が高齢である場合のほか、相続を契機に多数の者が不動産について権利義務を有することになった場合には、処分が困難になります。また、売主側に売却困難な事情がなくても、不動産自体に瑕疵がある場合にも、処分は一筋縄ではいきません。特に後者の場合、民法（債権法）が改正され、契約不適合責任が採用されたことにより、契約時に瑕疵の説明が重要となりますので、瑕疵の類型に応じた対応方法も検討しなければなりません。

　本書では、日ごろから不動産紛争を取り扱っている弁護士が、このような処分困難な不動産の処分方法を、具体的な事例を通じて検討しています。本書の特色は、以下のとおりです。

　第1に、本書は、具体的な事例を通じて、処分困難な不動産の問題の所在を明らかにするとともに、解決する方策を、裁判例や実務上の取扱い等を踏まえて提案しています。具体的な事案は、7つの章に分けて整理しています。また、解説については分かりやすさを心がけました。

　第2に、本書は、不動産の法律問題に携わる弁護士を対象にしていますが、とりわけ登録から日の浅い弁護士を意識して解説しています。若い弁護士が、この分野の問題に直面したときに参照できる文献をできる限り掲載するとともに、調査事項の具体的調査方法等にも言及しています。

　第3に、不動産の問題は、登記の問題や税金の問題、境界の問題等、弁護士だけでは解決し得ない問題も含みます。そのため、本書では、他士業の協力も得て解説しています。中島正敬司法書士（中島司法書士事務所）、濱野智徳税理士（濱野会計事務所）、持丸康和土地家屋調査士（東京・土地建物登記測量サポートセンター）の協力がなければ刊行できませ

んでした。厚く感謝申し上げます。

　不動産に関する紛争は、当事者の人間関係のみならず、当該不動産自体の瑕疵も強く影響します。そのため、一つとして同じ解決方法はありません。本書が、日ごろから不動産の法律問題に携わる方々の参考となり、解決に資することになれば、これに勝る喜びはございません。

　最後に、若手弁護士の立場から本書の内容を検討しコラム執筆にも協力いただいた橋本隼人弁護士、司法修習生の立場から本書内容を検討し、書式の作成にも協力いただいた小林洋平司法修習生に厚く感謝申し上げます。そして、日本加除出版株式会社の鶴崎清香氏に心より感謝申し上げます。

　2022 年 6 月

関口康晴・町田裕紀

目　次

有持分が10分の8）しています。共有物分割により、ＸＹの共有持分
割合で、甲土地が乙土地（Ｘの所有）と丙土地（Ｙの所有）に現物分割
されました。このとき、登記はどのような方法で行われるのでしょうか。
❷　ＸおよびＹは、甲土地をＡに対し建物所有目的で賃貸するととも
に、Ｘは、自己の共有持分にＢのために抵当権を設定した場合、現物
分割は、賃借権および抵当権に影響を及ぼしますか。

Q4　共有物分割③ 現物分割における区分所有権の活用 ……………… 24

　　Ｘ、ＹおよびＺは、3部屋ある木造アパート（101号室、102号室、
103号室の3部屋）1棟およびその敷地を持分各3分の1ずつ共有して
います。Ｘ、ＹおよびＺは、協議の結果、Ｘが101号室を、Ｙが102号
室を、Ｚが103号室を取得する合意をしました。共有する不動産を分譲
マンションのように区分所有建物にした上で現物分割することは可能で
しょうか。また、協議が調わない場合、裁判でこのような共有物分割を
請求することは可能でしょうか。

Q5　共有物分割④ 全面的価格賠償の方法による共有物分割 ………… 30

　　Ｘ、ＹおよびＺが持分各3分の1ずつ共有する土地建物について、建
物に居住するＸは、ＹおよびＺに対し相当な対価を支払う方法によ
り、土地建物の全部を取得したいと考えています。なお、土地に対する
建物の占める割合は小さく、現物分割が可能であり、かつ、Ｘには現金
がなく、ＹおよびＺに対する賠償金は、金融機関からの融資により賄
おうと考えています。この場合において、Ｘが全面的価格賠償の方法に
より土地建物の所有権全部を取得することができますか。
　　裁判で全面的価格賠償の方法を主張する場合、どのような主張立証が
必要でしょうか。

Q6　共有物分割⑤ 離婚と共有物分割 ·· *38*

　　XおよびYは夫婦であり、区分所有建物である甲マンションの301号室（以下「本件建物」といいます。）を、持分各2分の1の割合で共有しています。本件建物には、XおよびYを連帯債務者とする住宅ローン3,000万円を担保するための抵当権設定登記があります。本件建物を4,000万円で購入するに当たり、Xはその父親から金1,000万円の贈与を受けており、これを頭金として支払っています。

　　このたび、XおよびYは、離婚することになりましたが、本件建物の時価が3,000万円、住宅ローンの残額が2,000万円である場合、清算を希望するXは、どのように財産分与をすべきでしょうか。

Q7　共有物分割⑥ 共有物分割と権利濫用 ······························· *46*

　　XおよびYは、15年前に結婚し、未成年の長女および長男がいる夫婦であり、結婚を機に夫婦名義で土地建物を購入しました（Xの共有持分が7分の6、Yの共有持分が7分の1）。

　　XおよびYは、性格の不一致により5年前から別居するに至り、Yおよび子ども2人が上記土地建物で生活しています。Xは、離婚に向けての話し合いが進まないまま自己の財産の整理が進まない現状に不満を抱き、Yに対して共有物分割請求訴訟を提起し、土地建物を自身の名義とすること、裁判所の定める相当額の価格賠償金と引換えにYの持分である7分の1の持分全部移転登記手続を求めるとともに、本件建物の明渡しを求めたいと考えています。

　　このようなXの共有物分割請求は、認められるでしょうか。

Q8　共有物分割⑦ 共有持分放棄 ‥‥‥‥‥‥‥‥‥‥‥‥‥‥‥‥‥‥ *52*

　　　X、YおよびZは兄弟であり、父Aの死去に伴い、Aが所有していた不動産について持分各3分の1とする遺産分割協議を行い、これを相続しました。しかし、この不動産は、廃村にあり、第三者に賃貸する等の方法により利用することも難しい状況です。Xは、この不動産の共有持分を放棄して共有関係から離脱したいと考えていますが、どのような手続で共有持分を放棄できるのでしょうか。

　　　また、この不動産につきXの共有持分の登記がなされている場合、Xはどのような手続で共有持分の登記を抹消できるのでしょうか。

Q9　共有物分割⑧ 共有者の所在不明 ‥‥‥‥‥‥‥‥‥‥‥‥‥‥‥‥ *58*

　　　兄弟であるXとY、そしてZが一人株主兼代表取締役を務める株式会社Aは、甲土地をそれぞれ3分の1ずつ共有しています。この土地上には、Xが所有する建物があり、Xとその家族が居住しています。Xは、この土地の共有物分割をして自身の単独所有にしたいと考えています。しかし、現在、Yの所在は明らかではなく、株式会社Aも十数年前から事業を営んでおらず、Zの所在も不明です。この場合、Xは、どのように共有物分割の手続を進めればよいでしょうか。

第3章　遺産共有関係の解消 ───────────────── *64*

Q10　遺産共有関係の解消① 相続人が行方不明・制限行為能力者の場合における遺産分割協議 ‥‥‥‥‥‥‥‥‥‥‥‥‥‥‥‥‥ *64*

　　　❶　Aが甲土地を所有していたところ、遺言書を作成することなく死亡しました。Aの相続人はXとYです。遺産分割は、どのように進めればよいでしょうか。遺言書があった場合では、進め方が異なるのでしょ

うか。

❷　Yにつき以下の事情がある場合、Xは、どのように手続を進めればよいでしょうか。

　　①Yが行方不明である場合

　　②Yが未成年者・成年被後見人・被保佐人・被補助人である場合

Q11　遺産共有関係の解消② 遺産分割の方法と遺産である不動産の評価

　　Aが土地およびその土地上の建物（以下「本件不動産」といいます。）を所有し、Aと妻Xが居住していましたが、Aが遺言書を作成しないままに死亡しました。Aの相続人は、妻X、Aと前妻の子Y、AとXの子Zです。

　　Xは、本件不動産の取得を希望していますが、どのような方法により、YおよびZとの遺産分割協議をまとめればよいでしょうか。

　　また、本件不動産は、遺産分割上、どのように評価すべきでしょうか。もし、本件不動産が以下のものであった場合には、どのように評価すべきでしょうか。

　　①借地権付き建物（借地権および建物）

　　②底地（建物所有目的の借地権が存在する土地）

　　③土壌汚染や地下埋設物が存在する土地

Q12　遺産共有関係の解消③ 賃貸不動産の遺産分割

　　Aは、自宅兼賃貸アパートである甲建物を所有し、子Xと同居しつつ賃貸経営をしていましたが、遺言書を作成しないまま亡くなりました。相続人は、子Xと子Yであるところ、Xは、甲建物を相続し引き続き居住しながら賃貸経営することを希望していますが、一方でYも甲建物を相続した上で、Xをその居住する部分から退去させて、同部分も賃貸して収益を上げることを希望しています。下記❶～❸のケースにおいて、XYと賃借人との法律関係はどのように処理すればよいでしょうか。

❶　XY間の遺産分割がまとまるまでの間

Q13　遺産共有関係の解消④ 賃借不動産の遺産分割

Ａは、地主Ｂから甲土地を建物所有目的で賃借し、同土地上に甲建物を築造して居住していたところ、遺言書を作成しないまま死亡しました。相続人は、子Ｘと子Ｙであるところ、Ｘは借地権および借地上の甲建物を売却して清算したい意向です。一方で、Ｙは単独で取得し居住したい意向です。

Ｘは、どのような方策により、清算金を得ることができるでしょうか。

Q14　遺産共有関係の解消⑤ 相続分の放棄

Ａは、甲土地と同土地上に老朽化した甲建物を所有し居住していたところ、遺言書を作成しないまま死亡しました。相続人は、先に死亡したＡの兄の子である代襲相続人ＸおよびＹ、Ａの弟であるＺであるところ、Ｘは、甲土地および甲建物を含めた遺産総額が少ないことに鑑み、相続に関して何らの権利も主張せず、煩わしさから解放されたいと考えています。Ｘは、どのような対応をとることができるでしょうか。

Q15　遺産共有関係の解消⑥ 遺言と異なる遺産分割

Ａは、甲土地および乙土地を所有していたところ、亡くなりました。Ａの相続人は、子Ｘ、子Ｙおよび子Ｚであるところ、Ａの遺言書によれば、甲土地はＸが相続し、乙土地はＹおよびＺが持分各２分の１ずつ相続するとされていました。しかしながら、Ｘは甲土地の相続は希望せず現金（代償金）の取得を希望し、ＹおよびＺも乙土地を共有することは希望せず、甲土地または乙土地をそれぞれ単独相続することを希

望しています。この場合、ＸＹＺは、Ａの遺言と異なる遺産分割をすることができるのでしょうか。

甲土地（時価１億円）をＡが持分２分の１、その子ＸおよびＹが持分各４分の１ずつ共有していたところ、Ａが死亡し、ＸおよびＹが相続人となりました。Ｘは、被相続人Ａの持分２分の１の全部のみならず、Ｙの持分４分の１も取得したいと考えています。なお、Ａには、甲土地のほか、預金１億円の遺産があります。この場合、Ｘは、どのような対応をとることができるでしょうか。

ＸとＡが甲土地を共有していたところ、Ａが死亡し、子ＹおよびＺが相続人となりましたが、ＹＺ間の遺産分割協議がまとまりません。共有物分割を望むＸは、ＹおよびＺに対し、いかなる法的措置を執ることができるでしょうか。

Ａは、土地およびその土地上の建物を所有し、妻Ｘとともに居住していましたが、亡くなりました。相続人は、妻Ｘと子Ｙです。ＸとＹの遺産分割で、Ｙが土地および建物の所有権を取得し、Ｘがこれら不動産について配偶者居住権の設定を受け、それぞれ登記がなされました。

その後、下記の場合において、法律関係をどのように処理すればよいでしょうか。
❶ X が配偶者居住権を現金化したい場合
❷ Y が土地建物を売却し現金化したい場合

Q19　売却困難な事情② 区分所有建物における滞納金の承継 ……… *124*

　A は、借地権付マンションの 103 号室（以下「甲建物」といいます。）を区分所有していましたが、先日亡くなりました。X が A のただ 1 人の相続人です。X が甲建物を相続したところ、A が管理費および地代の支払を数年間にわたり滞納していたことが分かりました。X は、甲建物を処分するに当たり、どのような点に留意すべきでしょうか。

Q20　売却困難な事情③ 敷地利用権のない専有部分の売却 …………… *130*

　X は、亡父より区分所有建物である甲マンションの 401 号室を相続し、現在所有しています。甲マンションは、築数十年が経過しており、甲マンションの敷地である土地については、多くの区分所有者の共有となっていますが、敷地権である旨の登記がなされていません。X が調査したところ、亡父は甲マンションの敷地について共有持分を有していませんでした。X は、401 号室を処分したいと考えていますが、どのような点に気をつけるべきでしょうか。

Q21　売却困難な事情④ 借地権の売却 ……………………………… *136*

　X は、Y から甲土地を賃借（賃借権）しており、甲土地上に乙建物を建築して居住しています。X は、高齢になったこともあり、借地権付建物を親戚に売却して、利便性の高いマンションを購入することを考えて

います。しかし、Yは借地権の譲渡に応じません。
　この場合、Xはどのようにすればよいでしょうか。

Q22　売却困難な事情⑤ 土地の賃借人・転借人（未登記建物との対抗関係、背信的悪意）

　　Xは、建物所有を目的として甲土地および乙土地につき地主Yと賃貸借契約を締結しています。Xは、甲土地上に甲建物を、乙土地上に乙建物を所有していますが、乙建物については未登記でした。
❶　Xは、借地権付建物を第三者Aに譲渡しようと考えていますが、どのような点に留意すべきでしょうか。
❷　Yは、甲土地および乙土地を第三者Bに譲渡しようと考えていますが、どのような点に留意すべきでしょうか。

Q23　売却困難な事情⑥ 建物賃借人がいる不動産の処分

　　Xは、10戸のうち3戸しか入居していない老朽化した賃貸住宅および敷地を所有していますが、当該賃貸住宅および敷地の売却を検討しています。どのような方法が考えられるでしょうか。
　　また、賃料を6か月間滞納している賃借人が存在する場合や、Xがサブリース業者との間で一括賃貸借契約（マスターリース契約）を締結している場合、その売却にあたって、どのような点に留意すべきでしょうか。

Q24　売却困難な事情⑦ 任意売却

　　Xは、土地およびその土地上の建物（時価合計4,000万円）を所有していますが、これらの土地建物には、A銀行の第一順位の抵当権（被担保債権3,000万円）、B信用金庫の第二順位の抵当権（被担保債権2,000

自治体が発行するハザードマップにおいて冠水する危険性が高い土地とされ、実際に、数年前には台風による冠水被害を受けたことがありました。Xは、甲土地を売却するにあたり、どのような点に留意すべきでしょうか。

Q28　契約不適合責任④ 地中埋設物 ……………………………………… *180*

Xは、甲土地を所有していますが、かつて存在していた建物の杭が地中に残っていました。Xが甲土地を売却するにあたり、どのような点に留意すべきでしょうか。購入者の購入目的によって、違いは生じるのでしょうか。

Q29　契約不適合責任⑤ 油・土壌汚染 ……………………………… *186*

Xは、甲土地を所有しているところ、Xがかつて行っていた事業の影響により、甲土地には大量の油分が存在することが分かっています。Xが甲土地を売却するにあたり、留意すべき点は何でしょうか。

Q30　契約不適合責任⑥ 接道要件 ……………………………………… *192*

Xは、宅地である甲土地を所有しているところ、甲土地は、前面の位置指定道路（幅員４メートル）に２メートル接しているかどうかが定かではありません。Xが甲土地を売却するにあたり、どのような点に留意すべきでしょうか。

　　X は、甲土地およびその土地上の建物（以下これらを併せて「甲不動産」といいます。）を所有していますが、自宅の前の唯一の道路は、道路位置指定がなされているものの、奥に住む Y の単独所有となっています。X と Y はかねてより折り合いが悪く、かつて X が Y に対し老朽化したガス管の更新に当たり掘削承諾書への署名押印を求めたところ、Y がこれを拒否し、そのままとなっているという経緯があります。X が甲土地を宅地として売却するにあたり、どのような点に留意すべきでしょうか。

　　X は、甲土地を所有していますが、甲土地は、他の土地に囲まれて公道に通じない「袋地」となっています。そのため、X は、公道に通じるために乙土地を長年にわたり通行してきました。X が甲土地を宅地として売却するにあたり、どのような点に留意すべきでしょうか。

　　X は、甲土地を所有していますが、隣地所有者である Y との境界が確定しておらず、X が境界の確定を求めても、Y は一向に協力しようとしません。X としては、価格への影響を避けるため、境界を確定した上で売却したいと考えていますが、X は、いかなる方策をとることができるでしょうか。

Q38 相隣関係④ 越境 ……………………………………………… *236*

　　Xは、甲土地を所有していますが、甲土地上にある建物の雨樋部分が、Yが所有する隣地の乙土地に越境しています。一方、Yが所有するフェンスが、途中で蛇行し、その一部が甲土地に越境しています。この場合、Xが甲土地を売却するにあたり、どのような点に留意すべきでしょうか。

第7章 再開発 ———————————————————— *242*

Q39 再開発① 道路予定地 ………………………………………… *242*

　　Xは、甲土地を所有していますが、その土地の一部が、都市計画に基づく道路予定地となっています。Xが甲土地を売却するにあたり、どのような点に留意すべきでしょうか。

Q40 再開発② 農地 …………………………………………………… *246*

　　Xは、かつて農業を営んでおり、農地として使用していた甲土地を所有しています。甲土地の登記事項証明書上も地目が「畑」と記載されています。しかし、長年にわたって耕作を行っておらず、雑草が生い茂った状態です。Xは、Yに対し、住宅用地として甲土地を売却したいと考えています。こうした状態の土地を処分する場合でも、農業委員会の許可・届出が必要になるのでしょうか。

Q41 再開発③ 都市再開発 ……………………………………… *252*

Xは、第一種市街地再開発事業の施行区域内に宅地を有しているところ、その土地を売却することを検討しています。再開発事業の進捗状況に応じて、土地の売却にあたって留意すべき点は何でしょうか。

Q42 再開発④ 土地区画整理 ……………………………………… *260*

Xは、土地区画整理事業の計画区域内に宅地を有しているところ、その土地を売却することを検討しています。土地区画整理事業の進捗状況に応じて、土地の売却にあたって留意すべき点は何でしょうか。

Column

章目次

第1章 行為能力

 1 不動産の処分と行為能力

　　最近物忘れの傾向がみられる祖父Ａ（高齢者）と孫Ｂ（未成年者）が土地建物（以下「本件不動産」といいます。）を共有しています。Ａと同居し事実上財産管理を行っているＡの子（Ｂの父親）であるＸは、Ａが高齢者施設に入居する費用を捻出するため、Ａの土地建物の共有持分を買い取りたいと考えています。買取資金は、Ｘが銀行から全額を借り入れ、Ｂの持分も含めた本件不動産全部に抵当権を設定する予定です。Ｘから相談を受けた弁護士は、この相談につき、どのような点に留意すべきでしょうか。

　　ＸがＡの本件不動産の持分を買い受けるにあたり、Ａの判断能力次第では、Ａにつき後見・保佐・補助制度を利用することが考えられます。

ＡとＢが土地建物を共有

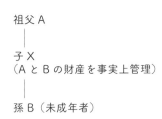

祖父Ａ
｜
子Ｘ
（ＡとＢの財産を事実上管理）
｜
孫Ｂ（未成年者）

　Bの土地建物持分に抵当権を設定する場合、Bについては法定代理人の同意が必要となりますが、Xと持分権者Bとの間の利益が相反します。そのため、Bの母親が法定代理人として同意するか、X以外に法定代理人がない場合、Bのために特別代理人の選任を家庭裁判所に請求しなければなりません。

解説

1．後見・保佐・補助

（1）意思能力の確認

　民法は、法律行為の当事者が意思能力を有していなければ、その法律行為は無効とすると規定しています（民法3条の2）。

　設例のAは、最近物忘れの傾向がみられるため、後見・保佐・補助の制度の利用を検討する必要があります[1]。実際上、融資する予定の銀行からは、融資金の回収が不能になるリスクを回避するため、Aの意思能力の有無についての確認が求められるはずです。

（2）後見・保佐・補助の申立て

　後見開始、保佐開始、補助開始の申立ては、本人の住所地（住民登録をしている場所）を管轄する家庭裁判所に対して行います。申立権者は、本人、配偶者、四親等内の親族等、民法7条、11条または15条1項に列挙されている者です。

　標準的な手続の流れは、以下のとおりです。申立てから審判までは、おおむね1か月から2か月程度かかります。

---

[1] 親が所有している不動産について、親を委託者兼受益者、子を受託者とする家族信託契約を締結し、子が当該不動産を管理することも、近時、見受けられます。家族信託契約において、受託者の財産管理権として、親が高齢者施設に入居する場合に当該不動産を売却できる旨を定めておくことで、高齢者施設に入居する必要が生じた場合に、受託者たる子の責任において当該不動産を売却することができます。なお、家族信託契約は、親が判断能力を備えているうちに締結しておく必要があります。

```
申立準備　→　面談予約　→　申立て　→

審査（書類審査、面接、親族への意向照会、鑑定、
　　　本人・候補者調査）　→

審判・確定・登記
```

東京家庭裁判所後見センターの HP 参照
(https://www.courts.go.jp/tokyo-f/saiban/kokensite/index.html)

　申立てに必要な書類等は、東京家庭裁判所後見センターのホームページに掲載されています[2]。

　なお、成年後見・保佐・補助開始の申立ての取下げは、公益性や本人保護の見地から、審判前であっても家庭裁判所の許可を得なければ行うことができない点に留意が必要です（家事事件手続法 121 条、133 条、142 条）。

(3) 本人や世話をしている親族が後見人等の選任に反対する場合

ア　本人が後見人等の選任に反対する場合

　Ａが成年後見・保佐・補助開始相当であるにもかかわらず、後見人等が選任されることで、これまで自由に行うことができた行動が制限されることを嫌がり、本人が成年後見等の開始の申立てを拒むことがあります。

　補助開始の申立ての場合、本人の同意が要件となっています（民法 15 条 2 項）ので、本人の意思に反して申し立てることはできません。

　保佐開始の申立ての場合、本人の同意は要件ではありませんが、保佐人に代理権を付与するためには本人の同意が必要となります（同法 876 条の 4 第 2 項）。そのため、本人の同意がない場合に、家庭裁判所調査官が本人との面談を行い、本人に保佐の必要性があると家庭裁判所が判断すれば、同意権のみが付与された保佐の審判をすることがあります。この場合、保佐人は、本人との定期面談の中で信頼関係を築いていきます。

　後見開始の申立ての場合は、後見相当と判断されれば、本人の意思に関

---

[2]　https://www.courts.go.jp/tokyo-f/saiban/kokensite/moushitate_seinenkouken/index.html

わりなく後見開始の審判がなされます。

イ　世話をしている親族が後見人選任に反対する場合

　一方で、事実上、本人の財産管理を行っている親族が、後見開始がなされることにより、これまで行ってきた財産管理ができなくなることを理由に、後見開始の申立てに反対することがあります。このような場合でも、本人の四親等内の親族等が申立人となり、後見開始の審判の申立てをすることができます。

　本人の世話をしている親族が後見に反対している場合、申立段階において必要である診断書が用意できないこともあります。そして、後見を開始する場合、明らかに鑑定の必要がないと認められるとき以外は、鑑定[3]を経なければならないため（家事事件手続法119条1項）、鑑定を経る必要があります。

　本人を囲い込んでいる親族が鑑定を妨害し、どうしても鑑定を実施できない場合には、申立てが却下されることもあります。そのため、一部親族が後見申立てに反対している場合、申立人は、審判前の保全処分の申立てを検討することになります。すなわち、本人から一部親族への金銭の流れを絶つことが目的であれば財産管理者の選任、本人の財産を保全する必要がある場合には後見命令の審判を求めることが考えられます（同法126条）[4]。

(4) 設例における解決策

　XがAの共有持分を買い取る場合、Aの判断能力の程度の確認が必要です。判断能力次第では、後見等を申立て、その上でAの共有持分を買い取る手続を進めることになります。

　Aにつき後見開始（保佐開始、補助開始）の審判がなされた場合、Aは本件不動産に居住していますので、同不動産を処分するためには、事前に家庭裁判所に対して居住用不動産の売却許可を申し立て、許可を得る必

---

[3]　東京家庭裁判所のホームページによれば、鑑定費用は10万円～20万円程度とされています。

[4]　保佐・補助開始の審判前の保全処分についても、後見の規定が準用されています（同法134条、143条）。

要があります（民法 859 条の 3、876 条の 5 第 2 項、876 条の 10 第 1 項）[5]。

　不動産売却の許可申立ての申立書は、東京家庭裁判所後見センターのホームページで公開[6]されています。

　なお、親族間で不動産を売買する場合、売買価格を市場価格よりも著しく低い価格を設定するいわゆる低額譲渡[7]が行われることがあります。この場合、売買が被後見人の財産を毀損するおそれがあるため、果して家庭裁判所が売却を許可するか、という問題があります[8]。

2．特別代理人の選任

(1) 利益相反行為

　未成年者の法律行為については、原則として法定代理人（親権者）の同意が必要となり、同意を欠く場合、当該法律行為は取消しの対象となります（民法 5 条 1 項・2 項）。また、親権を行う父または母とその子との利益が相反する行為については、親権を行う者は、その子のために特別代理人を選任することを家庭裁判所に請求しなければなりません（同法 826 条 1 項）。特別代理人が選任されないままなされた当該利益相反行為は、無権代理行為とみなされます（同法 826 条 1 項、108 条 2 項）。

(2) 利益相反の判断基準

　子と法定代理人の利益相反の判断基準については、行為の動機や目的等を実質的に考慮する考え方もあります。

---

[5]　保佐人・補助人については、不動産処分の代理権が付与されている場合に限ります。

[6]　https://www.courts.go.jp/tokyo-f/saiban/kokensite/koukennin_sennin/index.html#11j

[7]　著しく低い価格は、個々の具体的事案に基づき判断されます（https://www.nta.go.jp/taxes/shiraberu/taxanswer/zoyo/4423.htm）。

[8]　その財産の時価と支払った対価との差額に相当する金額は、財産を譲渡した売主（設例におけるＡ）から贈与により取得したものとみなされ、買主（設例におけるＸ）には贈与税が課されます。そして、買主が当該不動産を第三者に譲渡する際に、売主が当該不動産を取得したときの取得費および取得時期を引き継がせ、買主による譲渡時まで当該不動産の課税を繰り延べることになる点に注意を要します。低額譲渡を行う場合、通常の不動産売買における課税関係とは異なりますので、あらかじめ税理士にも相談することが重要です。

　しかし、最高裁[9]は、親権者が未成年者の法定代理人として行う法律行為が利益相反行為に該当するかどうかは、「親権者が子を代理してなした行為自体を外形的客観的に考察して判定すべきであつて、当該代理行為をなすについての親権者の動機、意図をもつて判定すべきでない」と判示し、行為の外形から客観的に判断すべきとします。

　設例において、親権者Xの借入金のために、XがAから買い受ける不動産の共有持分のみならず、未成年である子Bの共有持分についてまで抵当権を設定する行為は、利益相反行為となります。

(3) 親権の共同行使の場合における親権者の一方との利益相反

　設例において、未成年者Bに母親である親権者Cがいた場合、CがBを代理することで抵当権を設定することができないかが問題となります。

　この点、最判昭和35年2月25日[10]は、一方の親権者とのみ利益相反する場合、利益相反関係にない親権者と特別代理人が共同して代理すべきであるとしています。

(4) 設例における解決策

　Bの共有持分に抵当権を設定するために、Xは、未成年者の住所地の家庭裁判所に対し、Aのために特別代理人の選任を請求する必要があります（民法826条1項）。その上で、特別代理人が、単独で、または、Bの親権者である母Cがいる場合にはCと共同で、Aの共有持分に抵当権を設定する必要があります。

　もっとも、上記の場合において、家庭裁判所がそう簡単に特別代理人を選任するとは限りません。未成年者が担保を提供する必要性を説明し、最終的には未成年者の利益にもかなうこと（同居している本件不動産を売却により失うおそれがなくなる等）を説明する必要がありそうです。

---

[9]　最判昭和42年4月18日判タ207号77頁
[10]　判時217号15頁

第2章　共有物分割

Q2　共有物分割①
総論

　X、YおよびZは兄弟であり、甲土地および甲建物並びに乙土地（以下これら不動産を合わせて「本件不動産」といいます。）を、それぞれ持分3分の1ずつ共有しており、Xが甲建物に住んでいます。Xは兄弟仲が良くないことから、自身が亡くなったとき、自らの子どもら2名がYおよびZと本件不動産の共有でもめることを避けるために、共有の解消を考えています。どのような解消方法があるでしょうか。

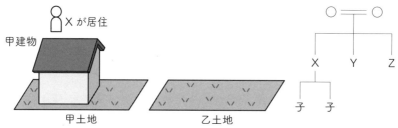

甲建物　Xが居住

甲土地　　　　　　乙土地

本件不動産は、いずれもX、YおよびZが持分3分の1ずつ共有

　Xは、自身だけでは本件不動産を使用・収益・処分することはできません。Xは、この共有状態を解消するため、YおよびZに対して彼らの甲土地および甲建物の共有持分をXに売却することを提案するほか、自身の乙土地の共有持分を代償として提供するなどして、甲土地および甲建物の共有状

態を解消することが考えられます。もし、任意で共有関係の解消ができない場合、調停または訴訟の手続で共有関係の解消を図ることになります。

解説

1. 共有の意義および共有関係解消の必要性

　共有は、1つの物を複数人が所有する特殊な関係です。共有物の使用・収益・処分は、共有者の全員または過半数で決することになります（民法251条、252条）。共有者の関係が良好な場合、これら法律行為を行うための協力関係の構築はそれほど難しくないかもしれません。

　しかし、共有者の関係が良好ではない場合、共有物の管理および変更に支障が生じるほか、共有持分を売却しようにも購入者が極めて限られるため、共有自体が減価要因となります。

　そのため、共有関係の構築はできる限り避けることが望ましく、また共有状態が生じている場合、関係が悪化する前に共有関係の解消が望まれます。共有関係の解消方法としては、①「協議による解消」と②「裁判による解消」に大別できます。

2. 協議による解消

(1) 柔軟な分割方法

　共有者は、いつでも共有物の分割を請求できます（民法256条）。協議による共有の解消方法は、民法に特段の定めがあるわけではありませんが、様々な可能性を考慮の上で、解消の可能性を広げるべきと考えます。

　設例の場合、単純にXがYおよびZの共有持分を買い取る代償分割の方法以外にも、Xが別に住居を用意できるのであれば、自身の共有持分をYまたはZに購入してもらう方法や、全員で共同して本件不動産を売却して売却代金を按分する方法により共有関係の解消することができます。

　また、Xが乙土地を使用しないのであれば、Xが有する乙土地の共有持分とYおよびZが有する甲土地および甲建物の共有持分を交換する（場合によっては、それに加えて、交換差額を金銭で精算する方法により

解消する）ことも考えられます。

　以上のほか、甲建物だけを X の単独所有とし、甲土地を X、Y および Z の共有とした上で甲土地に甲建物のための借地権を設定する方法も考えられます。この場合、甲土地および乙土地の共有関係は解消しませんが、少なくとも X が居住している甲建物については X の単独所有となるため、X は自由に甲建物を使用・収益することができます。

協議による共有関係の解消
①X が Y および Z の共有持分を買い取る方法
②X の共有持分を Y または Z に購入してもらう方法
③全員で本件不動産を売却して売却代金を按分する方法
④X の乙土地持分と Y および Z の甲土地・甲建物の持分を交換する方法
⑤甲建物を X の所有とし、共有状態の甲土地に利用権を設定する方法

（2）代償金の準備方法

　裁判において全面的価格賠償の方法で共有物分割を行う場合、共有物の取得を希望する共有者には代償金の支払能力が要件とされており、代償金の支払に期限を付与したり、分割払いにすることはできず[1]、一括支払が前提となります（代償金の支払方法については、Q5 を参照してください。）。

　この点、協議による共有の解消の場合、共有物の取得を希望する共有者は、代償金の支払に期限の付与や分割払いのほか、共有物を取得すると同時に不動産に抵当権を設定して代償金を用意することも可能です。

　このように、代償金を事前に準備できない場合、協議による共有物分割の方法は、有益な解決方法となります。

（3）調停の活用

　なお、「協議による解消」として、「調停」の活用も考えられます。同じ

---

[1]　大阪高判平成 11 年 4 月 23 日判時 1709 号 54 頁

協議を行う場合でも、調停委員という第三者を介することで当事者の対立感情を緩和し、協議を進めることができるからです。

3. 裁判による解消

(1) 3種類の共有関係の解消方法

　共有者間で協議が調わない場合、X は、裁判所に対し、共有物分割を請求することができます（民法 258 条 1 項）。

　裁判による共有関係の解消方法は、①現物分割（共有物を物理的に共有持分ごとに分割する方法）、②換価分割（共有物を競売に付し、買受金を共有持分に基づき按分する方法）のほか、裁判所は③代償分割（共有持分以上に現物を取得した共有者が他の共有者に代償金を支払う方法）も認めています。

　なお、①から③を組み合わせて共有関係の解消を図る方法がとられることもあります。

(2) 裁判所による解消方法の選択基準

ア　現物分割と換価分割について

　民法 258 条 2 項は、共有物の分割は、原則として、①現物分割、現物分割ができない場合や現物分割をすることにより共有物の価格を著しく減少させるおそれがある場合には②換価分割が命じられる旨を規定しています。

イ　代償分割について

　一方で、裁判所は、最判平成 8 年 10 月 31 日[2]（以下「平成 8 年判決」といいます。）において、③代償分割のうち共有者の 1 人が他の共有者に代償金を支払うことで、共有物の単独所有権を取得する、いわゆる「全面的価格賠償」を認め、そのための要件も明らかにしました（全面的価格賠償の詳細については、Q5 を参照してください。）。

ウ　各分割方法の優先関係

　そうすると、①現物分割、②換価分割および③代償分割の優先関係はどうなるのでしょうか。裁判により共有関係の解消を図る場合、これら各分

---

[2]　判タ 931 号 148 頁

割方法の選択基準を念頭に置いた上で訴えを提起しないと、意に反する結果となりかねないため注意が必要です。

　この点、平成 8 年判決は、「この裁判所による共有物の分割は、民事訴訟上の訴えの手続により審理判断するものとされているが、その本質は非訟事件であって、法は、裁判所の適切な裁量権の行使により、共有者間の公平を保ちつつ、当該共有物の性質や共有状態の実状に合った妥当な分割が実現されることを期したものと考えられる。したがって、右の規定は、すべての場合にその分割方法を現物分割又は競売による分割のみに限定し、他の分割方法を一切否定した趣旨のものとは解されない。

　そうすると、共有物分割の申立てを受けた裁判所としては、現物分割をするに当たって、持分の価格以上の現物を取得する共有者に当該超過分の対価を支払わせ、過不足の調整をすることができる（…）のみならず、……共有物を共有者のうちの一人の単独所有又は数人の共有とし、これらの者から他の共有者に対して持分の価格を賠償させる方法、すなわち全面的価格賠償の方法による分割をすることも許されるものというべきである。」と判示し、現物分割できる場合でもあっても、全面的価格賠償の要件を満たす限り、同方法による分割も許されることを認めました。

　そうすると、共有物の分割としては、①現物分割と③代償分割が優先し、民法 258 条 2 項の規定からも明らかなように、②換価分割が補充的な解消方法になると考えられます。

(3) 共有物分割請求訴訟の法的性質

　共有物分割請求訴訟の法的性質に関し、最高裁は、共有物分割の申立ての本質は非訟事件であると判示しており（平成 8 年判決、最判平成 25 年 11 月 29 日[3]）、判決の確定により共有関係が共有関係の分割が実現される、いわゆる形式的形成の訴えであるとされています。

　形式的形成の訴えである共有物分割請求訴訟では、①処分権主義が制限され、②弁論主義の適用もありません。また、③控訴審において不利益変

---

[3]　判タ 1396 号 150 頁

更禁止の原則の適用もありません。処分権主義が制限される結果、裁判所は、原告の主張立証が不十分でも当該請求を棄却することはできません[4]。

(4) 共有物分割請求訴訟の要件

ア　実体的要件

共有物分割請求訴訟の実体的要件は、「①原告が当該共有物の共有者であること、②被告が当該共有物の共有者であること、③共有者の分割協議が整わないこと、④遺産性の喪失（当初遺産共有であった場合）」以上の4点とされています[5]。

イ　手続的要件

共有物分割請求訴訟の手続的要件として、当該訴訟類型が固有必要的訴訟[6]である点に注意が必要です。すなわち、共有物分割請求訴訟を提起する場合、共有者全員を当事者とする必要があります。

(5) 共有物分割請求訴訟の効果

共有物の分割に関する判決が確定することにより、判決に示された方法で共有関係が将来に向かって解消されます。

4．共有物の一部分割

共有者間で共有物管理の方針が合わない場合、一部の共有者が共有持分の現金化を望んでいる場合等、共有関係の一部分割が問題になることがあります。

この点、最判昭和62年4月22日[7]（以下「昭和62年判決」といいます。）は、共有者の1人が分割請求をするときは、直ちにその全部の共有関係が解消されるものと解すべきではなく、当該請求者に対してのみ持分の限度で現物を分割し、その余は他の者の共有として残すことも許されると判示

---

[4]　大阪高判昭和51年10月28日判タ346号206頁
[5]　岡口基一『要件事実マニュアル1〔第6版〕』404頁（ぎょうせい、2020）
[6]　大判大正12年12月17日民集2巻684頁
[7]　判タ633号93頁

し、一部の共有者が共有関係から離脱することを認めています。

　他方で、共有者が一部共有者を共有関係から排除する一部分割も最高裁は認めています。すなわち、最判平成 4 年 1 月 24 日[8] は、昭和 62 年判決を踏まえた上で、「分割請求をする原告が多数である場合においては、被告の持分の限度で現物を分割し、その余は原告らの共有として残す方法によることも許されると解するのが相当である」と判示しました。

5．設例の検討

　X は、甲建物に居住しており、それを前提に共有の解消を求める場合、甲土地および甲建物の取得を目指すことになります。X が代償金を準備できる場合、裁判による共有物分割を選択できますが、事前に代償金を準備できない場合、協議による解決を選択することになります。

　裁判により共有関係の解消を求める場合、X は全面的価格賠償の方法を検討することになります。全面的価格賠償の要件を満たさない場合、甲土地上には甲建物があるため、現物分割は困難であり、換価分割が命じられる可能性があります。この場合、X は形式的競売の入札に参加する方法で、甲土地および甲建物の所有権を取得できる可能性があります。

　一方で、乙土地は、更地であるため、現物分割ができない場合や現物分割をすることにより共有物の価格が著しく減少させるおそれがあるといった事情がない限り、現物分割が命じられる可能性が高いといえます。

　X は、このような裁判所による共有の解消方法を念頭に置いた上で、手続選択を決定していくことになります。

6．民法の改正と共有関係の解消

(1) 民法の改正

　2021 年 4 月 21 日、国会にて「民法等の一部を改正する法律」が成立し、同月 28 日に公布されました（以下この法律により改正される民法を「改正民法」といいます。なお、この改正前の民法は、「改正前民法」とい

---

[8]　判タ 789 号 116 頁

います。）。この改正法の施行期日は、令和5年4月1日とされています。

　改正民法は、所有者不明土地の増加等の社会情勢の変化に鑑み、所有者不明土地の「発生の予防」と「利用の円滑化」の観点から改正されたものです（かかる観点から、民法の改正のほか、「相続等により取得した土地所有権の国庫への帰属に関する法律」も併せて公布されました。）。

　所有者不明土地の多くは、相続登記未了や、遺産分割をしないまま相続が繰り返され、土地共有者が爆発的に増加することにより生じます。共有者の一部が不明であると、共有物の管理に困難が生じます。そこで、改正民法は、共有制度を見直し、共有者が不明な場合でも共有地の利用が円滑にできるようにしました。

　以下では、改正民法のうち、共有関係の解消にかかる部分について概観します。

(2) 改正民法と共有関係の解消
ア　共有物分割請求訴訟に関する改正

　改正民法は、改正前民法下における共有物分割請求訴訟の規定を見直しています。

　第1に、改正前民法は、「協議が調わないとき」に裁判所に対して共有物の分割を請求できるとされていますが（現行民法258条1項）、改正民法は、この場合に加えて「協議をすることができないとき」も裁判所に対して共有物の分割を請求できることが明文化されました（改正民法258条1項）。

　第2に、裁判所が命じることができる分割方法として、現物分割以外にも代償分割が可能であることが明文化されました（改正民法258条2項2号）。これは、判例が認めた部分的価格賠償[9]や全面的価格賠償[10]の考え方を明文化したものです。なお、代償分割の要件の明確化は見送られ、この点は引き続き判例法理に基づく判断に委ねられています。

---

[9]　前掲）昭和62年判決
[10]　前掲）平成8年判決

　現物分割と代償分割は矛盾するものではなく[11]、先後関係を決めることは困難であることから、同列に規定されています。

　第3に、裁判所は、共有物分割を命ずる場合、当事者に対して、金銭の支払い、物の引渡し、登記義務の履行その他の給付を命ずることができる旨が規定されました（改正民法258条4項）。

イ　遺産共有関係の解消の特則

　改正前民法下では、共有物に遺産共有持分と共有持分が併存する場合、遺産分割と共有物分割の両者を行う必要があります（このような共有関係の解消については、Q16を参照してください。）。

　この点、改正民法は、遺産共有関係の解消に共有物分割請求訴訟を用いることができないという判例法理[12]を明文化（改正民法258条の2第1項）した上で、相続開始の時から10年を経過した場合、遺産共有持分を共有物分割請求訴訟により分割できる旨の規定が設けられました（同条2項）。もっとも、この場合でも、遺産分割請求があり、相続人が共有物分割請求訴訟に対して異議を述べた場合（異議は、共有物分割請求を受けた裁判所から当該請求があった旨の通知を受けた日から2か月以内に行う必要があります（同条3項）。）、この限りではありません（同条2項ただし書）。

ウ　所在等不明共有者の持分取得手続の創設

　所在等不明共有者（改正民法262条の2第1項）がいる共有不動産について共有関係を解消しようとする場合、現行民法では共有物分割請求訴訟の方法がとられます。しかし、共有者自体を特定できない場合には訴えを提起することができず、また訴えを提起できても、具体的な分割方法は裁判所の裁量的判断に委ねられるため、結果の予測も困難です。

　改正民法は、所在等不明共有者がいる場合の上記問題を解消すべく、不動産の共有者が共有物分割請求訴訟によることなく、所在等不明共有者の共有持分の取得を裁判所に請求できる手続（以下「持分取得手続」といいます。）を新たに設けました（改正民法262条の2第1項）。持分の取得を請

---

[11] たとえば、「部分的価格賠償は、現物を共有者の全部又は一部に分割した上で、金銭で調整する」ものです（伊藤栄寿「新しい共有法」ジュリ1562号47頁）。

[12] 最判昭和62年9月4日判タ651号61頁

求した共有者が 2 名以上いる場合は、所在等不明共有者の共有持分は、請求共有者の持分割合で按分されます（同条 1 項後段）。

　共有物分割請求手続や遺産分割手続が裁判所に係属しており、所在等不明共有者以外の共有者が持分取得手続の利用に異議がある旨を裁判所に届け出た場合、裁判所は持分取得手続の裁判をすることができません（同条 2 項）。また、所在等不明共有者の持分が相続財産に属する場合（共同相続人間で遺産分割をすべき場合に限ります。）において、相続開始の時から 10 年を経過していないときも同様です（同条 3 項）。

　所在等不明共有者は、持分取得共有者に対して、取得した持分の時価相当額の支払を請求することができます（同条 4 項）。裁判所は、所在等不明共有者の持分取得決定を行うためには、裁判所が定める額の金銭の供託を命じ、これに従わないときは申立てを却下しなければならないため（改正非訟事件手続法 87 条 5 項および 8 項）、所在等不明共有者は、この供託金を時価相当額請求権の弁済に充当することになります[13]。

エ　所在等不明共有者の持分譲渡権限付与制度の創設

　改正民法は、所在等不明共有者以外の共有者全員が、特定の第三者に対して共有持分の全部を譲渡することを停止条件として、持分の譲渡を申し立てた共有者に対して所在等不明共有者の共有持分を譲渡する権限を付与する、持分譲渡権限付与の制度を設けました（改正民法 262 条の 3 第 1 項）。

　持分を譲渡する権限が付与された場合、共有者は裁判の効力が生じた後 2 か月以内に同権限を行使して所在等不明共有者の持分の譲渡をしないと、権限付与の裁判は効力を失います（改正非訟事件手続法 88 条 3 項）。

(3) 改正民法に関する参考文献

　改正民法については、荒井達也弁護士の『Q＆A 令和 3 年　民法・不動産登記法』（日本加除出版、2021）が詳しいところです。

---

[13] 以上、法制審議会民法・不動産登記法部会第 17 回会議（令和 2 年 8 月 25 日）資料 41・8 頁

Q3 共有物分割②
現物分割における登記手続と賃借人および抵当権者との関係

❶　　XおよびYは、甲土地を共有（Xの共有持分が10分の2、Yの共有持分が10分の8）しています。共有物分割により、XYの共有持分割合で、甲土地が乙土地（Xの所有）と丙土地（Yの所有）に現物分割されました。このとき、登記はどのような方法で行われるのでしょうか。

甲土地　　　　　　　現物分割　　　乙土地　　丙土地

X（2/10）・Y（8/10）の共有　　　　　X所有　　Y所有

❷　　XおよびYは、甲土地をAに対し建物所有目的で賃貸するとともに、Xは、自己の共有持分にBのために抵当権を設定した場合、現物分割は、賃借権および抵当権に影響を及ぼしますか。

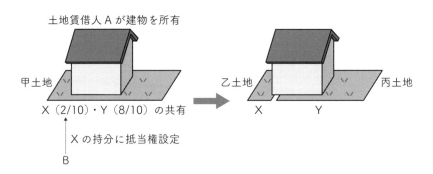

土地賃借人Aが建物を所有

甲土地

X（2/10）・Y（8/10）の共有　　　　　乙土地　　　　　　　　　丙土地

X　　　　Y

Xの持分に抵当権設定

B

共有物が現物分割の方法により分割された場合、将来に向かって権利関係の変動が生じます。この場合、共有物分割協議書または判決書で示された内容で甲土地を乙土地と丙土地に分筆する登記を行い、その上で乙土地のYの持分をXに、丙土地のXの持分をYに、それぞれ共有物分割を原因とする持分全部移転登記を行います。

 　Aは共有物の賃借人、Bは抵当権者であり、共有物について権利を有する者です。共有物について権利を有する者は、共有物分割に参加することができます。そして、現物分割が行われたとしても、Aの賃借権には影響せず、分割後の乙土地および丙土地についてAの賃借権が存続します。また、現物分割がなされても、抵当権者Bは影響を受けず、分割後の乙土地および丙土地について抵当権を有します。

解説

１．現物分割の法的性質

　協議または裁判により、共有物分割の方法として現物分割が行われた場合、最判昭和42年8月25日[1]は、「共有物の分割は、共有者相互間において、共有物の各部分につき、その有する持分の交換又は売買が行なわれること」であるとしています。

２．現物分割と登記

(1) 二段階の登記手続

　前掲最判は、現物分割の方法を判示した上で、その登記方法についても「まず分筆の登記手続をしたうえで、権利の一部移転の登記手続をなすべきである。」として、二段階の登記手続を要するとしています。

　設例では、XおよびYが共同申請により甲土地を乙土地と丙土地に分筆

---

[1] 判時503号29頁

する登記手続を申請した後、各土地についてそれぞれの共有持分を相手方
に対し共有物分割を原因とする持分全部移転登記手続を行うことになります。

（2）現物分割を求める場合の請求の趣旨の記載方法

　共有物分割請求訴訟の法的性質は、形式的形成の訴えであって、その本
質は非訟事件であるとされています。そのため、裁判所は、当事者が申し
立てた分割方法に拘束されることはなく、当事者は、単に共有物の分割を
求める旨を申し立てれば足りるとされています[2]。

　もっとも、実務上は、原告が希望する分割方法を記載するのが通常であ
り[3]、設例において X が裁判により現物分割を求める場合、以下のような
請求の趣旨となります。

【請求の趣旨記載例 1】

> 1. 別紙物件目録記載の土地を次のとおり分割する。
> 　（1）上記土地のうち別紙図面のイ、ロ、ハ、ヘ、イの各点を順
> 　　　次直線で結んだ範囲の土地〇〇 m^2 を X の所有とする。
> 　（2）上記土地のうち別紙図面のハ、ニ、ホ、ヘ、ハの各点を順
> 　　　次直線で結んだ範囲の土地〇〇 m^2 を Y の所有とする。

別紙図面

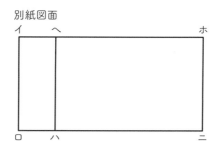

---

[2]　最判昭和 57 年 3 月 9 日判タ 469 号 186 頁
[3]　三平聡史『共有不動産の紛争解決の実務〔第 2 版〕』204 頁（民事法研究会、2021）

　また、仮に裁判において現物分割が認容されたにもかかわらず、Yが分筆登記手続および持分全部移転登記手続に協力しない場合も考えられます。そのため、併せて以下の請求の趣旨を記載することにより、Yが上記各登記手続に協力しない場合でも、Xは判決書を債務名義として各登記手続を単独申請できます[4]。

　なお、共有物分割の効果は、共有物分割の形成判決の確定によって生じるものであることから、これらの請求は、確定判決を条件とした将来請求となります[5]。

【請求の趣旨記載例２】

> 2.　Yは、Xに対し、別紙物件目録記載の土地のうち別紙図面のイ、ロ、ハ、ヘ、イの各点を順次直線で結ぶ線で囲まれた土地について、Yの持分10分の8につき、この判決の確定の日の共有物分割を原因とする持分全部移転登記手続をせよ。

(3) 別紙図面作成の前提となる確定測量

　現物分割の基礎となる別紙図面は、一般的に土地家屋調査士が現地測量のうえ作成しますが、当該土地の確定測量が済んでいない場合、仮に現物分割の判決を得たとしても、法務局が判決に基づく分筆登記を受けつけないという事態が生じ得ます。また、判決後の確定測量の結果が、判決書の別紙図面と異なる場合には、判決の取り直しが必要になります。したがって、現物分割の前提として、予め確定測量を行う必要があります。

　現物分割を拒む共有者が確定測量を拒む場合、一部の共有者のみで隣地の地権者と境界の合意をすることはできません。この場合には、拒む共有

---

[4]　設例のXは、持分全部移転登記手続請求訴訟の確定判決を経た上で、その正本を代位原因証書として、登記記録上の共有者（本設例のY）に代位して分筆登記の申請をすることができます（不動産登記法59条7項、前掲横浜地判、東京地判昭和31年3月22日判時77号22頁）（以上、岡口基一『要件事実マニュアル1〔第6版〕』536頁（ぎょうせい、2016）参照）。

[5]　東京地判平成4年2月28日判時1442号116頁

者を被告に加えて、境界確定の訴え等の手続を先行して行う必要が生じます[6]。

3．利害関係人の共有物分割への参加

　共有物分割協議または共有物分割請求訴訟に参加するのは、共有者全員です。

　もっとも、民法は「共有物について権利を有する者」および「各共有者の債権者」（以下これらを総称して「参加者」といいます。）は、自己の費用で、分割に参加することを認めています（民法260条1項）。ここにいう「共有物について権利を有する者」とは、たとえば用益物権者や担保権者が挙げられます。また、「債権者」には、一般債権者のほか、賃借人も含まれます。

　なお、参加者は、参加して意見を述べる権利を有するにとどまり、参加者の意見が共有者の協議や裁判における主張を拘束することはありません。そのため、参加者の権限は、限定的なものということができます。しかし、参加者自身が権利を有する対象物である共有物について分割の協議または裁判が行われている以上、その帰すう次第では参加者の権利に影響を及ぼすことも想定されます。そうである以上、参加者が共有物分割に参加し、意見を述べることには意義があると考えられるところです。

　共有者には、参加者に対して共有物分割を行っていることを通知する義務はありません。しかし、参加者が参加を請求したにもかかわらず、当該参加者を共有物分割に参加させないで分割をした場合、当該分割は参加を請求した者には対抗できません（民法260条2項）。

　具体的な参加方法としては、共有物分割の協議の場合は、書面を提出する方法で意見を述べる方法が効果的であり、訴訟の場合は、参加者に対する訴訟告知（民事訴訟法53条）または参加者らの補助参加（同法42条）の方法があります。

---

[6]　最判平成11年11月9日判タ1021号128頁

4．共有物分割の賃借人Aに対する影響

　XおよびYは、Aに対し、共同で賃貸をしていますから、XおよびYはAとの関係においていずれも「第三者」（民法177条）ではありません。したがって、Aが賃借権について対抗力を有しているか否かにかかわらず、現物分割により甲土地が乙土地および丙土地に分割され、Xが乙土地を単独所有し、Yが丙土地を単独所有するに至ったとしても、賃借権には影響せず、分割後の両土地についてAの賃借権は存続します。

　もっとも、甲土地が乙土地および丙土地に分割され、それぞれが単独所有となった以上、従前の甲土地に関する賃貸借契約は、Xを賃貸人とする乙土地に関する賃貸借契約と、Yを賃貸人とする丙土地の賃貸借契約に分割せざるを得ないように思われます。この場合、賃料債権の帰属についての解決は困難を極めます。従前の甲土地に対する賃料を、分割後の乙土地と丙土地に対する賃料に按分する必要がありますが、面積基準なのか、土地価格基準なのか、その基準は定かではありません。賃借人Aにとっても、XYのどちらにいくら支払えばよいのか不明であり、この場合には、債権者不確知を理由に供託をせざるを得ません。XYとAが合意により定めるか、訴訟により決するほかないと思われます。

5．共有物分割の抵当権者Bに対する影響

　抵当権者は、一般に共有物に抵当権設定登記を受けています。抵当権者は、共有物が分割されても、共有物分割の影響は受けません。そして、抵当権は、抵当権設定者の取得部分に限定して存続するのではなく、共有持分の割合の限度において共有不動産全部の上に存在することになります[7]。

　そのため、Bは、甲土地が現物分割されたとしても、Xの共有持分（10分の2）の限度で、甲土地全体に対して抵当権を有することになります。

---

[7] 大判昭和17年4月24日民集21巻447頁

第2章

共有物分割③
現物分割における区分所有権の活用

　X、Y および Z は、3 部屋ある木造アパート（101 号室、102 号室、103 号室の 3 部屋）1 棟およびその敷地を持分各 3 分の 1 ずつ共有しています。X、Y および Z は、協議の結果、X が 101 号室を、Y が 102 号室を、Z が 103 号室を取得する合意をしました。共有する不動産を分譲マンションのように区分所有建物にした上で現物分割することは可能でしょうか。また、協議が調わない場合、裁判でこのような共有物分割を請求することは可能でしょうか。

X・Y・Z が各 1/3 ずつ建物を共有

それぞれが各室を区分所有

敷地権化

X・Y・Z が各 1/3 ずつ土地を共有

　X、Y および Z が共有する建物および敷地を区分所有方式の物件にすることについて合意した場合、区分所有の成立要件を満たしますので、1 棟の建物について区分登記および敷地権登記をした上で、X、Y および Z が、各専有部分および敷地権を区分所有する内容の共有物分割をすることは可能です。

　また、協議が調わない場合、裁判でこのような共有物分割

を実現することが可能です。

解説

1．問題の所在

先代の相続の際に遺産である木造の賃貸アパートを共有とする遺産分割をしたところ、その後、共有者の一部が共有物分割を希望した場合、全面的価格賠償の方法や換価分割（形式競売）の方法ではなく、現物分割の方法により当該建物を区分所有登記及び敷地権登記をした上で、その専有部分および敷地権をそれぞれに所有させることで、共有物分割をすることができるでしょうか。

2．合意による区分所有建物化および敷地権化

(1) 区分所有建物化の方法

すでに1棟の建物が1個の建物として登記がなされている場合であっても、建物の所有者は、区分所有建物として登記することができます（不動産登記法54条1項2号・3項）[1]。1棟の建物全体が共有である場合にその建物を区分所有建物にするためには、共有者間の合意が必要です。

専有部分についての表示登記がなされた時点で建物の区分所有等に関する法律（以下本書では「区分所有法」といいます。）の適用が開始され[2]、区分所有建物となります。もっとも、専有部分として認められるためには、構造上の独立性と利用上の独立性の要件を満たすことが必要です[3]。

区分所有建物として表示登記をする方法については、土地家屋調査士に相談するとよいでしょう。

(2) 敷地権の設定

ア 敷地権登記

1棟の建物を区分所有建物に変更しその旨の表示登記をする場合、それ

---

[1] 五十嵐徹編『マンション登記法〔第5版〕』233頁（日本加除出版、2018）
[2] 東京地判昭和51年5月13日判時840号84頁
[3] 渡辺晋・久保田理広『区分所有法の解説〔7訂版〕』28頁（住宅新報社、2021）

に対応した敷地利用権（登記されているものに限ります。）であって分離
処分が禁止されているもの（区分所有法 22 条 1 項）については、敷地権の
登記をしなければなりません（不動産登記法 44 条 1 項 9 号）[4]。

　敷地権登記がなされると、区分所有建物に関する権利の登記をもって敷
地を目的とする権利の登記に代えることになります[5]。

イ　敷地権の持分割合の定め方

　敷地権登記をする際の持分割合は、従前の共有持分割合のままでもよい
ですし、たとえば専有部分の床面積の割合に改めて合意し直し、当事者間
で金銭清算することも可能です。ただし、土地の共有持分比率を変更する
場合には、譲渡所得税や不動産所得税の発生など税務上の問題を考慮する
必要があります。

3. 裁判による区分所有建物化および敷地権化した上での共有物分割

　他の共有者が全面的価格賠償を主張したり換価分割を主張する等して共
有者間で合意が成立しない場合、共有者の 1 人が、裁判により区分所有を
求めることはできるのでしょうか。

(1) 裁判例 (肯定例)

　東京地判平成 19 年 2 月 27 日[6]は、「本件土地は本件建物の敷地であるこ
と、本件建物はこれを 13 の居室ごとに区分所有建物とすることができる
ものであることから、本件不動産は、現物分割することが可能である」と
し、「本件事案における共有物分割の事柄の性質上、本件土地について
は、これをすべて本件建物の敷地とし、種類を所有権とする敷地権を設定
して不動産登記法 44 条 1 項 9 号所定の敷地権の対象とすることにより、

---

[4]　区分所有法は、専有部分とその敷地権の分離処分を禁止していますが（区分所有法 22 条 1
　項）、この敷地権登記をしておかないと、専有部分と敷地権との紐づけができていないため、
　専有部分と敷地権（土地の共有持分）との分離処分や相続などにより権利関係が錯綜するこ
　とになります。

[5]　前掲脚注 1) 五十嵐 97 頁

[6]　ウエストロー・ジャパン（平 17（ワ）8552 号・平 17（ワ）14341 号）

各区分所有建物と一体のものとして扱うのが相当である」と判示しました。

これに対し、現物分割が相当でないと主張する共有者は、区分所有関係になると区分所有法に基づき多数決により建物を管理することになるため、一部の共有者が従前の経過からことごとく決議に反対すると思われ、結果として管理に支障が生じるとか、当該建物を1棟の建物として処分することができなくなり建物全体としての経済的価値が下落する等と反論していました。

しかし、裁判所は、「同法（編注：区分所有法）に基づく管理には、必ずしも区分所有者全員の同意は必要ではないから、本件建物を区分所有建物とする共有物分割方法を採用することの妨げとなるものではない」とし、また、「（編注：本件建物の価値が減少することを）具体的に裏付ける事情を認めるに足りる証拠はない」として、反論を退けました。

（2）敷地権の持分割合

それでは、裁判により区分所有建物化および敷地権化して現物分割する場合、その敷地権割合と元々の共有持分割合との関係はどのように整理したらよいのでしょうか。

前掲東京地判平成19年2月27日は、敷地権として当事者が有すべき所有権の割合については、従前からの共有持分の割合によるのではなく、今回取得すべき区分所有建物の専有床面積の割合によるものとし、従前の共有持分との差額については価格賠償を併用して清算することとしました。

（3）一部の区画を共有のまま残すことの可否

前掲東京地判平成19年2月27日は、一部の区画（専有部分）については、複数の共有者が共有のままでいることを認めています。

（4）請求の趣旨の記載方法

裁判により区分所有建物化する現物分割を求める場合、代理人弁護士としては、訴状に記載する請求の趣旨の記載方法が気になるところです。その請求の趣旨どおりの判決を得たとして、区分登記、敷地権登記、専有部

分の現物分割の登記がうまくいくのか、あらかじめ法務局、土地家屋調査士、司法書士などと協議をする必要があります。

　請求の趣旨の記載方法は、前掲東京地判平成 19 年 2 月 27 日が参考になります。同裁判例の判決主文は、以下のような構成をとっています。

---

　①土地を専有部分の床面積割合と同じ割合での共有とする。

　②1 棟の建物を、当該土地を敷地とし、敷地権の種類を所有権とする、各居室（敷地権割合を明記）に区分された区分所有建物に分割する。

　③従前土地持分と上記①で定めた土地持分の差について当事者間で共有物分割を原因とする持分一部移転登記手続をせよ。

　④上記②で区分された各居室（従前の共有持分がそのまま移行されて登記されている。）について、他の共有者から同居室を取得すべき者に対する持分全部移転登記をせよ。

　⑤従前持分価格と共有物分割後の持分価格との差額について価格賠償をせよ。

　上記主文においては、②において 1 棟の建物を区分所有建物に分割すると命じていますが、各共有者に対し、区分登記をすることを命じていません。判決主文としては、区分建物となる部分を特定した上、その部分について所有権移転登記手続を命ずれば足り、区分登記手続を命ずる必要はないとされています[7]。

4．分割後の建物管理

　このように、合意または裁判により 1 棟の建物を区分所有建物に変更した場合、専有部分は区分所有の対象として各人がそれぞれ所有することができますが、専有部分以外の部分、すなわち、法定共用部分については、その保存、管理、変更等について区分所有法の定めに従う必要があります。

---

[7] 前掲脚注 1）五十嵐 234 頁

　法定共用部分の修繕、改良の在り方や費用負担、将来の修繕に備えた積立金などについては、規約を定めることができます（区分所有法30条1項）。

5．区分所有権および敷地権の換価

　合意または裁判により1棟の建物を区分所有建物に変更するに当たっては、後に区分所有権および敷地権を換価する方法も考慮に入れておく必要があります。

　たとえば、複数の居室のあるRC造の1棟の建物を居室ごとまたはフロアごとに区分所有建物に変更した場合には、その後の管理運営状況が適切であれば、通常のマンションの専有部分と同様に相応の価格で売却することができる可能性があります。しかし、設例のような木造アパートを区分所有建物にした場合には、市場性が著しく劣り、換価が困難になることが予想されます。そうすると、当面の間、自らが居住または第三者に賃貸することを目的に、共有持分を区分所有権および敷地権に転換することは有益なこともありますが、将来の換価可能性まで考慮すると、このように転換することが、かえって資産価値を下落させることはあり得ます。その場合、他の区分所有者とともに売却したり、他の区分所有者に買い取ってもらうしかない状況に陥ることもあり、納得のいく換価が困難になることがあります。将来における現金化の方法にも留意しながら、共有物分割の方法を適切に選択する必要があります。

第2章

Q5

共有物分割④
全面的価格賠償の方法による共有物分割

　X、YおよびZが持分各3分の1ずつ共有する土地建物について、建物に居住するXは、YおよびZに対し相当な対価を支払う方法により、土地建物の全部を取得したいと考えています。なお、土地に対する建物の占める割合は小さく、現物分割が可能であり、かつ、Xには現金がなく、YおよびZに対する賠償金は、金融機関からの融資により賄おうと考えています。この場合において、Xが全面的価格賠償の方法により土地建物の所有権全部を取得することができますか。

　裁判で全面的価格賠償の方法を主張する場合、どのような主張立証が必要でしょうか。

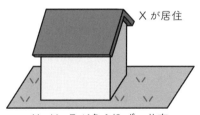

X が居住

X・Y・Zが各 1/3 ずつ共有

　XYZ間で合意が成立すれば、Xが土地建物の所有権全部を取得することは可能です。Xは、YおよびZの各持分の全部移転登記手続、金融機関からの融資実行と土地建物全部に対する抵当権設定登記手続、並びに、YおよびZに対する賠償金の支払を同時に行うことにより、解決を図ることができます。

　　ＸＹＺ間で合意が成立しないときは、現物分割が可能な場合であっても、①当該土地建物をＸに取得されるのが相当であり、かつ、②共有者間の実質的公平を害しないという特段の事情がある場合には、裁判上、全面的価格賠償の方法による共有物分割が認められます。

　　Ｘは、訴訟上、上記①および②の特段の事情を主張立証する必要がありますが、その主張立証は、共有物の性質・形状、共有関係の発生原因、共有者の数・持分の割合、共有物の利用状況・分割された場合の経済的価値、分割方法についての共有者の希望・その合理性の有無等の事情、共有物の価格の適正な評価、および、自らの賠償金支払能力を踏まえて行う必要があります。

解説

1．問題の所在

　いわゆる全面的価格賠償の方法による共有物分割は、民法の条文にはないものの、最判平成 8 年 10 月 31 日[1]により認められています[2]。設例の事案では、同判決において示された要件を満たすのかが問題となります。

2．全面的価格賠償の要件

(1) 最判平成 8 年 10 月 31 日（判タ 931 号 142 頁）

　前掲最判は、「当該共有物の性質及び形状、共有関係の発生原因、共有者の数及び持分の割合、共有物の利用状況及び分割された場合の経済的価値、分割方法についての共有者の希望及びその合理性の有無等の事情を総合的に考慮し、当該共有物を共有者のうちの特定の者に取得させるのが相当であると認められ、かつ、その価格が適正に評価され、当該共有物を取得する者に支払い能力があって、他の共有者にはその持分の価格を取得さ

---

[1]　判タ 931 号 142 頁
[2]　2021 年 4 月 21 日に公布された改正民法では、部分的価格賠償や全面的価格賠償についても明文化されました。詳細は Q 2 を参照して下さい。

せることとしても共有者間の実質的公平を害しないと認められる特段の事
情が存するときは、共有物を共有者のうちの 1 人の単独所有又は数人の共
有とし、これらの者から他の共有者に対して持分の価格を賠償させる方法
による分割をすることも許されるというべきである」と判示し、全面的価
格賠償の要件を明らかにしています[3]。

3．価格の算定

　全面的価格賠償が行われる場合、共有持分を取得する者は、他の共有者
に対し、その共有持分相当額の賠償金を支払う必要がありますが、持分価
格の算定においては、鑑定手続が活用されているところです。

　一般的に、第三者が共有持分を購入する場合、共有者間の取引とは異な
り、依然として共有のままでは、他の共有者との折衝等に多くの手間を要
するなど機動性に欠けるため、相応の減価（市場性減価、いわゆる共有減
価）が行われます[4]。

　しかし、共有物分割において全面的価格賠償が行われる場合には、共有
関係が解消されるため減価すべき実質的な理由がないことや、共有者間の
公平の見地から、裁判上、共有減価は行われていません[5]。

4．支払能力の証明

　前掲最判によれば、全面的価格賠償の方法によるためには、当該共有物
を取得する者に支払能力があることを証明する必要がありますが、具体的
には、いかなる方法により証明すればよいでしょうか。

　個人であれば、賠償金相当額が入金されている預金通帳を提示すればよ
いですし、法人であれば、それに加えて決算書を提示することも考えられ

---

[3]　法曹会編『最高裁判所判例解説民事篇平成 8 年度（下）』867 頁以下（法曹会、1999）

[4]　黒沢泰『共有不動産の鑑定評価』104 頁（プログレス、2020）、東京競売不動産評価研究会編
『競売不動産評価マニュアル〔第 3 版〕』33 頁（別冊判タ 30 号、2020）

[5]　共有減価を認めなかった裁判例として、東京地判平成 30 年 10 月 30 日（平 29（ワ）22061
号）、東京地判平成 26 年 12 月 16 日（平 26（ワ）16823 号）、東京地判平成 26 年 10 月 6 日
（平 24（ワ）25200 号・平 26（ワ）2760 号）、東京地判平成 25 年 7 月 19 日（平 21（ワ）
28844 号・平 23（ワ）11775 号）（いずれもウエストロー・ジャパン）があります。

ます。

　当該共有物を取得する者が賠償金を融資で賄おうと考えている場合には、共有持分を全部取得し共有者が1人となった時点で、金融機関が当該共有物に抵当権を設定して、賠償金相当額を融資することが想定されます。この場合、たとえば、金融機関からの融資確約書[6]を提出することにより、支払能力の証明をしたいところです。

　しかし、全面的価格賠償の方法によることの要件として、口頭弁論終結時点における支払能力が求められているところであり、その後の判決による持分全部取得を条件とする融資確約では、口頭弁論終結時点における支払能力があることの証明にはならないと考えられます。そのため、融資を利用する場合は、後述のとおり、訴訟上の和解や訴訟外での和解・合意による解決を目指すことになります。

5．賠償金の支払確保措置

(1) 当事者間の合意による場合

　当事者間の合意により全面的価格賠償の方法による共有物分割を行う場合には、共有持分の全部移転登記手続と賠償金の支払を同時履行にすることにより、賠償金の支払確保の措置を講ずることができます。

(2) 裁判による場合

　裁判により全面的価格賠償の方法による共有物分割を行う場合、これを争う共有者である被告は、どのようにして、賠償金の支払確保措置を講ずることを求めればよいのでしょうか。

　共有物分割請求訴訟は、いわゆる形式的形成訴訟に該当し、判決の確定により法律関係が変動します。この点、大阪高判平成11年4月23日[7]は、全面的価格賠償の方法による場合、判決の確定により共有持分を取得する共有者において、無条件に共有物の所有者になることとの均衡上、賠

---

[6]　共有物分割に先立ち融資確約書を提出してくれる金融機関は少ないのが実情です。
[7]　判時1709号54頁

償金の支払も即時に強制される状態に置かれるのも公平に合致するとともに、賠償金の支払能力があること自体が同方法の要件になっていることから、賠償金の支払につき期限を付与することや分割払いを命ずることは許されないと判示しています。

　この裁判例の考え方によれば、全面的価格賠償を争う共有者は、賠償金の支払確保措置を講ずることは困難ということになります。そして、現実的には、裁判において全面的価格賠償の方法による共有物分割の請求がなされている被告である共有者が、全面的価格賠償の方法によること自体（原告である共有者の支払能力の有無も含みます。）を強く争っている場合、被告である共有者が、たとえば、仮に全面的価格賠償の方法によるとしても引換給付によるべきであるとの抗弁を主張したり、ましてや、予備的に賠償金の支払を求める反訴を提起するなど、賠償金支払確保措置を講じるよう主張すること自体が困難な場合が多いと思われます。

　なお、最判平成 10 年 2 月 27 日[8]における補足意見は、現物取得者が判決確定後一定の期間内に裁判所の定める一定の額の金員を支払うことを条件に共有物の単独所有を認め、その支払と持分移転登記手続との引換給付を命ずるとともに、同期間内の支払がなかった場合には当該共有物を競売に付して代価分割する旨を命じ得るとしています[9]。

　また、最判平成 11 年 4 月 22 日[10]の補足意見は、同時履行の抗弁の有無にかかわらず、裁判所の裁量により、登記手続について、賠償金の支払との引換給付を命じうるとしています[11]。

(3) 裁判例

　前掲最判平成 10 年 2 月 27 日および前掲最判平成 11 年 4 月 22 日の各補足意見を踏まえ、事案に応じて工夫された裁判例が出されています。

---

[8]　判タ 974 号 96 頁
[9]　法曹会編『最高裁判所判例解説民事篇平成 8 年度（下）』877 頁（法曹会、1999）。この補足意見にのっとった裁判例として、札幌地判平成 11 年 7 月 29 日判タ 1053 号 131 頁があります。
[10]　判タ 1002 号 114 頁
[11]　この補足意見にのっとった裁判例として、大阪高判平成 11 年 4 月 23 日判時 1709 号 54 頁があります。

　東京地判平成 20 年 12 月 18 日[12] は、共有不動産のうち共有者の 1 人の持分に根抵当権設定登記がされていた事案において、当該共有者の持分を他の共有者に取得させる全面的価格賠償による共有物分割を命じつつ、賠償金の支払については、当該持分にされた根抵当権設定登記を抹消することを条件としました。

　東京地判平成 25 年 2 月 8 日[13] 日は、判決確定の日から 6 か月以内に賠償金を支払うことを条件に全面的価格賠償による共有物分割とし、その賠償金の支払いがないときは競売による代金分割とすることを命じました。

　上記裁判例は、いずれも、全面的価格賠償を命じるに際し、持分を取得する者が賠償金を支払う以上は当該持分を確実に取得できるよう、また、持分を譲渡する者が賠償金等の対価を確実に得られるよう、配慮しています。こうした裁判例の積み重ねは、類似事案の解決を模索する上で、実務上大いに参考になるところです。

6．和解のアイデア

　訴訟上の和解や、訴訟外での和解・合意の場合には、柔軟な解決方法をとることができるのが大きなメリットとなります。

　全面的価格賠償の方法により持分全部の取得を希望する者が一括払いをするだけの現金を有していない場合においても、和解と同時に持分全部の所有権移転およびその登記手続を行いながら、賠償金の後払い、分割払いを認め、その土地建物に賠償金請求権を被担保債権とする抵当権を設定したり、共有物分割と同時に金融機関から融資を受け持分全部に抵当権を設定することも可能です。

7．その他関連する問題

　たとえば、X および Y が、戸建住宅を共有するのみならず、近隣者と私道持分を共有している場合において、X が戸建住宅を全面的価格賠償

---

[12] ウエストロー・ジャパン（平 20（ワ）第 19380 号）
[13] ウエストロー・ジャパン（平 21（ワ）第 43960 号）

の方法により取得するに当たり、その私道持分については、どのような方法により共有物分割をすればよいでしょうか。

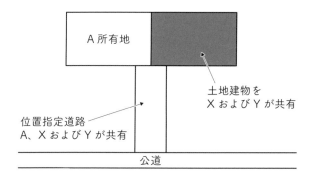

共有物分割訴訟は、固有必要的共同訴訟とされていますから[14]、共有物分割訴訟は、共有者全員が原告または被告になっている必要があります。そうすると、Xが、全面的価格賠償により戸建住宅のみならず、Yが有する私道の共有持分まで取得したい場合には、他の私道共有者Aも被告にしなければならないことになりそうです。しかし、これでは、XとYの争いに近隣者Aを巻き込むことになり、裁判上の解決が困難になります。

こうした問題は、現実的にはよく起こり得ると思われますが、この点について判断する裁判例は見当たりません。

1つのアイデアとしては、戸建住宅を全面的価格賠償の方法により分割するにあたり、私道持分は、戸建住宅の持分の「従たる権利」として、民法87条2項類推適用により、主物である戸建住宅の持分全部を取得する者に移転すると主張することが考えられます。この考え方によれば、Aを共同被告にせずとも、Xは、Yの私道持分を取得することができそうです。

なお、この主張が認められず、Yの私道持分がそのまま残ってしまったとしても、Xは元々私道持分を有していますので、Xが全面的価格賠

償により戸建建物を取得した後、その利用に支障が生じることはありません。

共有物分割⑤
離婚と共有物分割

　XおよびYは夫婦であり、区分所有建物である甲マンションの301号室（以下「本件建物」といいます。）を、持分各2分の1の割合で共有しています。本件建物には、XおよびYを連帯債務者とする住宅ローン3,000万円を担保するための抵当権設定登記があります。本件建物を4,000万円で購入するに当たり、Xはその父親から金1,000万円の贈与を受けており、これを頭金として支払っています。

　このたび、XおよびYは、離婚することになりましたが、本件建物の時価が3,000万円、住宅ローンの残額が2,000万円である場合、清算を希望するXは、どのように財産分与をすべきでしょうか。

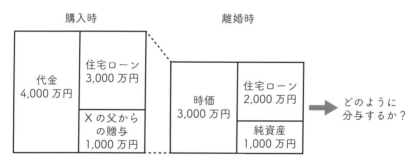

XとYの共有（持分各2分の1）

　Xは、協議または調停・審判により、財産分与を請求することができます。その際に、種々の考え方はありますが、1つの考え方として、いわゆる2分の1ルールを適用しつつ、

購入当時の特有財産からの支払も考慮した上で、各人の取得分を算出し、財産分与額を算出する方法があります。

　具体的には、財産に対する寄与度は、購入額4,000万円に対し、住宅ローン3,000万円の2分の1および特有財産1,000万円を考慮し、Xの寄与度を8分の5（＝（1,500万円＋1,000万円）/4,000万円）、Yの寄与度を8分の3（＝1,500万円/4,000万円）とし、それに離婚時の純資産額1,000万円を乗じ、Xの取得額625万円、Yの取得額375万円を算出します。そのため、①Xが本件建物を全部取得しローンを全額承継する場合には、Yに対し375万円を支払い、②Xが本件建物持分をYに譲渡しローンを全額承継させる場合には、Yから625万円を受領し、③売却により清算する場合には、売却価格から諸経費を支払った残額に各自の寄与度を乗じた金額を受領することにより、清算します。

解説

1．財産分与の考え方

　XがYに対し財産の清算を求める場合、離婚に伴う財産分与を請求することになります。

　夫婦の一方が婚姻前から有する財産および婚姻中自己の名で得た財産は、その特有財産（夫婦の一方が単独で有する財産）とされ（民法762条1項）、夫婦のいずれに属するか明らかでない財産は、その共有に属するものと推定されます（同条2項）。

　このような夫婦別産制が採用されていますが、離婚に際しては、協議上または裁判上の離婚を問わず、離婚をした者の一方から他方に対する財産分与請求が認められています（民法768条1項、771条）。

2．手続

　協議離婚の場合には、当事者の協議でその内容について合意します。協議が調わない場合や協議をすることができない場合には、家庭裁判所に対

し調停または審判を申し立てることができます[1]。離婚の訴えを家庭裁判所に提起する場合には、附帯処分として申し立てることができます。

　調停や審判を申し立てるにあたっては、分与の額や方法を特定する必要はないとされています[2]。離婚訴訟において附帯処分を求める場合も同様です。

3．財産の調査

　分与すべき対象の財産が不明である場合には、①弁護士会照会制度（弁護士法 23 条の 2）、②離婚調停、財産分与審判手続における調査嘱託（家事事件手続法 258 条 1 項）、③民事訴訟における調査嘱託（民事訴訟法 186 条）、文書送付嘱託（同法 226 条）、文書提出命令（同法 223 条）といった制度を活用することになります。これらの制度により、金融機関に対する預金、保険会社に対する解約返戻金、証券会社に対する有価証券等の調査を行うことができますが、これらの制度は申立人が主体的に申立てを行う必要があることから、おのずと限界があります[3]。

4．財産分与の基準

(1) 2 分の 1 ルール

　当事者の合意による場合には、その合意によって財産分与の内容が定められます。

　家庭裁判所が財産分与について当事者間の協議に代わる処分をする場合には、当事者双方がその協力によって得た財産の額その他一切の事情を考慮して、分与させるべきかどうか並びに分与の額および方法を定めるとされ（民法 768 条 3 項、771 条）、裁判官には広い裁量権が与えられています。実務上は、各当事者の寄与度については 2 分の 1 ルールが定着してお

---

[1]　離婚の時から 2 年を経過したときは、財産分与請求をすることができないことに注意を要します（民法 768 条 2 項ただし書）。
[2]　最判昭和 41 年 7 月 15 日民集 20 巻 6 号 1197 頁
[3]　小島妙子『Q & A 財産分与と離婚時年金分割の法律実務』65 頁（民事法研究会、2018）。

り、原則として各2分の1の取得分が認定されます[4]。

(2) 計算式

　東京家庭裁判所の実務は、夫婦の資産から夫婦の負債を差し引いた純資産に2分の1を乗じることにより各人の取得分を計算した上で、そこから、相手方名義の資産と負債の差額である相手方純資産を差し引いて、財産分与請求額を計算しています[5]。

(3) 財産の範囲

　財産分与の対象となる財産の範囲は、原則として別居時となりますが、たとえば、別居後もしばらく家計を同一にしていた場合、海外留学を理由に別居した場合などの特段の事情がある場合には、裁判時または離婚時までの財産変動が考慮されることもあります[6]。

(4) 評価基準時

　財産分与の対象となる財産の評価については、裁判時（口頭弁論終結時または審判時）が基準となります。

5．寄与度

　上記4のように、財産分与においては2分の1ルールが適用されることにより、夫婦は、純資産の2分の1ずつを取得することが原則となります。もっとも、設例のように、夫婦共有財産であるマンションを購入するにあたって、夫婦の一方が特有財産を支出していた場合には、財産分与にあたって、それについての寄与度を考慮する必要があります。

　寄与度は、購入当時の価格に対し、夫婦がそれぞれいくらを支出したの

---

[4]　前掲脚注3）小島65頁
[5]　東京家庭裁判所家事第6部編著『東京家庭裁判所における人事訴訟の審理の実情〔第3版〕』（判例タイムズ、2012）50頁
[6]　森公任・森元みのり編著『2分の1ルールだけでは解決できない　財産分与額算定・処理事例集』18頁以下（新日本法規出版、2017）

かに基づき算定します。

設例において、各人の寄与度は、以下のとおりとなります。

$$X \text{の寄与度} = \frac{\text{ローン額 3,000 万円} \times 1/2 + \text{特有財産 1,000 万円}}{\text{購入額 4,000 万円}} = \frac{5}{8}$$

$$Y \text{の寄与度} = \frac{\text{ローン額 3,000 万円} \times 1/2}{\text{購入額 4,000 万円}} = \frac{3}{8}$$

6．各自の取得分

上記寄与度を考慮した上で、各自の取得分を計算すると、以下のとおりとなります[7]。

(不動産の時価－ローン残高)×寄与度

Xの取得分 ＝ (3,000 万円 － 2,000 万円)× 5/8 ＝ 625 万円
Yの取得分 ＝ (3,000 万円 － 2,000 万円)× 3/8 ＝ 375 万円

7．財産分与の方法

以上を前提に、設例における財産分与の方法を考えてみます。

(1) X にマンションを取得させる場合

X が Y の持分を財産分与により全部取得し、連帯債務であるローン全額を引き受ける方法により、財産分与をする方法があります。

X は、マンション全部の時価 3,000 万円およびローン全額 2,000 万円を承継し、その差額である純資産額は 1,000 万円になりますから、X の取得額 625 万円に比して、375 万円を取得し過ぎています。したがって、X は、Y に対し、現金 375 万円を財産分与する必要があります。

---

[7]　仙台家判平成 29 年 4 月 18 日（判例集未登載）は本計算方法を採用していますが、これとは異なる計算方法もあります（前掲脚注 3）小島 122 頁）。

　他に財産があれば、それを原資として現金を支払います。現金がない場合には、親族からの援助や銀行からの融資によりこれを支払う必要があります。合意による方法であれば、分割払いによることも可能ですが、住宅ローンの分割払いを抱えながら他の借入金を分割払いしていくことには困難を伴うため、現実的には解決困難な場合が少なくありません。

　また、連帯債務である住宅ローンの債務者をＸのみとしＹを免責するためには、金融機関の承諾が必要です。当事者の合意による場合には、免責的債務引受や借換えにより、債務者をＸのみにする方法がとられます。金融機関の承諾が必要であるため、審判や離婚訴訟において財産分与を行う場合には、採用しづらい方法でしょう。

　Ｘの信用力が十分でない場合には、Ｘの親族が連帯保証したり、Ｘの親族が借主となることも実務上見受けられます。金融機関の承諾が得られない場合には、Ｙは引き続き連帯債務者としての返済義務を金融機関に対して負うことになりますから、ＸＹ間において、Ｘが金融機関に対し住宅ローンを支払う旨合意し、住宅ローンの引落口座をＸ名義の口座にするなどの方策を講じざるを得ません。住宅ローンが完済されるまでは、Ｙは連帯債務者としての責任を負い続けることになり、心理的な負担が懸念されます。

(2) Ｙにマンションを取得させる場合

　逆に、ＹがＸの持分を財産分与により全部取得し、連帯債務であるローン全額を引き受ける方法により、財産分与をする方法も考えられます。

　Ｙは、マンション全部の時価3,000万円およびローン全額2,000万円を承継し、その差額である純資産額は1,000万円になりますから、Ｙの取得額375万円に比して、625万円を取得し過ぎています。したがって、Ｘは、Ｙに対し、現金625万円を財産分与する必要があります。

　現金支払が困難な場合があることや、連帯債務である住宅ローンの債務者をＹのみとする方法については、上記と同様です。

(3) 不動産を売却して清算する方法

　夫婦の一方がマンションの全部を取得しようとしても、財産分与としての現金を用意できない場合や、免責的債務引受や借換えについて金融機関の承諾が得られない場合には、当事者間の清算ができず、または、財産分与額の分割弁済等による当事者間の清算関係が残ってしまうため、事案の解決として適切ではないこともあります。この場合には、不動産を売却して住宅ローンを清算し、諸経費を差し引いた残額を、上記の寄与度に応じて、当事者が取得するという方法もあります。

(4) オーバーローン状態の場合

　設例とは異なり、不動産の価格がローン残高を下回っている、いわゆるオーバーローン状態の場合には、当該マンションは無価値であるとされ、他の財産と合わせてプラスにならない限り、審判等による財産分与請求が認められないとされており、負債（住宅ローン）の分与も行いません[8]。

　この場合には、共有物分割により、共有関係と住宅ローンの整理を行うほかないと考えます。

　もっとも、その整理は困難を極めます。

　たとえば、設例において、離婚時の本件建物の時価が 1,000 万円だったとすると、住宅ローン 2,000 万円が残っていますので、1,000 万円のオーバーローン状態となります。本件建物を共有物分割する方法としては、裁判上、X または Y が全面的価格賠償により本件建物全部を取得することや、換価分割（形式競売）をすること、あるいは、協議により任意売却することが考えられますが、いずれの場合であっても、住宅ローン残額は、引き続き連帯債務となり、X および Y が、いずれも全額について弁済する責任を負うことになります。共有物分割をする際に、住宅ローンについても、免責的債務引受や一括返済により整理することが理想ですが、資力や信用力がない場合には、整理ができずに連帯債務が残ってしまうこともあります。

---

[8]　前掲脚注3）小島 113〜114 頁

　XおよびYの連帯債務の負担割合については、XおよびYの合意内容に従います。明確な合意がない場合には、建物の持分割合やこれまでの返済の経過などから当事者間の合理的意思を推認することもあり得ます。

　連帯債務が残ってしまう場合には、いずれか一方の当事者が負担割合を超えて弁済した場合には、他方の当事者に対し、求償します（民法442条1項）。共有物分割をした後も、当事者間の関係が残ってしまうことになります。

8．離婚から2年を経過した場合

　財産分与請求は、離婚から2年を経過すると、家庭裁判所に対し調停または審判を申し立てることができません。しかし、当事者の一方がマンションの持分を有している場合には、協議上の財産分与か共有物分割を成立させるか、共有物分割請求訴訟により解決を図ることになります。

Q7 共有物分割⑥
共有物分割と権利濫用

共有物分割⑥

　　XおよびYは、15年前に結婚し、未成年の長女および長男
がいる夫婦であり、結婚を機に夫婦名義で土地建物を購入し
ました（Xの共有持分が7分の6、Yの共有持分が7分の1）。
　　XおよびYは、性格の不一致により5年前から別居する
に至り、Yおよび子ども2人が上記土地建物で生活していま
す。Xは、離婚に向けての話し合いが進まないまま自己の財
産の整理が進まない現状に不満を抱き、Yに対して共有物分
割請求訴訟を提起し、土地建物を自身の名義とすること、裁
判所の定める相当額の価格賠償金と引換えにYの持分であ
る7分の1の持分全部移転登記手続を求めるとともに、本件
建物の明渡しを求めたいと考えています。
　　このようなXの共有物分割請求は、認められるでしょう
か。

Y、長男・長女（いずれも未成年）が居住

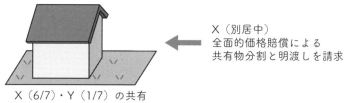

X（別居中）
全面的価格賠償による
共有物分割と明渡しを請求

X（6/7）・Y（1/7）の共有

　　共有物分割請求は、共有関係の解消を図るために民法が共
有者に認めた権利であり、いつでも分割請求できるのが原則
です。しかし、共有関係の目的、性質、当該共有者間の身分

関係および権利義務関係等を考察した上、共有物分割権の行使が実現されることによって行使者が受ける利益と行使される者が受ける不利益等の客観的事情の他、共有物分割を求める者の意図とこれを拒む者の意図等の主観的事情を総合考慮して、その共有物分割権の行使の実現が著しく不合理であり、行使される者にとって甚だ酷であると認められる場合には権利濫用として許されません。

設例の土地建物の共有関係の目的、性質、当該共有者間の身分関係および権利義務関係等を考察し、XおよびYのそれぞれに係る客観的・主観的事情を総合考慮した結果、Xの請求が権利濫用と判断される場合があります。

解説

1．共有物分割請求と権利濫用

共有者は、いつでも共有物の分割を請求できます（民法256条）。

もっとも、共有物分割請求が共有の本質的属性に由来する権利であるとしても、共有者による共有物分割の自由を貫徹させることが当該共有関係の目的、性質等に照らして著しく不合理である場合にまで、共有物分割請求を認める必要はありません。この場合、権利濫用であるとして、共有物分割請求が認められないことがあります。

特に、夫婦共有財産は、離婚の際に財産分与の対象となるものであり、いわゆる2分の1ルールを前提にすれば、離婚が想定される場合に、財産分与に先行して形式的な共有持分割合にて分割することは、夫婦間の衡平を欠き不合理であるようにも思われます。

2．権利濫用の判断基準

これに関し、東京高判平成26年8月21日[1]（以下「平成26年判決」といいます。）は、共有物分割請求が権利の濫用に該当する場合の基準を示してい

---

[1] 判例秘書（平26（ネ）2614号）

ます。すなわち、同高判は「民法 258 条に基づく共有者の他の共有者に対する共有物分割権の行使が権利の濫用に当たるか否かは、当該共有関係の目的、性質、当該共有者間の身分関係及び権利義務関係等を考察した上、共有物分割権の行使が実現されることによって行使者が受ける利益と行使される者が受ける不利益等の客観的事情のほか、共有物分割を求める者の意図とこれを拒む者の意図等の主観的事情をも考慮して判断するのが相当であり（最判平成 7 年 3 月 28 日集民 174 号 903 頁参照）、これらの諸事情を総合考慮して、その共有物分割権の行使の実現が著しく不合理であり、行使される者にとって甚だ酷であると認められる場合には権利濫用として許されないと解するのが相当である。」と判示しました。

　平成 26 年判決に照らすと、共有物分割請求が権利の濫用に該当するか否かは、以下の基準により判断されることになります。

---

①共有の目的等
　　当該共有関係の目的、性質、当該共有者間の身分関係および権利義務関係等
②共有物分割に関する客観的事情
　　共有物分割権の行使が実現されることによって行使者が受ける利益と行使される者が受ける不利益等の客観的事情
③共有物分割に関する主観的事情
　　共有物分割を求める者の意図とこれを拒む者の意図等の主観的事情
④上記①ないし③を総合考慮して、その共有物分割権の行使の実現が著しく不合理であり、行使される者にとって甚だ酷であると認められるか否か

3．権利濫用該当性の検討

（1）平成 26 年判決の検討

　平成 26 年判決の事案は、夫が 7 分の 6、妻が 7 分の 1 の持分割合で共

有している自宅建物（以下この裁判例において「本件建物」といいます。）について、夫が妻に対し、夫の単独所有とすることなどを求めたものです。権利濫用の判断基準の①ないし④について、下記のとおり判示しています。

ア　①について

本件建物は夫婦共有財産であり、現に妻が自宅として子らと居住してきているのであって、将来、離婚する場合には財産分与の方法で対象とされるべきものであること。

また、夫が申し立てた離婚調停は係属していて離婚は成立しておらず、現に婚姻関係が継続しているのであるから、夫には同居・協力・扶助の義務があり、その一環として妻および子どもらの為に居所を確保する義務があるというべきであり、夫は妻本人が本件建物を住居として継続して使用することを許容すべきであること。

イ　②および③について

夫は、本件建物から転居して別居を開始し、妻を相手方とする離婚調停手続と並行して本件建物の共有物分割請求および本件建物の明渡しの請求をするに至ったものであり、これにより妻が心痛によって精神疾患に罹患して現在通院せざるを得ない負担を負い、また過重の労働をしながら子らと３人で本件建物に居住することによってようやく現在の家計を維持している状況にあること。

夫は、妻との間で、子どもらが27歳に達する平成43年（2031年）まで妻が無償で本件建物に居住することを合意しており、更に夫と妻との間で成立した婚姻費用分担調停における調停条項において、婚姻解消するまでの間、妻が本件建物に無償で居住することを前提として夫が妻本人に対して支払う婚姻費用分担額が定められ、夫が本件建物の住宅ローンおよび水道光熱費等を引き続き負担することを確認する合意がされているのであって、夫による婚姻解消前の本件建物の共有物分割請求および本件建物の明渡しの請求は、上記の各合意の履行とは相反し、これを覆すものといわざるを得ないこと。

さらに、妻と子どもらは、本件建物を家庭生活の本拠として継続して生

活し、本件建物は就学時期にある子どもらの通学および通院の拠点となり、本件建物を本拠とする妻の子どもらに対する良好な監護養育環境が整っているにもかかわらず、妻との離婚協議が調わないまま夫の本件建物の共有分割請求および本件建物の明渡しの請求が実現され、妻と子どもらが妻による監護養育の現状の継続を望むときは子どもらと共に退去を余儀なくされるとすれば、妻および子どもらの生活環境を根本から覆し、また、現在の家計の維持を困難とすることになるのであって、妻および子どもらが被る不利益は大きいものといわざるを得ないこと。

　他方で、夫は、現在もその生活状況に格段の支障はなく、本件建物の共有物分割請求を実現しないと夫の生活が困窮することは認めることができない。

　これらの事情に加えて、夫は有責配偶者であると認められ、有責配偶者である夫の請求によって離婚前に夫婦の共有財産に該当する本件建物に係る共有物分割を実現させて夫の単独所有として妻に本件建物の明渡しを命じ、離婚に際しての財産分与による夫婦の共有財産の清算、離婚後の扶養および離婚に伴う慰謝料等と分離し、これらの処分に先行して十分な財産的手当のないままに妻および子どもらの生活の本拠を失わせ、生計をより困難に至らしめることは、正義・公平の理念に反し、また、有責配偶者からの離婚請求が許される場合を限定して解すべき趣旨に悖るというべきであること。

④について

　上記①ないし③を総合考慮して、その共有物分割権の行使の実現が著しく不合理であり、行使される者にとって甚だ酷であると認められること。

(2) その他参考となる裁判例

　平成 26 年判決以外にも、大阪高判平成 17 年 6 月 9 日[2] は、別居中の夫が妻に対し、不動産を競売の上で代金分割の方法による共有物分割を求めた事案で、夫の共有物分割請求権の行使が権利濫用に当たると判示してい

---

[2]　判時 1938 号 80 頁

ます。

　このほか、東京地判平成 17 年 10 月 28 日[3] は、夫婦が各 2 分の 1 の割合で共有している土地建物について、離婚訴訟継続中において、別居中の夫が妻に対し、競売の上、代金分割の方法による共有物分割を求めた事案で、夫の共有物分割請求権の行使が権利濫用に当たると判示しています。

　これら裁判例は、各事案の具体的事情が考慮されて共有物分割請求が権利の濫用に該当すると判断されています。

4．設問に対する考え方

　本件において、X は Y と離婚協議中であり、自己の財産の整理を優先させたいがために、現在も Y が子ども 2 人と生活している不動産につき、財産分与請求ではなく共有物分割請求訴訟を提起するほか、Y らに対して本件建物の明渡しを求めることは、平成 26 年判決が掲げた①ないし④の基準に照らせば、共有物分割請求権の行使の実現が著しく不合理であり、行使される Y にとって甚だ酷であると考えられます。そのため、X の権利行使は権利の濫用に該当する可能性が高いといわざるを得ません。もし、X から相談を受ければ、離婚における原則どおり、財産分与請求による解決を助言するのが相当と考えるところです。

---

[3]　判例秘書（平 17（ワ）6195 号）

共有物分割⑦
共有持分放棄

　X、Y および Z は兄弟であり、父 A の死去に伴い、A が所有していた不動産について持分各 3 分の 1 とする遺産分割協議を行い、これを相続しました。しかし、この不動産は、廃村にあり、第三者に賃貸する等の方法により利用することも難しい状況です。X は、この不動産の共有持分を放棄して共有関係から離脱したいと考えていますが、どのような手続で共有持分を放棄できるのでしょうか。

　また、この不動産につき X の共有持分の登記がなされている場合、X はどのような手続で共有持分の登記を抹消できるのでしょうか。

X が共有関係から
離脱する方法は？

X・Y・Z が持分各 3 分の 1 ずつ共有

　X は、共有持分を放棄する旨の意思表示を行うことで共有持分を放棄することができ、その意思表示は Y または Z に対して行う必要はありません。もっとも、共有持分放棄は、共有持分の移転登記手続によってなす必要があるため、X は、Y および Z の協力を得て、共有持分を Y および Z に移転させなければ、この放棄を第三者に対抗することはできません。Y および Z が登記手続に協力しない場合、X は、Y および Z を相手方として登記引取請求訴訟を提起し、登記の

引取りを請求することになります。

　なお、「相続等により取得した土地所有権の国庫への帰属に関する法律」の施行後、ＸのほかＹおよびＺも共有持分の放棄を希望する場合、全員で法務大臣に対し、共有持分全てを国庫に帰属する旨を承認する行政処分を申立てることも考えられます。

解説

1．共有持分の放棄の効果

　共有関係から離脱する方法の１つとして、共有持分を放棄することが実務上見受けられます。共有者の１人がその共有持分を放棄すると、その持分は、他の共有者に帰属します（民法 255 条）。

2．共有持分の放棄の意思表示

　では、この共有持分の放棄は、どのような手続で行えばよいでしょうか。

　この点、所有権の放棄（共有持分の放棄を含みます。）は、相手方の受領を必要としない単独行為であるとされているところ、判例は、「共有持分権の放棄は、本来、相手方を必要としない意思表示から成る単独行為であるが、しかし、その放棄によって直接利益を受ける他の共有者に対する意思表示によってなすことができる」と判示しています[1]。この判例は、共有持分の放棄は、相手方の受領を必要としない単独行為であると判示し、さらには他の共有者に対する意思表示によってもなすことができるとし、２つの方法を示しています。

　この２つの方法の関係性ですが、共有持分の放棄そのものは単独行為であるものの、放棄する方法として他の共有者に対する放棄の意思表示をすることを妨げるものではないと解されるところです。共有持分の放棄が相手方の受領を必要としない単独行為である以上、仮に放棄の意思表示を受領した共有者においてその意思表示の受領能力に制限があっても、放棄は

---

[1]　最判昭和 42 年 6 月 22 日民集 21 巻 6 号 1479 頁

有効に成立すると解されます[2]。

　なお、共有持分の放棄は、単独行為である以上、設例の X が共有持分を放棄した後に Y も共有持分を放棄すれば、Z が本件不動産を単独で取得することになります。複数の共有者が放棄を希望する場合、他の共有者よりも早くその旨の意思表示をする必要があると考えられます。すなわち、先に他の共有者に放棄されてしまうと、当該不動産の単独所有者となってしまいます。不動産の放棄が現行法上認められていないことから[3]、取得を望まないまま不動産の所有者となってしまいかねません[4]。このような結論は、いわゆる「早い者勝ち」を認めることになりかねませんが、現行法上、共有者による共有持分の放棄の意思表示を制限することができないことからの帰結と考えられます。

3. 共有持分の放棄と登記手続

　共有持分を放棄した場合、目的物が不動産であるときには、かかる権利変動の対抗要件については民法 177 条が適用され、登記を具備する必要があります。しかるに、この場合、共有持分の抹消登記または放棄者から他の共有者に対する持分全部移転登記のいずれをなすべきでしょうか。

　この点、共有持分の放棄による他の共有者の共有持分の取得は承継取得ではなく、原始取得であるとされています。共有持分の放棄のこのような

---

[2]　法曹会編『最高裁判所判例解説民事篇昭和 42 年度』360 頁（法曹会、1967）

[3]　令和 3 年 4 月 21 日に国会にて成立した「相続等により取得した土地所有権の国庫への帰属に関する法律」では、相続人から申請のあった土地が同法所定の要件を満たす場合、法務大臣の行政処分により同土地を国庫に帰属させることができるようになりました。

[4]　不動産の放棄は、学説上許容されており（たとえば、我妻榮著・有泉亨補訂『新訂物権法（民法講義Ⅱ）』248 頁（岩波書店、2004）、放棄が認められ所有者がない場合、当該不動産は国庫に帰属します（民法 239 条 2 項）。この点、不動産の放棄を第三者に対抗するためには登記の具備が必要となるところ、かかる登記のためには国の協力が必要（共同申請の原則）、または財務局長等が登記を嘱託し（不動産登記法 116 条 1 項）、所有権放棄者から国への所有権移転登記をすることになりますが、国に協力を求めることは困難なところで（不動産の放棄を原因として、国に対して登記引取請求訴訟が提起された事案において、裁判所は当該不動産所有権の放棄が権利濫用にあたり無効と判示しています（広島高判松江支部平成 28 年 12 月 21 日判例秘書（平成 28 年（ネ）第 51 号））。実務上、「相続等により取得した土地所有権の国庫への帰属に関する法律」で土地を国庫に帰属させる場合のほかは、不動産の放棄は困難です。

性質に照らせば、共有持分の抹消登記をすべきとも考えられます。

　しかし、不動産登記は不動産登記法が規律するところ、不動産に関する権利変動の経過を登記簿上に表示するという不動産登記法の目的からすれば、抹消登記ではなく、共有持分の移転登記をすることになります。最判昭和 44 年 3 月 27 日[5] も、「すでに共有の登記のなされている不動産につき、その共有者の一人が持分権を放棄し、その結果、他の共有者がその持分権を取得するに至つた場合において、その権利の変動を第三者に対抗するためには、不動産登記法上、右放棄にかかる持分権の移転登記をなすべきであつて、すでになされている右持分権取得登記の抹消登記をすることは許されないものと解すべき……（大審院大正 3 年 11 月 3 日決定、民事判決録 20 輯 881 頁以下参照。）」と判示しており、共有持分の移転登記をすべきとされています[6]。

　共有持分の放棄は移転登記によるべきという帰結から、その手続は、放棄する共有者と放棄された共有持分を取得する共有者が共同で申請する必要があります（不動産登記法 60 条）。

4．登記引取請求訴訟

　上記のとおり、共有持分の放棄を原因として共有持分全部移転登記を完成させるためには、共有持分取得者（他の共有者）に協力してもらい、その手続を行う必要があります。しかし、共有持分取得者が登記手続に協力しない場合、共有持分放棄者は、共有持分取得者を被告として、登記引取請求訴訟を提起できます。

　登記引取請求は、法律に規定はありませんが、判例で認められています。すなわち、最判昭和 36 年 11 月 24 日[7] は、「真実の権利関係に合致しない登記があるときは、その登記の当事者の一方は他の当事者に対し、いずれも登記をして真実に合致せしめることを内容とする登記請求権を有するとともに、他の当事者は右登記請求に応じて登記を真実に合致せしめる

---

[5]　民集 23 巻 3 号 619 頁
[6]　同旨、名古屋高判平成 9 年 1 月 30 日自治研究 74 巻 11 号 101 頁
[7]　民集 15 巻 10 号 2573 頁

第2章

ことに協力する義務を負うものというべきである。」と判示して、登記引取請求を認めています。登記引取請求が判決で認容されれば、原告はその確定判決をもって単独で登記申請をすることが可能となります。

5．共有持分の放棄と税務

　共有持分を放棄して、他の共有者がかかる共有持分を取得することは、前記のとおり原始取得であるとされています。

　しかし、税務上は原始取得ではなく、共有持分のみなし贈与があったものとみなされます（相続税法 9 条、相続税法基本通達第 9 条 12）。そのため、共有持分の取得者には贈与税が課税され、共有持分放棄者は連帯納付が義務付けられます（相続税法 34 条 4 項）。

　共有持分を放棄した場合でも、課税が生じる点には注意が必要です。

6．設例における対応

　X は、共有持分を放棄したいわけですから、Y および Z に対して持分放棄の意思表示をするとともに、共有持分の移転登記手続をとる必要があります。

　なお、「相続等により取得した土地所有権の国庫への帰属に関する法律」の施行後に、X のほか Y および Z も共有持分の放棄を希望する場合、全員で法務大臣に対して、共有持分全てを国庫に帰属する旨を承認する行政処分を申立てることも考えられます[8]。

---

[8]　荒井達也『Q & A 令和 3 年民法・不動産登記法改正の要点と実務への影響』210 頁以下（日本加除出版、2021）

Column

相続土地国庫帰属制度

　Q2でも解説しましたように、2021年4月21日、改正民法が成立しましたが、同時期に「相続等により取得した土地所有権の国庫への帰属に関する法律」も成立しました。

　人口減少により土地の需要が縮小しつつあり、価値が下落する土地が増加傾向にある現在では、土地への関心が低くなり、結果として適切に管理されない土地が増えることが予想されます。そして、現在は適切に管理されている土地でも、相続が発生し遺産共有状態になったり、相続登記がされずに放置されれば、所有者が不明になる可能性があります（所有者不明土地のいわば予備軍です。）。こういう土地が増加することは、将来にわたり社会的コストが増加することになりかねません。

　ところで、民法239条2項は、「所有者のない不動産は、国庫に帰属する。」と規定しています。しかし、土地所有権の放棄について民法は規定しておらず、確立した最高裁判所の判例も存在しません。

　そこで、現在適切に管理されている土地が将来管理不全状態となることを防ぐとともに、相続による所有者不明土地の発生を抑制するために、本法律が成立しました。

　土地所有権を国に帰属させるといっても、これを無条件に認めますと、国の負担が増加するとともに、所有者が将来土地の所有権を放棄するつもりで土地を適切に管理しなくなるモラルハザードも生じ得るところです。

　そのため、相続等により土地所有権を取得した相続人から申請を受けた場合に、一定の要件を満たした土地について、法務大臣の行政処分が行われたときに、当該土地の所有権が国庫に帰属することになりました。

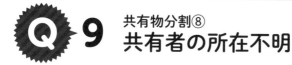

共有物分割⑧
共有者の所在不明

　兄弟であるＸとＹ、そしてＺが一人株主兼代表取締役を務める株式会社Ａは、甲土地をそれぞれ３分の１ずつ共有しています。この土地上には、Ｘが所有する建物があり、Ｘとその家族が居住しています。Ｘは、この土地の共有物分割をして自身の単独所有にしたいと考えています。しかし、現在、Ｙの所在は明らかではなく、株式会社Ａも十数年前から事業を営んでおらず、Ｚの所在も不明です。この場合、Ｘは、どのように共有物分割の手続を進めればよいでしょうか。

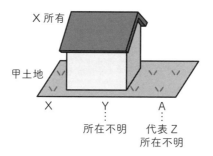

　Ｘは、Ｙの所在が不明であることから、Ｙについて失踪宣告審判の申立て、または、不在者財産管理人の選任申立てを行い、失踪者の相続人または不在者財産管理人との間で共有物分割の協議を行うことになります。一方で、株式会社Ａについては、代表取締役Ｚの所在が不明であることから、共有物分割訴訟を提起した際に、特別代理人の選任申立てをすることにより手続を進めることができます。

解説

1．不在者の調査

　共有物の分割を求めたいものの、共有者の所在が不明な場合があります。このような場合、どのような手続で共有物分割の手続を進めればよいでしょうか。

　共有物の分割を求める場合、まずは共有者間で協議を行い、協議が調わない場合にその分割を裁判所に求めることができます（民法258条1項）。

　設例に関しては、Yの所在が不明であり、また株式会社Aの代表取締役Zの所在も不明です。この場合、まずは不在者の所在調査をする必要があります。

　不在者の調査については、以下のような方法が挙げられます。

---

　①親族・関係者に対する聴取

　②住民票、戸籍附票から最後の住民票上の住所の確認

　③上記①および②を踏まえた現地調査

---

　①の親族や関係者に対して調査を行う場合、これらの者から回答があったこと自体を証拠として残す必要があります。そのため、聴取方法として質問事項を記載した書面を送付し、回答期限までに回答してもらう方法が一般的にとられています。もっとも、不在者のプライバシーや個人情報保護への配慮から慎重に行うべきですし、弁護士会照会制度を用いることも検討すべきです。

　③の現地調査も、現地を訪問することで情報を入手できる場合もあるため、有効な手法です。

2．不在者に対する対応

　上記調査を行ったとしてもYの所在が明らかにならない場合、どのような方法をとるべきでしょうか。

　まず、不在者の生死が7年間明らかでない場合には、失踪宣告の審判の

第2章

申立て（民法 30 条 1 項、家事事件手続法 39 条別表一 56 項、148 条）を行った上で、審判後、相続人との間で共有物分割の協議を行うことになります。

　もっとも、不在者の生死が明らかではない場合が 7 年未満の場合、失踪宣告の制度を用いることができません。

　この場合、不在者を被告として共有物分割訴訟を提起した上で、公示送達の方法（民事訴訟法 110 条以下）の利用が検討されます。すなわち、当事者の住所、居所その他送達をすべき場所が知れない場合、原告は、裁判所に対して公示送達の方法を申し立てることができます（同法 110 条 1 項 1 号）。

　もっとも、公示送達の方法の場合、不在者の手続保障が確保されないことになります。そのため、裁判所から、公示送達の方法ではなく、不在者財産管理人の選任申立てを促されるケースもあります。不在者財産管理人は、不在者が、その財産の管理人を置かなかった場合に、利害関係人または検察官の請求により、家庭裁判所が不在者の財産の管理に関し、不在者財産管理人を選任する審判手続です（民法 30 条 1 項、家事事件手続法 39 条別表一 55 項、145 条）。不在者とは、「従来の住所又は居所を去った者」（民法 25 条 1 項）を指し、容易に帰所する見込みのない者をいいます[1]。

　不在者財産管理人の候補者に関し、申立人が自薦・他薦することができるかについては申立裁判所により運用が異なるため、事前に裁判所に確認が必要になります。また、予納金額も裁判所により異なるため、管理人候補者同様、裁判所に確認する必要があります。

　不在者財産管理人が選任された場合には、同人との間で共有物分割の協議を行うことになり、先行して訴訟提起していた場合には、当事者（被告）を不在者財産管理人に変更する申立てをします。

---

[1]　野々山哲郎・仲隆・浦岡由美子編『相続人不存在・不在者財産管理事件マニュアル』191 頁（新日本法規出版、2012）

3．Yについて不在者財産管理人が選任された場合の代償金の支払方法

　設例のXのように、共有物を代償分割の方法で単独で取得したい場合、代償金の支払が求められます。

　設例のような場合、代償分割成立時に代償金を支払い、7年間不在者財産管理人が管理します。この場合、Xが7年間の経過後、不在者の生死が明らかではないとして失踪宣告の審判を申立て、失踪宣告の審判後、不在者の相続人に代償金が帰属します[2]。

　代償金の支払については、事前に裁判所および不在者財産管理人と協議することが重要です。

4．法人の役員が欠けた場合の対応

　設例のように法人の役員が欠けた場合、会社法は、利害関係人が必要性を疎明して、一時役員の職務を行うべき者（以下「仮役員」といいます。）の選任を申立てることができる旨を規定しています（会社法346条2項。代表取締役につき同法351条2項）。

　もっとも、仮役員の選任申立てがなされる場合は、株主間の利害対立が顕著である場合や、取締役間が対立しているために株主総会の開催が困難等、類型的に仮役員の任務が長期化する場合が多く存在します。そのため、仮役員のリスクを限定し、役員報酬額を抑えるために、裁判所は仮役員の選任の要件である必要性を厳格に解釈し、この要件を「ほかに有効な手段がないこと」という、いわば補充性の要件のように解釈運用しているとされています[3]。設例でも仮役員の職務は、共有物分割訴訟への対応に限られません。

　そこで、株式会社を被告として訴えを提起する場合、民事訴訟法は、特別代理人の選任申立てを認めています（民事訴訟法35条、38条。なお、原告として訴訟提起する場合にこれら法条が類推適用されることを肯定した裁判

---

[2]　第一東京弁護士会法律相談運営委員会編著『実例　弁護士が悩む不動産に関する法律相談』293頁（日本加除出版、2015）

[3]　上田純子・松嶋隆弘編著『会社非訟事件の実務』249頁（三協法規出版、2017）

例として、最判昭和 41 年 7 月 28 日[4]）。役員を欠いた株式会社を被告とする場合には仮役員の選任は必要ないと考えられています[5]。

　設例の X は、株式会社 A を被告として共有物分割訴訟を提起した上で、株式会社 A について特別代理人の選任を申し立てることを検討することになります。

---

[4]　判タ 195 号 81 頁
[5]　東京地方裁判所商事研究会編『類型別会社非訟』34 頁（判例タイムズ、2009）、松田亨・山下知樹編『実務ガイド 新・会社非訟〔増補改訂版〕』（金融財政事情研究会、2016）

Column
現地調査報告書作成時の留意点

　訴訟を提起したものの、訴状が被告に送達されないことがあります。この場合、付郵便送達等の上申を行うことになりますが、付郵便送達が認められるためには、被告が住民票上の住所地に居住していることを明らかにしなければなりません。そこで、現地調査を行い、その結果を記載した「現地調査報告書」を上申書に添付して、裁判所に提出します。

　調査対象場所に到着したら、まずは建物の外観を確認します。特に表札や郵便受けに被告の氏名が記載されていないか、シャッターおよびカーテンの開閉状況、郵便物が溢れていないか（外形的に確認できる範囲で行います。）、洗濯物は干されているかといった点を確認します（地図アプリ等で事前に建物の外見を確認しておくのも有益です。）。外観の調査が終了したら、次は細かな部分を確認します。たとえば、ガスや電気メーターの動き、ガス栓が閉鎖されたことの貼り紙が付いていないかといった点を確認します。目視で確認できる範囲の調査が完了したら、いよいよ近隣住民への聞き込みとなります。近隣住民には、調査対象者を最近見かけたことがないか、最後に見かけたのはいつ頃かといった点を尋ねることになります。その際、調査対象者の氏名や調査目的をむやみに伝える等して個人情報の漏えいやプライバシー侵害にならないよう注意が必要です。

　調査が完了したら、調査報告書を作成します。調査報告書には、調査を行った人物、調査場所、調査日時、調査の結果等を記載します。調査の結果には、住んでいることを確信できる直接事実、間接事実を記載することが大切です。調査状況を撮影した写真を添付するのもよいでしょう。写真を撮影する際は、敷地外から目視できる範囲にとどめ、プライバシー侵害や住居侵入とならないように注意が必要です。加えて、近隣住民から不審者がいるとの通報がされる可能性もありますので、身分証明書の携帯は必須です。

第2章

第3章　遺産共有関係の解消

遺産共有関係の解消①

Q 10　相続人が行方不明・制限行為能力者の場合における遺産分割協議

❶
　Aが甲土地を所有していたところ、遺言書を作成することなく死亡しました。Aの相続人はXとYです。遺産分割は、どのように進めればよいでしょうか。遺言書があった場合では、進め方が異なるのでしょうか。

❷
　Yにつき以下の事情がある場合、Xは、どのように手続を進めればよいでしょうか。
　①Yが行方不明である場合
　②Yが未成年者・成年被後見人・被保佐人・被補助人である場合

　相続が開始した場合、被相続人が遺言書を作成していれば、原則として遺言書に従った相続が実現します。他方、遺言書がない場合、相続人全員で遺産分割協議を行う必要があります。遺産分割協議が調えば、その内容に従った相続が実現します。

①相続人が行方不明である場合
　相続人が利害関係人として不在者財産管理人の選任を申立

て、同管理人と遺産分割協議を進めます。遺言書がないため、遺産分割は、相続人全員の協議により進めます。しかし、協議が調わない場合、家庭裁判所で調停を行うか、調停が調わない場合には審判により解決することになります。

②相続人が未成年者・成年被後見人・被保佐人・被補助人の場合

　相続人が未成年の場合には法定代理人である親権者と、成年被後見人の場合には成年後見人と遺産分割協議を進めます。

　相続人が被保佐人の場合、被保佐人と遺産分割の協議を進めることができますが、これについては保佐人の同意を得る必要があります。また、遺産分割を行うことが保佐人の代理権の範囲内の行為であれば、保佐人と遺産分割協議を行います。

　相続人が被補助人の場合、被補助人と遺産分割協議を進めることができますが、これが補助人の同意事項に含まれている場合、補助人の同意を得る必要があります。また、遺産分割を行うことが補助人の代理権の範囲内の行為であれば、補助人と遺産分割協議を行います。

解説

1．遺産分割について

(1) 遺産分割の必要性

　相続は人の死亡により開始します（民法882条）。

　相続人が複数存在し、遺言書がない場合、被相続人の個々の財産について権利者を確定させるために、相続人全員で遺産分割協議を行う必要があります。

　このとき遺産分割の対象となる財産は、「相続開始時に存在し」、かつ「分割時にも存在」する「未分割の財産」です[1]。たとえば、相続開始前

---

[1]　片岡武・菅野眞一編『家庭裁判所における遺産分割・遺留分の実務〔第4版〕』3頁（日本加除出版、2021）

に、相続人の 1 人が預金を引き出していても、この引き出された預金相当額は、引き出した相続人が相続財産に戻さない限り、遺産分割の対象となりません[2]。

(2) 遺産分割の方法

　遺産分割協議は、上記のとおり相続人全員で行う必要があります。そして、この協議により合意できれば、かかる合意に従います。しかし、遺産分割協議が調わない場合や協議ができない場合、当事者は、家庭裁判所に対して遺産分割の調停を申し立てることができます（民法 907 条）。そして、調停が成立する見込みがない場合または成立した合意が相当でない場合には調停事件が終了し、家事調停申立時に当該申立てについて家事審判の申立てがあったものとみなされます（家事事件手続法 272 条 1 項・4 項）。

　遺産分割の協議を行う場合、以下の遺産分割調停手続の流れに従い整理すると、適切な協議の運営ができます[3]。

---

①相続人の範囲の確定

②相続分の確定

③遺産の範囲の確定

④遺産の評価

⑤特別受益者と特別受益の額の確定

⑥寄与相続人と寄与分の確定

⑦特別受益および寄与分を踏まえた、相続開始時の具体的な相続分率の算出

⑧具体的相続分率を遺産分割時における遺産評価額に乗じて遺産分割取得分を算出

⑨遺産分割方法の決定

---

[2]　相続開始前に引き出された預金は、使途不明金として相続人間で争われることが多く、使途不明金の法定相続分相当額を不当利得として、不当利得返還請求訴訟により解決を図ることがあります。

[3]　前掲脚注 1) 片岡・管野・8 頁。

２．相続と遺言

　一方で、被相続人が遺言書を作成していれば、遺産分割協議を行う必要はなく、原則として遺言の内容に従った相続が実現します（ただし、遺言によっても相続人の遺留分を侵害することはできません。）。

　遺産分割協議では、相続人間の感情的な対立のほか、不動産、上場会社株式、同族会社株式等の相続財産について、その評価に争いが生じ、解決が長期化することも少なくないため、遺言書の作成が望まれるところです。

３．相続人の１人が行方不明の場合

（1）不在者財産管理人

　相続人の１人が行方不明の場合、当該相続人は相続財産を含む自身の財産を管理することができません。その場合、家庭裁判所は、利害関係人または検察官の請求により、不在者財産管理人を選任します（民法25条1項）。

　不在者財産管理人の申立ては、不在者の従来の住所地または居所地の家庭裁判所に対して行います（家事事件手続法145条）。申立てに当たり、申立書に収入印紙の貼付および予納郵券が必要となりますが、不在者の財産の内容から、不在者財産管理人が不在者の財産を管理するために必要な費用（これには、不在者財産管理人に対する報酬も含みます。）に不足が生じる可能性がある場合、家庭裁判所は、申立人に対して相当額の予納金の納付を求めることもあります。

　不在者財産管理人に選任されるために必要な資格はありません。もっとも、不在者財産管理人は、不在者の財産を適切に管理することが要されるため、選任にあたっては適格性が考慮されます。

　不在者財産管理人が選任されると、同管理人は民法103条に定める範囲、すなわち、保存行為、および、管理の目的である物または権利の性質を変えない範囲内においてその利用または改良を目的とする行為の範囲で権限を有します。一方で、財産の処分のように民法103条を超える行為をする場合には、家庭裁判所の許可を得て、当該行為を行います（権限外行為許可。民法28条）。

第3章

（2）失踪宣告

　相続人の生死が不明の場合には、家庭裁判所に対し失踪宣告（民法 30条）を請求することを検討することもあります。

　不在者の生死が 7 年間明らかでないとき（普通失踪）や、戦地に臨んだ者、沈没した船舶の中に在った者その他死亡の原因となるべき危難に遭遇した者の生死が、それぞれ、戦争が止やんだ後、船舶が沈没した後またはその他の危難が去った後 1 年間明らかでないとき（特別失踪）は、家庭裁判所は、利害関係人の請求により、失踪宣告をします（同法 30 条）。失踪宣告がなされると、普通失踪の場合には 7 年間の期間が満了した時に、特別失踪の場合にはその危難が去った時に死亡したものとみなされます（同法 31 条）。

（3）X の対応

　X は、もう 1 人の相続人である Y が行方不明である以上、Y が財産管理人を置いていなければ、不在者財産管理人の選任を家庭裁判所に申し立てます。そして、不在者財産管理人の選任後、同管理人との間で遺産分割協議を行うことになります。

　なお、不在者財産管理人が行う遺産分割協議は、財産管理人の権限を超えるものであるため、家庭裁判所の許可を得る必要があります[4]。

　一方、Y に失踪宣告がなされた場合、同人について相続が発生することになります。Y が死亡したとみなされる時点によっては、A の死亡との先後関係により、相続人の範囲や相続分が変更になり、X の相続分が変わることもありますので注意を要します。

4．相続人が未成年者・成年被後見人・被保佐人・被補助人である場合

　相続人が未成年者、成年被後見人、被保佐人または被補助人であり、こ

---

[4]　裁判所 HP「不在者財産管理人選任」の「7. 手続の内容に関する説明」Q 4（https://www. courts.go.jp/saiban/syurui/syurui_kazi/kazi_06_05/index.html）。

れらの者と遺産分割協議をする場合、以下の点に留意する必要があります。

(1) 未成年者

　未成年者については、法定代理人が子の財産を管理し、かつ、その財産に関する法律行為について代表します（民法824条）。そのため、遺産分割協議は、法定代理人との間で行います。

　もっとも、未成年者と法定代理人が共に相続人である場合、利益相反が問題になります（同法826条）ので、法定代理人に対して特別代理人の選任を促すことになります。利益相反については、Q1も参照してください。

(2) 成年被後見人

　相続人が成年被後見人である場合、後見人が被後見人の財産を管理し、かつ、その財産に関する法律行為について代表します（民法859条1項）。そのため、遺産分割協議は、後見人との間で行います。

(3) 被保佐人

　相続人が被保佐人の場合、遺産分割協議を行うことは保佐人の同意事項です（民法13条1項6号）。

　なお、保佐の場合、保佐人に代理権が付与されていることがあります。代理権は、特定の法律行為について審判により付与されます（民法876条の4第1項）。代理権の対象となる法律行為は、当該被保佐人に関する審判書または登記事項証明書[5]に記載がありますので、保佐人と遺産分割協議をする場合、これら書類の確認が必要となります。

(4) 被補助人

　相続人が被補助人の場合、被補助人の特定の法律行為については補助人の同意事項とされます（民法17条1項）。また、補助人も保佐人同様、特定の法律行為について代理権限が授与されることがあります（同法876条

---

[5]　登記事項証明書は、法務局で取得します。

の9第1項)。

　被補助人と遺産分割協議を行う場合、補助人の同意対象事項、代理対象事項を審判書または登記事項証明書で確認する必要があります。

　なお、後見申立て、保佐申立て、補助申立てについては、Q1を参照してください。

Column

相続人が相当多数の場合の遺産分割の方法

　被相続人が所有していた土地について、相続登記がなされないまま長年放置されてしまう場合があります。相続人である依頼者がこの土地を取得しようとする場合、まずは法定相続人を確定します。

　確定したら、相続人関係図および法定相続分計算表を作成します。法定相続分の計算は、相続発生当時の民法の規定に従います。家督相続が認められていた時代（被相続人が戸主か否かで相続の方法が異なります。）や、配偶者と子の相続分が現行民法と異なる時代の法定相続分の計算は、特に注意が必要です（参考：末光祐一『事例でわかる過去から現在の相続に関する法律と実務』（日本加除出版、2020））。

　法定相続人および法定相続分が確定したら、いよいよ他の相続人との交渉です。原則として、依頼者が土地を全部取得する代わりに他の相続人に対し法定相続分に従った割合で代償金を支払うという内容の遺産分割を申し出ることになりますが、依頼者が長年占有を続けてきた場合には、取得時効の成立を主張することもあります。

　法定相続人が多数に上る場合、一定の親族グループ内で解決の方針について意見の対立があったり、1通の遺産分割協議書に全員が署名押印することが事実上困難な場合もあります。このような場合は、相続分譲渡の方法を用います。一定の各親族グループの代表者（例：長男家系代表者甲、二男家系代表者乙）に取りまとめを依頼し、その代表者数名に法定相続分を集中させ、代表者間で遺産分割協議をしたり、あるいは、その代表者数名からさらに相続分譲渡を受けます。これにより、依頼者は、法定相続分の全てを取得することができます。

　しかし、こうした方法でもまとまらない場合、協力的な法定相続人から相続分譲渡をしてもらい人数を減らしたうえで、非協力的な法定相続人を相手方として遺産分割調停の申立てを行います。相手方が数十名に上ることもありますが、調停に代わる審判により解決できることもあります。

Q 11　遺産共有関係の解消②
遺産分割の方法と遺産である不動産の評価

　　A が土地およびその土地上の建物（以下「本件不動産」と
いいます。）を所有し、A と妻 X が居住していましたが、A
が遺言書を作成しないままに死亡しました。A の相続人は、
妻 X、A と前妻の子 Y、A と X の子 Z です。

　　X は、本件不動産の取得を希望していますが、どのような
方法により、Y および Z との遺産分割協議をまとめればよい
でしょうか。

　　また、本件不動産は、遺産分割上、どのように評価すべき
でしょうか。もし、本件不動産が以下のものであった場合に
は、どのように評価すべきでしょうか。

①借地権付き建物（借地権および建物）

②底地（建物所有目的の借地権が存在する土地）

③土壌汚染や地下埋設物が存在する土地

A 所有の土地建物

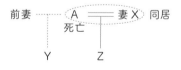

前妻 ┈┈ Ⓐ ══ 妻Ⓧ 同居
　　　　死亡　　│
　　　Y　　　　Z

　　本件不動産の遺産分割の方法としては、現物分割・代償分
割・換価分割・共有分割の手法が挙げられますが、X が本件
不動産の取得を希望する場合、代償金を支払って取得する代

償分割が考えられます。もっとも、代償金の支払が困難な場合には、相続人全員の合意があればリースバックを伴う換価分割も利用できます。他方で、Ｘの希望が本件不動産への居住を理由とするものであれば、配偶者居住権の設定も考えられるところです。

　不動産の評価は、不動産評価に関する公的基準を参考に決せられます。また、建物が借地権付建物である場合には、建物価格に借地権価格を加算して評価します。一方で、底地については更地価格から借地権価格を控除して評価します。土壌汚染地や地下埋設物が存在する土地の場合、これらにより土地の有効利用が制限され、土地の価格に影響が生じます。この場合、土壌汚染物質・地下埋設物を除去するために要する費用の80％相当額や使用・収益制限による減価相当額、さらには心理的な要因による減価相当額を汚染や地下埋設物がない土地の評価額から控除して評価します。

解説

1．相続財産である不動産の遺産分割方法

　被相続人が遺言書を作成せずに死亡した場合、被相続人の個々の財産について権利者を確定させるためには遺産分割協議を行う必要があります。

　被相続人が不動産を所有していた場合、この不動産は遺産分割の対象となります。相続人が共有する相続財産の「共有」は民法249条以下に規定する共有と性質を異にするところはないと解されるところ[1]、この相続財産を分割する方法としては、以下の4種類があります[2]。

①現物分割：個々の財産の形状や性質を変更することなく分割す

[1]　最判昭和30年5月31日民集9巻6号793頁
[2]　各種分割方法の定義は、片岡武・菅野眞一編『家庭裁判所における遺産分割・遺留分の実務〔第4版〕』363頁〜373頁（日本加除出版、2021）。

　　　　　　　　る方法
②代償分割：一部の相続人に法定相続分を超える額の財産を取得
　　　　　　させた上、他の相続人に対する債務を負担させる方
　　　　　　法
③換価分割：遺産を売却等で換価した後に、現金を分配する方法
④共有分割：遺産の一部、全部を具体的相続分による物権法上の
　　　　　　共有取得とする方法

　相続人がいずれの分割方法を選択するかは、当事者の合意により決定されます。他方、相続人が遺産分割について合意できず遺産分割調停も不成立となった場合、家庭裁判所が遺産分割について審判することになります。この場合、まずは現物分割が検討され、それが困難な場合には代償分割、代償分割が困難な場合には換価分割が検討されます。そして、換価分割すら困難な場合には最後の手段として共有分割が選択されます[3]。

2．設例における遺産分割

（1）代償分割

　設例では、A の配偶者であった X が本件不動産の取得を希望しています。

　遺産分割を行う場合、相談を受けた弁護士は、X がなぜ本件不動産の取得を希望しているかを確認することが重要です。X があくまで本件不動産の所有権の取得を希望する場合、他の相続人には、それに見合う他の財産を取得させなければなりません。

　すなわち、本件不動産以外にも A の相続財産がある場合、X が本件不動産を取得し、他の相続人がその他の財産を取得する遺産分割が成立する可能性があります。また、X が資産を有していれば、代償分割の方法により本件不動産を取得することもできます。しかし、A の相続財産が本件不動産以外さしたるものがない場合は、X に代償金を支払えるほどの

---

[3]　大阪高決平成 14 年 6 月 5 日家月 54 巻 11 号 60 頁

資産を有していなければ、X の希望を実現することは難しくなります。

(2) 配偶者の居住権の確保

　一方で、X が本件不動産の取得を希望する理由が居住権の確保であれば、所有権取得以外の方法により、X の希望を実現することも考えられます。

ア　配偶者居住権

　2020 年 4 月 1 日以降の相続については、配偶者短期居住権および配偶者居住権（民法 1037 条から 1041 条）が認められているため、X は本件不動産を取得せずとも、本件不動産に一定期間または終身居住し続けることができます。

イ　使用貸借権の推認

　他方、2020 年 4 月 1 日以前の相続については、最判平成 8 年 12 月 17 日[4] が参考になります。同最判は、共同相続人の一人が相続開始前から被相続人の許諾を得て相続財産である建物に被相続人と同居していたときは、特段の事情がない限り、被相続人と同居相続人との間には、相続開始後も遺産分割により当該建物の所有関係が最終的に確定するまでの間は、引き続き同居の相続人に無償で使用させる旨の合意があったと推測されるため、被相続人の地位を承継した相続人らが貸主となって同居の相続人を借主とする使用貸借契約関係が存続することになる旨を判示してます。

　そのため、X は、遺産分割協議により本件不動産の所有関係が確定するまでの間は、本件不動産を使用貸借に基づき無償で使用することができます。

ウ　リースバック

　仮に相続人全員がいわゆるリースバックを伴う代償分割に合意する場合、X は、本件不動産に居住し続けることができます。これは、Ｘ Ｙ Ｚ が本件不動産を不動産会社に売却し、各人が売買代金を按分取得する一方、X が不動産会社から本件不動産を賃借する方法です。

---

[4]　民集 50 巻 10 号 2778 頁

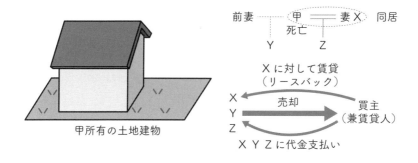

甲所有の土地建物

この方法であれば、X は本件不動産に居住し続けることも可能であり、Y および Z も相続分相当額の現金を取得することができます。このような内容の遺産分割を行う場合、リースバックを行っている不動産会社を探さなければならないこと、不動産の買取価格は通常の売却額よりも安価になりやすいと一般にいわれていること、賃貸借契約期間中は賃料支払義務が発生し続ける負担が相続人に生じること、定期建物賃貸借契約により契約期間が限定されてしまう場合があること等に留意する必要があります。

3．相続財産の評価

遺産分割は、相続財産を相続人の具体的相続分に応じて公平かつ適正に分配することを目的とする手続のため、遺産分割を行う前提として、当該相続財産を評価する必要があります。以下、設問の類型ごとに検討します。

(1) 戸建住宅（土地・建物）

戸建住宅の場合、以下の公的な不動産評価基準を参考に評価します。

①公示価格（地価公示価格[5]）

売手・買手双方に売り急ぎ、買い急ぎ等の特殊な事情がない取引で成立すると認められる価格（正常価格）であり、使用・収益を制限する権利がない更地（土地のみ）の価格です。毎年 1 月 1 日時点が評価時期と

―――――――――――――――――――――

[5] https://www.land.mlit.go.jp/webland/

なります。公示価格は、公共事業の用に供する土地の取得価格の算定や相続税評価および固定資産税評価の基準とされています。

②都道府県地価調査価格

　国土利用計画法施行令9条に基づき、都道府県での土地取引規制に際しての価格審査や地方公共団体等による買収価格の算定の規準とすること等を目的として、都道府県知事が毎年7月1日における標準価格を判定し公表するものです。都道府県地価調査は、国土交通省で実施している地価公示と相互に補完関係にあり一部共通地点とすることにより、半年ごとの地価動向を示しています。

③固定資産税評価額

　固定資産税等を課税するための評価額です。毎年1月1日時点が評価時期になります（3年に1回評価替えが行われます。）。土地の固定資産税評価額は、平成6年度の評価替えから、地価公示価格の7割を目処に設定されています。

　固定資産税評価額は、不動産ごとに決められるため、価格を容易に求められます。他方で、3年に1度しか評価替えがないため、価格変動が大きい時期の場合、地価公示価格や実勢価格とかい離することがあります。この場合、時点修正が必要となります。

　なお、一般に建物価格については、固定資産税評価額が利用されることが多いと言われています。

④相続税評価額（相続税路線価）

　相続税および贈与税を課税するための評価額です。毎年1月1日時点が評価時期になります。相続税評価額は、平成4年分の評価から地価公示価格の水準の8割程度とされています。

　もっとも、デフレ期やインフレ期においては、相続税評価額を8割で割り戻した金額では取引ができないことがあるため、その年の1月1日から価格時点まで時点修正を行うことが必要な場合もあります。

(2) 借地権付建物（借地権および建物）

国土交通省が定めている不動産鑑定評価基準では、借地権の取引慣行の

成熟の程度が高い地域とそうではない地域において、借地権の評価基準を分けています。

しかし、遺産分割の手続においては、更地価格に借地権割合を乗じて評価された借地権価格に建物価格を加算して評価するのが通例とされています。借地権割合は、相続税評価額を算出する際に用いる路線価図に記載されており、それを用います。

なお、借地権が定期借地権の場合、期間満了とともに返還しなければならないため、償却資産としての性質を有します。そのため、経年とともに権利割合が低減していく特徴があります。

(3) 底地（建物所有目的の借地権が存在する土地）

底地とは、建物所有目的の借地権が設定されている土地のことを指します。底地権者は、借地権者から地代を収受しますので、底地は収益不動産に該当します。そこで、不動産鑑定評価基準では、底地を評価するに当たっては、収益価格および比準価格を関連づけて決定するものとされています。

もっとも、遺産分割の手続においては、更地価格から借地権価格を控除して評価するのが一般的であり、かかる手法が簡便で公平性が高いものと評価されています。

(4) 土壌汚染や地下埋設物が存在する土地

土壌汚染や地下埋設物がある土地は、これらが存することで土地の有効利用が妨げられています。そして、土壌汚染については、土壌汚染対策法 7 条 1 項において、都道府県知事は、土地所有者、管理者または占有者（以下「土地所有者等」といいます。）に対して、汚染の除去等の措置等の事項を記載した汚染除去等計画の作成・提出を指示するものと定め、土地所有者等に汚染の除去等を命じられるとされています。

土壌汚染が存在する土地を評価する場合、「土壌汚染地の評価等の考え

方について（情報）」[6]（以下「本件情報」といいます。）が参考になります。本件情報では、土壌汚染地を以下の方法で評価すると定めています。

土壌汚染地の評価額　＝　汚染がないものとした場合の評価額
　　　　　　　　　　　　（地価公示価格レベルの80％相当額）
　　　　　　　　　　　－　浄化・改善費用に相当する金額
　　　　　　　　　　　　（浄化・改善費用の見積額の80％相当額）
　　　　　　　　　　　－　使用収益制限による減価に相当する金額
　　　　　　　　　　　　（土壌汚染の除去以外の措置を実施した場合
　　　　　　　　　　　　に、その措置の機能を維持するための利用制
　　　　　　　　　　　　限に伴い生ずる減価をいう。）
　　　　　　　　　　　－　心理的要因による減価に相当する金額
　　　　　　　　　　　　（土壌汚染の存在（あるいは過去に存在した）
　　　　　　　　　　　　に起因する心理的な嫌悪感から生ずる減価
　　　　　　　　　　　　要因をいう。）

　地下埋設物がある場合も土壌汚染同様、土地の有効利用が妨げられ、その土地の価値に大きな影響を及ぼします。地下埋設物が存する土地の評価について公的な基準は設けられていませんが、上記土壌汚染地の評価が参考になるものと考えられます。

---

[6] 平成16年7月5日付国税庁課税部資産評価企画官情報第3号・国税庁課税部資産課税課情報第13号

第3章

Q12 遺産共有関係の解消③ 賃貸不動産の遺産分割

Aは、自宅兼賃貸アパートである甲建物を所有し、子X
と同居しつつ賃貸経営をしていましたが、遺言書を作成しな
いまま亡くなりました。相続人は、子Xと子Yであるとこ
ろ、Xは、甲建物を相続し引き続き居住しながら賃貸経営す
ることを希望していますが、一方でYも甲建物を相続した
上で、Xをその居住する部分から退去させて、同部分も賃貸
して収益を上げることを希望しています。下記❶〜❸のケー
スにおいて、XYと賃借人との法律関係はどのように処理す
ればよいでしょうか。

❶ XY間の遺産分割がまとまるまでの間
❷ 遺産分割によりXが甲建物を全部取得した場合
❸ XとYが共同で甲建物を売却する場合

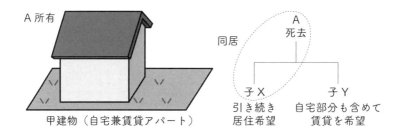

甲建物（自宅兼賃貸アパート）

A所有

同居

A
死去

子X
引き続き
居住希望

子Y
自宅部分も含めて
賃貸を希望

相続発生後遺産分割が成立するまでの間は、共同相続人に
よる共有となり、賃貸借契約における賃貸人の地位も準共有と
なります。したがって、賃貸人としての義務は、原則として不

可分債務であり、各共同相続人が債務全部について履行すべき責任を負います。もっとも、賃料債権は、当然に分割債権となり、各共同相続人が相続分に応じて賃料を請求することができます。

　Xが甲建物を全部相続すると、それにより賃貸人の地位も単独で相続することになり、敷金返還債務も全部承継します。しかし、相続発生後遺産分割が成立するまでの間の賃料は、当然分割されていますので、特段の合意がない限り、Xが賃料全部を遡って請求・取得することはできません。

　共同売却して代金から諸経費を引いた残額を法定相続分に応じて取得する場合、滞りなく売却が実現できるよう売却方法等についても合意しておくことが大切です。居住を希望するXは、リースバックの手法により、新所有者から建物を賃借して住み続ける方法もあります。

解説

1．遺産分割成立前の共同相続人による相続財産の共同管理（❶の場合）

（1）共同相続人による賃貸人の地位の承継

　建物所有者兼賃貸人が死亡したことで相続が開始し（民法882条）、共同相続人は、当該建物を共有し、賃貸人の地位も包括的に承継します。相続による賃貸人の地位の移転は、相続を原因とする包括承継のため、賃借人の承諾は要しません。

　設例の場合、XおよびYが甲建物を共有するとともに、賃貸人の地位を準共有して共同賃貸人となります。

（2）建物を占有する共同相続人の1人に対する明渡請求

　Yは、甲建物からXを退去させたいと考えていますが、甲建物に居住

81

して占有している X に対し、明渡しを求めることはできるでしょうか。

　最判昭和 41 年 5 月 19 日[1]は、持分の価格が共有物の価格の過半数に満たない少数持分権者といえども、自己の持分によって共有物を使用・収益する権限を有し、これに基づいて共有物を占有するものと認められる以上、共有者が現に共有物を占有する少数持分権者に対して、当然にその明渡しを請求することができないと判示しています。

　この判例からすれば、Y は X に対し甲建物の明渡しを求めることはできません。

(3) 建物を占有する共同相続人の 1 人に対する使用料請求

　では、Y は、X に対し、甲建物の使用・収益による利得相当額を支払うよう請求できるでしょうか。

　最判平成 8 年 12 月 17 日[2]は、被相続人と同居相続人との間において、被相続人の死亡後、遺産分割で建物の所有関係が確定するまでの間は、引き続き同居の相続人に建物を無償で使用させる旨の合意があったものと推認し、使用貸借契約の存在を判示し、不当利得の問題は生じないとしています。

　以上から、Y は X に対し、不当利得返還請求権を行使することはできません。

(4) 遺産分割前の賃貸管理
ア　不可分債務の原則

　前記 (1) のとおり、X と Y は、相続の開始により共同賃貸人になります。そして、賃貸人の義務である使用・収益させる義務は不可分債務として、X および Y が賃借人に対して負担します。そのため、たとえば賃貸不動産に修繕が必要となった場合、X および Y は、単独でこれに応じる必要があります（修繕費用は、負担した相続人が他の相続人に求償できま

---

[1]　民集 20 巻 5 号 947 頁
[2]　民集 50 巻 10 号 2778 頁

す。）。賃借人退去時の敷金返還義務も同様です。

イ　賃料債権の帰属

　一方で、賃借人が支払う賃料は、誰に帰属するのでしょうか。

　最判平成 17 年 9 月 8 日[3]は、相続開始から遺産分割までの間に生じる賃料債権は、遺産とは別個の財産というべきであって、各共同相続人がその相続分に応じて分割単独債権として確定的に取得するものと解するのが相当であり、遺産分割の遡及効（民法 909 条）の影響は受けないものと判示しています。

　実務上、X と Y がそれぞれ別個に、賃借人に対して自身の相続分に応じた賃料債権を行使することは一般的ではなく、どちらかが代表として収受し、確定申告にあたって毎年精算するか、遺産分割の際に精算するなどしています。

２．遺産分割により X が甲建物を全部取得した場合（❷の場合）

　X が遺産分割により甲建物を全部取得した場合、X が以後、賃貸人として甲建物の賃貸管理を行います。X が甲建物を取得する代償分割の方法については、Q11 を参照してください。

　A の死亡後遺産分割が成立するまでの間の賃料については、前記 1（4）イと同様に精算します[4]。

３．X と Y が共同で甲建物を売却する場合（❸の場合）

(1) 共同で売却する方法

　X が Y に対して代償金を支払うことができないために、X と Y が共同で甲建物を売却し、売却代金を相続分に応じて分割する遺産分割をせざるを得ないこともあります。この場合、遺産分割協議書に、①不動産が相続人の共有であること、②各相続人の具体的相続分の記載、③売却の方法（仲介会社の選定方法、売却の終期およびその見直し、買主の決定方法）、

---

[3]　判タ 1195 号 100 頁
[4]　前掲脚注 3) 最判平成 17 年 9 月 8 日

④不動産売却に要する費用の確定および精算方法を記載すると有用です。

　遺産分割のために賃貸不動産を売却するに際し、対抗要件を備えている賃借人がいる場合、賃貸人の地位も当然に買主に移転します（民法605条の2第1項）。一方で、賃貸借契約は締結したものの、賃借人が入居前の物件等、賃借人が対抗要件を具備していない場合でも、譲渡人たる賃貸人と買主とが合意すれば、合意により賃貸人の地位が買主に移転します（同法605条の3）。いずれの場合も、買主が賃料を請求するためには、買主が所有権移転登記を具備しなければ、賃貸人の地位の移転を対抗することはできません（同法605条の2第3項、605条の3後段）。

(2) X の居住権の確保

　ところで、甲建物を売却せざるを得ないとしても、Xは、甲建物に引き続き居住する方法はないでしょうか。Xが居住しているのみならず、たとえば、甲建物で商売をしていた場合などは、Xの建物利用権を確保するための方策を検討する必要があります。

　たとえば、売却先を探す際、仲介業者を通じて、新所有者とXとの間で賃貸借を締結することを条件とすることが考えられます（いわゆるリースバック。リースバックについてはQ11を参照してください。）。この場合、締結する予定の賃貸借の条件、すなわち、普通建物賃貸借か定期建物賃貸借の別、賃料の額、敷金・保証金の額、賃貸期間（解約禁止期間）などの条件をあらかじめ設定し、売買の条件と併せて検討してもらうようにします。

　設例でいえば、甲建物は賃貸アパート併設ですから、買主にとっては、そのまま引き続き売主が居住するのであれば、自宅部分を改修する必要がなくなりますし、自宅部分からも賃料が入ることが確約されますから、購入意欲が高まります。かえって、売却価格が上昇することもあり、共同相続人Yにとってもメリットになることもあります。

〈書式例・合意書〉

合　意　書

　甲及び乙は、亡○○○○（○年○月○日死亡、以下「被相続人」という。）が所有していた別紙物件目録記載の物件（以下「本件物件」という。）について、以下のとおり、合意する。

1　甲及び乙は、被相続人が死亡した日から遺産分割協議が成立するまでの間、本件物件の賃料収入を法定相続分に従い取得すること、及び、本件物件に関する費用（固定資産税などの公租公課、地代、仲介手数料、火災保険料、修繕費・改築費、不動産業者に支払う管理料、その他一切の費用）を法定相続分に応じて負担することを合意する。

2　甲は、乙に対し、本件物件に関する賃貸借の締結、賃借人からの賃料の取得、火災保険契約の締結、軽微な修繕、前項に定める費用の支払、その他本件物件の管理に関する代理権限を授与する。なお、乙は賃借人から取得した賃料を、甲と乙が予め合意した銀行口座で保管するものとする。

3　乙は、甲に対し、毎月1日から同月末日までの本件物件の収支状況を、翌月15日までに書面により報告する。

4　甲及び乙は、被相続人が死亡した日から遺産分割協議が成立するまでの賃料収入及び乙が第2項に基づき負担した本件物件に関する費用を、毎年12月31日を締日とし、翌年1月31日までに精算するものとする。

5　甲及び乙は、第3項に基づく収支報告に従い、被相続人の死亡日から遺産分割協議が成立するまでの間に本件物件から生じる不動産所得について、法定相続分に従い、各自の責任において税務申告を行うこととする。

6　本合意に定めなき事項については、甲乙が協議により解決する。

　以上のとおり本合意が成立したので、本書2通を作成し、甲乙各自1通を所持する。

令和○年○月○日

甲

乙

第3章

遺産共有関係の解消④

Q 13 賃借不動産の遺産分割

　Aは、地主Bから甲土地を建物所有目的で賃借し、同土地上に甲建物を築造して居住していたところ、遺言書を作成しないまま死亡しました。相続人は、子Xと子Yであるところ、Xは借地権および借地上の甲建物を売却して清算したい意向です。一方で、Yは単独で取得し居住したい意向です。

　Xは、どのような方策により、清算金を得ることができるでしょうか。

甲建物

甲土地　　借地権

A
死亡

子X
清算を希望

子Y
居住を希望

　Xは、Yとの間で遺産分割協議を先行させる必要があり、遺産分割により、

　　①Yが単独で相続し、Xに対し代償金を支払う方法

　　②XYが共同相続した上で、換価（売却）し、持分に応じて清算する方法

　　③Xが単独相続した上で換価（売却）し、Yに対し代償金を支払う方法

により、清算の目的を達することができます。

　地主Bとの関係においては、相続による承継について地

主の承諾は不要ですが、第三者に売却するにあたっては地主の承諾が必要であり、承諾料の支払が必要となることが一般的です。

上記の他にも、遺産分割を経た上で、

④地主Bに借地を返還する方法（建物買取請求権行使や借地権売却）

⑤借地権を地主Bの所有権（底地権）とともに第三者に売却する方法も考えられます。

解説

1. 借地権の準共有

借地権も財産権として遺産分割の対象となります。借地権は、建物に付随する従たる権利として、建物所有権を相続した者が相続します。複数の相続人が建物所有権を相続した場合、借地権は相続人の準共有（民法264条）となります。

2. 遺産分割に先行する共有物分割請求の可否

設例では、Aの遺言はありませんから、XとYが遺産分割を行い、借地権を相続する者を決めなければなりません。しかし、遺産分割を行うためには、相続人調査、相続財産調査をはじめ、その後も具体的な相続分や特定の遺産を誰が相続するのか、また、特別の寄与や特別受益の話し合い等、何かと時間がかかります。そこで、早期に清算することを望むXは、何かと時間のかかる遺産分割協議に先行して、共有物分割請求を行うことができるでしょうか。

しかし、最高裁は、これを認めていません。最判昭和62年9月4日[1]は、「遺産相続により相続人の共有となった財産の分割について、共同相続人間に協議が調わないとき、又は協議をすることができないときは、家事審判法の定めるところに従い、家庭裁判所が審判によってこれを定める

---

[1] 判時1251号101頁

べきものであり、通常裁判所が判決手続で判定すべきものではない」と判示しています。法定相続分が各2分の1であったとして、これを前提に共有物分割を先行して認めてしまうと、特別の寄与や特別受益をはじめとする相続人間の公平を図るための制度が適用されないことになってしまうからです。

　したがって、Xは、Yとの間で、まずは借地権についての遺産分割協議を成立させる必要があります。

3．遺産分割の方法

(1) はじめに

　設例において、Xが現金を取得する解決を考えた場合、XとYの遺産分割の方法は、以下が考えられます。

　　①Yが単独で相続し、Xに対し代償金を支払う方法

　　②XYが共同相続した上で換金（売却）し、持分に応じて清算する方法

　　③Xが単独相続した上で換金（売却）し、Yに対し代償金を支払う方法

(2) Yが単独で相続し、Xに対し代償金を支払う方法

　単独で取得し居住を希望するYが、借地権を相続し、Xに対し代償金を支払うことを内容とする遺産分割の方法があります。

　代償金の前提となる借地権の評価方法については、当事者双方が、複数の大手の不動産流通業者から査定書を取得し、その平均額をもって評価額とする方法や、不動産鑑定士の鑑定書を取得する方法が実務上行われています。いずれにしても、当事者間の合意によりその評価額を定める必要があります。調停の場合、当事者間で評価額が定まらない場合、当事者が合意すれば、裁判所が鑑定を進める場合もあります。

　なお、この方法により遺産分割の審判を行う場合には、家庭裁判所から、あらかじめ代償金支払能力の証明資料、具体的には、代償金相当額の預金が入金されている預金通帳の提出が求められます。Yが現時点において資力がなく、相続によって取得する借地権を担保として融資を受けて

代償金を支払うことを考えている場合、遺産分割協議や調停ではできますが、審判ではできません。

　Yが代償金相当額の現金を有していない場合であっても、遺産分割協議や調停であれば、代償金の分割払いや遺産分割の成立と同時に融資を受け当該物件に抵当権設定登記をする等の方法で、柔軟な解決を図ることも可能です。

(3) ＸＹが共同相続した上で換金（売却）し、持分に応じて清算する方法

　主たる財産が不動産（設例では借地権）であるような場合には、建物に居住することを希望する相続人が、他の相続人に対して支払うべき代償金を用意することができないことがあります。設例において、ＹがＸに対する代償金を用意できない場合（Ｘが代償金の分割払い等の提案を受け入れなかった場合も含みます。）、Ｙとしては、Ｘからの売却提案を受け入れざるを得ません。

　ＸＹが共同相続した上で売却して清算を行う方法の場合、当事者双方にとって公平な結論に導きやすい面があります。すなわち、借地権は一般的に売却が難しく、評価額どおりの価格で売却（換価）できるか必ずしも明らかでないばかりか、売却に際しては地主に対し譲渡承諾料を支払う必要があり、地主が譲渡承諾しない場合には裁判所に対し代諾許可の手続を申し立てる必要があります。相続人が共同で売却する場合、こうしたリスクを共同で引き受けることができます。また、売却の際に発生する譲渡所得税も、ＸＹ間で公平に分担することができます。

　一方で、売却に関する意向が食い違い、売却が困難になることもあります。たとえば、Ｙとしては、売却をした上でリースバックにより引き続き建物に居住することを希望している場合、こうした売却先を選定したいこともあり得ますが、高値での売却を重視するＸにとっては、あまり関係のない事情です。

　ＸＹが共同相続した上で、換価（売却）し、持分に応じて清算する方法を選択する場合には、売却の方法や期限などに関する取り決めもあらかじ

めしておくことが望ましいといえます。

(4) X が単独相続した上で、換価（売却）する方法

　X が単独相続した上で換価（売却）する方法は、売却に関して Y との協議を不要とする点において簡便です（Y がこの方法に応じるかは別問題ですが）。もっとも、遺産分割協議が成立した時点において Y から代償金の支払を求められるのが一般的だと考えられ、売却代金の中から代償金を支払うという合意に Y が応じてくれるかは、交渉状況によると考えられます。

　X が単独で売却する場合には、上記（2）に記載したようなリスク、すなわち、借地権の売却の困難性や売却代金の不確定さ、地主が譲渡承諾しない可能性などを引き受ける必要がありますし、売却後の譲渡所得税は X のみが負担することになります。

(5) 地主の承諾（承諾料）の要否

　設例において地主の承諾が問題となる場面は、相続による名義変更についての承諾（承諾料）の要否と、売却についての承諾（承諾料）の要否です。

ア　相続による名義変更についての承諾の要否

　借地権を相続することは、被相続人の地位を包括的に承継することになりますので、地主の承諾は不要です。

イ　売却についての承諾の要否

　借地権を売却する場合には、その前提として地主の承諾が必要です（民法 612 条 1 項）。承諾を得ないままに第三者に借地を使用・収益させた場合には、借地契約の解除事由となります（同条 2 項）。

　借地権者が借地上の建物を第三者に売却しようとする場合において、その第三者が借地権を取得しても地主に不利となるおそれがないにもかかわらず、地主がその借地権の譲渡を承諾しないときは、裁判所は、借地権者の申立てにより、地主の承諾に代わる許可を与えることができます（借地借家法 19 条 1 項）。

4．その他の換価方法

(1) はじめに

　遺産分割の後に借地権を換価する方法については、上記のような借地権売却の方法の他にも、①地主に借地を返還する方法、②借地権を地主の所有権（底地権）とともに第三者に売却する方法も考えられます。

(2) 地主に借地を返還する方法

　地主に借地を返還するにあたっては、さらに、建物買取請求権（借地借家法13条）を行使する方法、地主に借地権を買い取ってもらう方法があります。

ア　建物買取請求権

　借地権の存続期間が満了した場合において、契約の更新がないときは、借地権者は、借地権設定者に対し、建物その他借地権者が権原により土地に附属させた物を時価で買い取るべきことを請求することができます（借地借家法13条）。

　もっとも、建物買取請求権は、行使できるタイミングが期間満了時に限られているので、必ずしも使い勝手がよい制度ではありません。

　なお、この場合の買取価格は、更地価格の1〜2割程度とされることが多いため、実務上は、更新料や承諾料を支払った上で第三者に対し売却したり、地主に借地権を買い取ってもらったほうが、借地権者にとって有利なことが多いと思われます。

イ　借地権の買取り

　地主による借地権の買取りは、実務的にはよく行われている方法です。建物を現状有姿のまま譲渡しその売買代金を受領する方法をとることもあれば、建物を収去し更地に原状回復した上で売買代金、解決金、立退料等の名目で金員を受領する方法をとることもあります。第三者に借地権を売却しようと地主に対し譲渡承諾を求めたところ拒絶され、介入権行使を示唆されたために、やむなく地主に対する借地権売却に切り替えることも、実務上よくあります。

第3章

（3）借地権を地主の所有権（底地権）とともに第三者に売却する方法

　地主の相続や周辺開発のタイミング等と重なる場合には、借地権を地主の所有権（底地権）とともに第三者に売却することもあります。

5．最後に

　以上は、普通借地を前提とした記述となりますが、もし、設例における借地権が定期借地権であり、残存期間が数年しかない場合は、どのように解決を図るのでしょうか。

　定期借地権の場合には更新が認められておらず、期間の満了により借地権が消滅しますから（借地借家法22条）、残存期間が数年しかない場合には、事実上、換金が困難になるばかりか、建物収去等の原状回復義務の負担も重くのしかかります。定期借地権の遺産分割にあたっては、普通借地権とは違った視点から、相続することのメリット・デメリットを考慮する必要があります。

Column

遺言による借地権の遺贈と賃貸人の承諾について

　借地権者が借地権付建物を譲渡する場合、賃貸人の承諾が必要となります（民法612条1項）。遺言で借地権付建物を第三者に譲渡（遺贈）する場合も、遺言者の意思に基づき借地権が処分される以上、かかる譲渡については賃貸人の承諾が必要になります。

　賃貸人による承諾は、賃借権の譲渡に先立ち行われる必要があります。しかし、遺贈の場合、土地賃借権譲渡につき遺贈の効力発生前に承諾を求めることを借地人に要求することは、遺贈の性質上、困難といわざるを得ません。そこで、東京高決昭和55年2月13日（判タ415号188頁）は、「遺贈の効力が発生した後、その相続人又は遺言執行者による目的物件の引渡又は所有権移転登記に先立つて借地権譲渡についての賃貸人の承諾又はこれに代る裁判所の許可を求めれれば足りる」と判示しています。

　借地権の譲渡の承諾を求めることは、遺贈義務者である遺言執行者の職務ですので、遺言執行者が賃貸人に対して承諾をお願いすることになります（協議を円滑にするために、賃借人となるべき受遺者の協力を得て、両者連名でお願いすることも効果的です。）。

　では、借地権が包括遺贈の目的とされた場合、包括遺贈の効果が一般承継であるとして承諾が不要と解されるのでしょうか。この点、これを明示した判例はないため、慎重な検討を要します。

　なお、東京高決平成11年10月25日（判例集未登載）は、賃借権の目的である土地上の建物が包括遺贈の目的とされ、借地借家法19条1項に基づく許可が申し立てられた事案に関し、「包括遺贈は一般承継であるとしても常にその承諾が不要であるともいえないなどとしてかかる許可申立てを適法とし、適法な申立がある以上、その事案において借地権設定者の承諾がなくとも借地権の移転が有効であると解される場合であっても同条による許可を与えることができる」と判示しています。

第3章

Q14

遺産共有関係の解消⑤
相続分の放棄

　Aは、甲土地と同土地上に老朽化した甲建物を所有し居住
していたところ、遺言書を作成しないまま死亡しました。相
続人は、先に死亡したAの兄の子である代襲相続人Xおよ
びY、Aの弟であるZであるところ、Xは、甲土地および甲
建物を含めた遺産総額が少ないことに鑑み、相続に関して何
らの権利も主張せず、煩わしさから解放されたいと考えてい
ます。Xは、どのような対応をとることができるでしょうか。

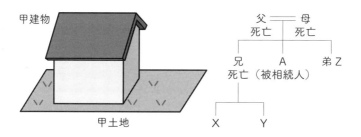

　相続関係から離脱するためには、①相続放棄、②相続分の
放棄、③相続分の譲渡の方法があります。

　相続放棄の場合には、家庭裁判所に対する一方的な手続で
完結し、負債も免れることができますが、自己のために相続
の開始があったことを知ったときから3か月以内（熟慮期間
内）に、相続放棄をすることが必要です。

　一方、相続分の放棄または相続分の譲渡は、相続開始後遺
産分割協議が成立するまでの間はいつでも行えますが、負債
については債権者に対抗することができないというデメリッ

トがあります。

　どの手続にも、メリットとデメリットがあるため、依頼者の希望や他の相続人との関係についてよくヒアリングしつつ、適切な手段を選択する必要があります。

解説

1．相続放棄

(1) 相続放棄申述受理申立て

　相続人は、自己のために相続の開始があったことを知った時から3か月以内（熟慮期間内）に、相続について放棄をすることができます（民法915条1項）。利害関係人または検察官が請求をすれば、家庭裁判所においてその期間を伸長してもらうこともできます。

　「自己のために相続の開始があったことを知った時」とは、①相続開始の原因事実を知り、かつ、②そのために自己が相続人になったことを覚知した時をいいます[1]。

　設例では、Xは、①被相続人であるAが死亡したこと、及び、②Aに配偶者や子、直系尊属がいないこと、あるいはこれらの者が相続放棄をしたことを知ったときから熟慮期間内に、Aの最後の住所地を管轄する家庭裁判所に対し、相続放棄の申述受理申立てをする必要があります（民法938条、家事事件手続法201条1項）。

　家庭裁判所に対し相続放棄申述受理申立てをすると、しばらくして家庭裁判所から申立人に対し照会文書が届き、相続放棄が本人の意思に基づくかどうかの確認が行われます。その確認を終えると、裁判所において相続放棄の申述が受理された旨の通知書が届きます。申立てから申述受理までには1～2か月程度の期間を要することが多いですが、申立てを熟慮期間内に行えば、申述受理の時点で熟慮期間を経過してしまっていても、相続放棄の効力には問題がありません。

　なお、相続人は、熟慮期間中に相続財産の調査をすることができますが

---

[1]　大決大正15年8月3日民集5巻679頁

（民法 915 条 2 項）、調査の範囲を超えて、相続財産の全部または一部を処分した場合等は、法定単純承認とみなされますので（同法 921 条）、依頼者に対し注意喚起をしておく必要があります。

（2）熟慮期間の起算点の繰下げ

時折、被相続人が死亡したことや自らが相続人であることは知っていたものの、知った時から 3 か月を経過した後に債権者から催告書が届き、多額の借入金の存在を知ったので相続放棄をしたいという相談を受けることがあります。

最判昭和 59 年 4 月 27 日[2] は、当該相続人に対し相続財産の有無の調査を期待することが著しく困難な事情があり、相続人において被相続人に相続財産が全く存在しないと信ずるについて相当な理由があると認められるときには、熟慮期間の起算点の繰下げを認めています[3]。

（3）相続放棄の効果

相続放棄をした者は、その相続に関しては、初めから相続人とならなかったものとみなされます（民法 939 条）。そのため、設例において、X が相続放棄をすると、相続人は Y と Z のみとなり、両名が同順位の相続人（兄弟姉妹またはその代襲相続人）として、各 2 分の 1 ずつの相続分となります。

（4）相続放棄後の手続

X は、家庭裁判所から相続放棄の申述受理通知書を受領した後、家庭裁判所に対し相続放棄の申述受理証明書を申請の上で取得し、これを Y 及び Z に交付して、相続関係から離脱することになります。

---

[2]　民集 38 巻 6 号 698 頁
[3]　相続実務研究会編『Q & A 限定承認・相続放棄の実務と書式』58 頁以下（民事法研究会、2018）には、熟慮期間の起算点の繰下げを認めた裁判例、認めなかった裁判例が多く掲載されています。

２．相続分の放棄

(1) 活用する場面

　Ａに負債が存在しないことが明らかであり相続放棄までする必要がない場合や、３か月間の熟慮期間が経過してしまい相続放棄をすることができない場合には、Ｘは、相続分を放棄することができます。

(2) 手続

　相続分の放棄は、家庭裁判所が関与することなく、相続が開始してから遺産分割までの間はいつでも、当事者間で行うことができます。具体的には、相続分を放棄する者は、他の相続人に対し、一方的意思表示により相続分放棄を行います。

　実務上は、相続分を放棄する者は、署名しかつ実印にて押印した相続分放棄書に印鑑登録証明書を添えて、他の相続人に対し送付します。

　なお、その後、ＹおよびＺが、甲土地および甲建物について相続登記を行う場合、Ｘからの相続分放棄書および印鑑登録証明書を添付すれば、手続を行うことができます。

(3) 効果

　相続分の放棄は、相続放棄とは異なり、相続人の地位を失うわけではありません。したがって、相続分放棄をした者は、積極財産を受け取ることはないものの、消極財産（相続債務）についての負担を免れることはできません。消極財産がある場合またはその可能性がある場合には、相続放棄をすることが適切と考えられます。

　なお、相続分の放棄をした場合、他の相続人の相続分が増えることになりますが、増える割合については、考え方が二通りあります[4]。

　相続放棄の場合と同様に考え、初めから相続人でなかったものとして扱う場合、設例において、Ｘが相続放棄をすると、相続人はＹとＺのみと

---

[4]　片岡武・管野眞一編著『家庭裁判所における遺産分割・遺留分の実務〔第４版〕』118 頁以下（日本加除出版、2021）。

なり、両名が同順位の相続人（兄弟姉妹またはその代襲相続人）として、各2分の1ずつの相続分となります。

　一方、相続分放棄者の相続分が他の相続人に対しその相続分に応じて帰属すると考える場合には、Xの相続分（4分の1）は、Yの相続分（4分の1）とZの相続分（2分の1）に応じて、Yにはうち12分の1が、Zにはうち12分の2が帰属することになります。

　相続分放棄の効果は放棄した者の意思解釈によると判断した審判例もあります[5]。

3．相続分の包括譲渡

(1) 活用する場面

　Xが、Aの負債も含めて相続関係から離脱したいが相続放棄をなし得ない場合、あるいは、自己の相続分について割合を定めて他の相続人に対し譲渡したい場合、YZのいずれかまたは両名との間で、積極財産のみならず消極財産まで含めた相続分の包括譲渡の合意をすることにより、相続関係から離脱することができます。

(2) 手続

　相続分の包括譲渡は、家庭裁判所が関与することなく、相続開始が開始してから遺産分割までの間はいつでも、当事者間で行うことができます。具体的には、特定の当事者間において、合意によりその内容を定め、相続分の譲渡に関する合意書を締結します。

　実務上は、各当事者が、相続分の包括譲渡の合意書に署名しかつ実印にて押印し、印鑑登録証明書を交付します。なお、その後、YおよびZが、甲土地および甲建物について相続登記を行う場合、Xからの相続分の包括譲渡の合意書および印鑑登録証明書を添付すれば、手続を行うことができます。

---

[5]　野々山哲郎・仲隆・浦岡由美子編『Q＆A 未分割遺産の管理・処分をめぐる実務』44頁（新日本法規出版、2018）

(3) 効果

　相続分譲渡は、譲渡の時に効力を生じ、相続放棄のような遡及効はありません（民法939条参照）。

　相続分の包括譲渡により、消極財産（負債）も含めて譲渡することは可能ですが、この場合は免責的債務引受の問題となり、債権者の承諾があったときに効力が生じます（民法472条3項）。

　相続人は、相続分譲渡人を除いて、遺産分割協議を成立させることができます。

Q15 遺産共有関係の解消⑥ 遺言と異なる遺産分割

　Aは、甲土地および乙土地を所有していたところ、亡くなりました。Aの相続人は、子X、子Yおよび子Zであるところ、Aの遺言書によれば、甲土地はXが相続し、乙土地はYおよびZが持分各2分の1ずつ相続するとされていました。しかしながら、Xは甲土地の相続は希望せず現金（代償金）の取得を希望し、YおよびZも乙土地を共有することは希望せず、甲土地または乙土地をそれぞれ単独相続することを希望しています。この場合、XYZは、Aの遺言と異なる遺産分割をすることができるのでしょうか。

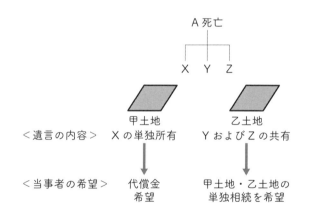

　遺言執行者がいない場合、XYZは、遺言と異なる遺産分割協議を行うことができます。

　遺言執行者がある場合、XYZは、遺言執行者の同意を得

た上で、遺言と異なる遺産分割協議を行うことができます。

解説

1．遺言と異なる遺産分割協議が行われるケース

　設例において、Ｘが甲土地の取得を希望しない理由は、様々なものが考えられます。たとえば、居住地から遠過ぎて管理が困難な場合、Ｘもすでに高齢のため不動産管理が困難な場合、Ｘが不動産よりも現金を必要としている場合等が考えられます。

　こうした場合、Ｘは、遺言に基づいていったん甲土地を相続した上で、ＹＺまたは第三者に対し売却し、換価することは可能ですが、譲渡所得税や諸経費（相続登記の費用や仲介手数料等）において不利な点もありますから、遺言と異なる遺産分割協議を行うことができれば、相続人であるＸＹＺにとって合理的です。

　また、ＸＹＺが、甲の遺言の存在を知らずに、遺産分割協議を行ってしまう場合もありえます。

　遺言と異なる遺産分割協議がなされた場合の効力を考えるにあたっては、遺言執行者があるかどうかが、大きなポイントとなります。

　遺言執行者は、遺言で指定される等した者（民法1006条1項・2項）が就職を承諾した場合（同法1007条1項）や、利害関係人の請求により家庭裁判所が選任した場合（同法1010条）に登場します。

　遺言執行者は、遺言の内容を実現するため、相続財産の管理その他遺言の執行に必要な一切の行為をする権利義務を有します（同法1012条1項）。遺言執行者がある場合、相続人が相続財産の処分その他遺言の執行を妨げるべき行為をすることができず（同法1013条1項）、これに違反してした行為は無効とされています（同法1013条2項）。

　そのため、遺言と異なる遺産分割協議が有効となるかどうかは、遺言執行者の有無により影響を受けることになります。

2．遺言執行者のない場合

(1) 遺言と異なる遺産分割は有効

　遺言執行者のない場合には、相続人全員および受遺者の同意があれば、遺言と異なる遺産分割をすることが可能です[1]。遺贈や相続の放棄が明文で認められていることや（民法 986 条 1 項、915 条 1 項）、受遺者が遺言によって取得した取得分を相続人間で贈与ないし交換的に譲渡する合意もなし得ることから[2]、遺言の内容の実現は絶対的なものではなく、相続人や受遺者の全員を拘束する効力までは有しないと解されます。

(2) 一部の相続人・受遺者のみでの遺言と異なる遺産分割

　設例において、たとえば、Ｘ Ｙ 間のみにおいて、Ｘ が遺贈された土地Ａと、Ｙ が遺贈された土地 Ｂ の持分 2 分の 1 を交換する内容の遺産分割協議を成立させることができるのでしょうか。

　遺産分割は相続人全員で行う必要があり、共同相続人の一部が除外されてなされた遺産分割は無効となります。したがって、Ｘ Ｙ 間において、遺言と異なる内容（それぞれが取得した相続財産を交換する内容）の遺産分割をすることはできません。

　もっとも、Ｘ Ｙ 間において、等価値において交換したり、差額分を代償金として精算する合意自体は有効です。ただし、それは相続とは別の法律行為と評価され、税務上の問題を生じさせますから、注意が必要です。

(3) 遺産分割協議後に遺言が発見された場合

　遺産分割協議が成立した後に遺言が発見された場合、相続人の 1 人から、より有利な遺言の内容どおりの相続を実現するために、遺産分割協議を錯誤により取り消す（民法 95 条 1 項）と主張されることがあります。

---

[1] 中川善之助・泉久雄『相続法〔第 4 版〕』306 頁以下（有斐閣、2000）。近時の裁判例としては、東京地判平成 31 年 4 月 25 日ウエストロー・ジャパン（平 28（ワ）35651 号）。

[2] 東京地判平成 13 年 6 月 28 日判タ 1086 号 279 頁参照。なお、いったん相続した後の贈与または交換は、相続税とは別の税務上の問題を生じやすいため注意が必要です。

　最判平成 5 年 12 月 16 日[3] は、遺言の存在を知らずに遺言の趣旨と全く異なる遺産分割協議をした事例において、遺言の存在を知っていれば、遺産分割協議の意思表示をしなかった蓋然性が極めて高いと判示しましたが、同最判は 1 つの事例判断であるに止まり、遺言の存在を知らずにした遺産分割協議の意思表示には要素の錯誤があるという一般論を述べたものではないとされています。

3．遺言執行者のある場合

（1）遺言執行者の同意

　遺言執行者がある場合には、相続人が相続財産の処分その他遺言の執行を妨げるべき行為をすることができず（民法 1013 条 1 項）、これに違反してした行為は無効とされていますから（同条 2 項）、相続人は、遺言と異なる内容の遺産分割協議を行うことができないのが原則です。遺言執行者がある場合（同法 1013 条 1 項）には、遺言執行者として指定された者が就任を承諾する前も含まれます（最判昭和 62 年 4 月 23 日[4]）。

　もっとも、遺言執行者の同意があれば、遺言と異なる遺産分割協議は有効です。遺言執行者が追認をした場合も同様であると解されています[5]。

（2）裁判例

　東京地判昭和 63 年 5 月 31 日[6] は、「相続人間の合意の内容が遺言の趣旨を基本的に没却するものではなく、かつ、遺言執行者が予めこれに同意したうえ、相続人の処分行為に利害関係を有する相続財産の受遺者との間で合意し、右合意に基づく履行として、相続人の処分行為がなされた場合には…その効力を否定する必要はない」として、相続財産の処分行為を有効としました。

　もっとも、同裁判例が、遺言執行者の同意のみならず、合意の内容が遺

---

[3]　判タ 842 号 124 頁
[4]　判タ 639 号 116 頁
[5]　中川善之助・加藤永一編集『新版・注釈民法(28) 相続(3) 補訂版』352 頁（有斐閣、2002）
[6]　判タ 683 号 181 頁

言の趣旨を基本的に没却するものではないことを要件としていることについては、疑問を呈する見解もあります[7]。

　相続人及び受遺者の全員が同意した上で遺産分割協議をしていれば、その後に遺産分割の無効を主張されるケースは必ずしも多くありません。遺言執行者の同意を得ておけば足りると考えます。

(3) 遺言執行者の同意を得られない場合

　もし遺言執行者が、遺言と全く異なる内容の遺産分割協議に同意できないと主張した場合はどうするのでしょうか。

　この場合、遺言執行者が遺言書通りに執行しようとしても、相続人や受遺者は相続財産の受け取りを拒否し、事実上、遺言の執行ができなくなります。遺言執行者は、家庭裁判所の許可を得て辞任をせざるを得なくなると思われます（民法 1019 条 2 項）。

　遺言執行者が辞任をした場合には、相続人の管理処分権が回復しますから、相続人全員および受遺者の同意があれば、遺言と異なる遺産分割をすることが可能です。

4．設例のケース

　遺言執行者がいない場合には、ＸＹＺは、その希望どおりに、遺言と異なる遺産分割協議を行うことができます。

　遺言執行者がいる場合には、ＸＹＺは、遺言執行者の同意を得た上で、遺言と異なる遺産分割協議を行うことができます。

---

[7]　判タ 735 号 215 頁、東京弁護士会法友全期会相続実務研究会編『遺産分割実務マニュアル〔第 4 版〕』226 頁（ぎょうせい、2021）。

Column

底地と借地の交換

　建物所有目的の土地賃貸借関係を清算するに際し、底地と借地を交換することがあります。住宅地の路線価図では、底地と借地の権利割合が 40：60 とされていることが多いため、この割合を基礎としながら、通常であれば発生する借地人が地主に支払うべき譲渡承諾料分を考慮して 45：55 や 50：50 といった権利割合で合意し、底地と借地を交換することがあります。たとえば、借地のうち 45％分を地主に返還し、残りの 55％分の所有権を地主が借地人に譲渡します。

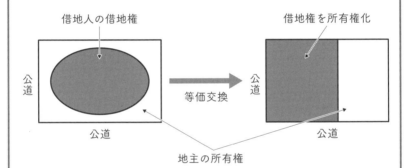

　このとき、返還すべき 45％分を、土地面積を基準にするのか、分割後の価値を基準にするのかは、当事者の協議により定めます。土地を分割した場合、その位置、道路状況、用途地域などにより価値が大きく左右されます。上図でいえば、公道に 2 面で接する左側部分の方が一般的には価値が高くなります。そのため、面積基準で 45％として分けてしまうと、左側土地の価値が 45％を超えることになります。

　基準は当事者の合意で定めればよいですが、価値基準で定める場合には、当該土地をどう分割するかの方向性について仮合意した上で、路線価図を基礎として各補正をし、分筆後の各土地の簡易の評価額を出し、具体的な分筆線を決めます。評価額の計算方法や分筆線の決め方については税理士や土地家屋調査士のアドバイスを受けるとよいでしょう。

第
3
章

105

Q 16 遺産共有関係の解消⑦ 固有の共有持分処分も含めた遺産分割

　甲土地（時価 1 億円）を A が持分 2 分の 1、その子 X および Y が持分各 4 分の 1 ずつ共有していたところ、A が死亡し、X および Y が相続人となりました。X は、被相続人 A の持分 2 分の 1 の全部のみならず、Y の持分 4 分の 1 も取得したいと考えています。なお、A には、甲土地のほか、預金 1 億円の遺産があります。この場合、X は、どのような対応をとることができるでしょうか。

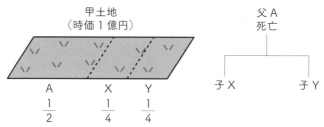

〈遺産〉
・甲土地の持分 1/2（時価 5,000 万円）
・預金 1 億円

　　A の遺産は合計 1 億 5,000 万円なので、X Y の相続分は各 7,500 万円となります。A の遺産分割協議において、X が A の甲土地の持分 2 分の 1（時価 5,000 万円）を相続し、Y が預金 1 億円を相続した上で、Y から X に対し、Y の甲土地の持分 4 分の 1（時価 2,500 万円）を代償譲渡することができます。これにより、別途共有物分割契約書や売買契約書を作成したり、売買代金決済をする手間が節約できますし、遺

産分割協議書には印紙貼付が不要であるというメリットもありますが、税務上の取扱いには注意を要します。

解説

1. はじめに

　被相続人Aの遺産としては、甲土地の持分2分の1（時価5,000万円）と預金1億円の合計1億5,000万円がありますので、Aの子であるXおよびYの相続分は、各7,500万円となります。

　そうすると、Xが甲土地の持分2分の1（時価5,000万円）と預金2,500万円を相続し、Yが預金7,500万円を相続した上で、ＸＹ間で、Yの持分4分の1（時価2,500万円）について価額賠償による共有物分割をする方法や売買契約を締結する方法があります。

　しかし、Aの遺産分割協議書の中でXがYの持分4分の1を取得することができれば、手続として簡便です。すなわち、Aの遺産分割協議書において、XがAの甲土地の持分2分の1（時価5,000万円）を相続し、Yが預金1億円を相続した上で、YからXに対し、Yの甲土地の持分4分の1（時価2,500万円）を代償譲渡することができれば、別途売買契約書作成の売買代金決済の手間が節約できますし、遺産分割協議書には印紙貼付が不要であることもメリットになります。

2. 遺産である持分と固有共有持分が存在する場合の共有関係の解消手段

(1) 遺産分割協議による方法

　実務上、上記のような方法による遺産分割協議が認められており、調停においてもこれを行うことができます。この場合、登記原因は「遺産分割による代償譲渡」となります[1]。

　しかし、遺産分割の審判ではこれを行うことができません。相続人ら固

---

[1]　最判平成20年12月11日判タ1289号81頁

有の持分の共有関係の解消の部分は、審判手続に移行しないからです[2]。

(2) 遺産分割（協議・調停）に応じない場合

　Xは、Yが遺産分割に応じれば、協議または調停によりYの固有の持分4分の1を含めて取得することができますが、Yが遺産分割に応じない場合には、遺産分割の審判の結果、XがAの持分2分の1を取得した上で、Yとの間で、共有物分割の手続を別途行う必要があります。

　もし、Xが遺産分割の審判においてAの持分2分の1を取得できなかった場合には、その後の共有物分割においてXがYのもつ持分合計4分の3を取得することが難しくなります。この場合には、Xとしては、共有物分割訴訟において、換価分割やYが全部取得する代償分割を請求せざるを得なくなると思われます。

3．Y固有の持分を遺産分割の代償として受け取ることができない場合

　それでは、設例とは異なり、Y固有の持分を遺産分割の代償として受け取れない場合、たとえば、設例の事案で甲土地の持分2分の1のみがAの遺産であり、預金が全くない場合はどうでしょうか。

　この場合には、Yの固有の持分4分の1を遺産分割協議書の中で整理することは困難であると考えられます。たとえ事実上、遺産分割協議書の中に、Yの同持分をXに譲渡する旨の記載をしたとしても、その部分の法的意味は売買や贈与に該当することになり、遺産分割の内容として位置づけることは困難です。

4．Y固有の持分が第三者に譲渡された場合

　また、設例とは異なり、Yが、甲土地の固有の持分4分の1を、Aの持分2分の1について遺産分割未了のまま、第三者である株式会社Z（Y

---

[2]　片岡武・菅野眞一編著『家庭裁判所における遺産分割・遺留分の実務〔第4版〕』111頁（日本加除出版、2021）

の資産管理会社）に譲渡してしまった場合、Xは、いかなる法的措置により、共有関係の解消を図ることができるでしょうか。

(1) 共有物分割訴訟の方法

最判平成25年11月29日[3]は、「共有物について、遺産分割前の遺産共有の状態にある共有持分（以下「遺産共有持分」といい、これを有する者を「遺産共有持分権者」という。）と他の共有持分とが併存する場合、共有者（遺産共有持分権者を含む。）が遺産共有持分と他の共有持分との間の共有関係の解消を求める方法として裁判上採るべき手続は民法258条に基づく共有物分割訴訟であ」るとしています。

これに従えば、Xは、YおよびZを相手として[4]、ZがYから譲り受けた甲土地の持分4分の1について、民法258条に基づく共有物分割訴訟を行い、全面的価格賠償の方法によりZの持分4分の1を取得することになります。

これと並行して、Xは、Yとの間で、Aの持分2分の1について、遺産分割協議、調停、審判を行うことになります。

(2) 共有物分割訴訟において敗訴した場合

逆に、株式会社Zが甲土地の全部の取得を希望した場合、Xは、共有物分割訴訟において敗訴し、ZがAの持分2分の1およびXの持分4分の1を取得することもあります。

前掲最判は、上記判旨に続けて、「共有物分割の判決によって遺産共有持分権者に分与された財産は遺産分割の対象となり、この財産の共有関係の解消については同法907条に基づく遺産分割によるべきものと解するのが相当である」と判示しています。もし、XYZ間の共有物分割の判決において、Zが全面的価格賠償により甲土地の所有権全部を取得した場合、X固有の持分4分の1に対応する賠償金はXが取得することができます

---

[3]　判タ1396号150頁
[4]　共有物分割訴訟は固有必要的共同訴訟であるため、XYZ全員が訴訟当事者になる必要があります。

が、被相続人 A の持分 2 分の 1（遺産分割未了のため X および Y の共有状態）の対価である賠償金は、遺産分割の対象となります。

　遺産分割の対象となる賠償金は、その支払を受けた者が遺産分割がなされるまでの間これを保管する義務を負い、その共有物分割の判決において、遺産共有持分を有していた者らが各自において遺産分割がされるまで保管すべき賠償金の範囲を定めたうえで、同持分を取得する者に対し、各自の保管すべき範囲に応じた額の賠償金を支払うことを命ずることができます（賠償金の支払方法については、Q17 も参照してください。）[5]。

5．最後に

　設例では、当事者が X と Y の 2 名だけのケースでしたが、さらに固有の持分を持たない相続人 Z がいる場合には、X Y 固有の持分については遺産分割協議書においてまとめて整理しないほうが良い場合もあります。たとえば、Z が考えている甲土地の評価額が、X Y が考えている甲土地の評価額よりも低い場合です。

　この場合には、Z との関係において、Z の評価額を前提に遺産分割協議をまとめ、その後に X Y 間で共有物分割を別途行うほうが、X Y が最終的に取得できる金額が高くなりますので、X Y にとって有利です。

　このように、あらゆる場合において遺産分割協議書においてまとめて整理することが得策ということではありませんので、依頼者の要望や、遺産の内容、評価額などを考慮した上で、適切な方法を選択する必要がありそうです。

---

[5]　前掲最判平成 25 年 11 月 29 日判タ 1396 号 150 頁

Column

遺産分割における他の士業との連携

　相続が発生し、相続人同士の対立が激しい中、弁護士が代理人として交渉に臨むことがあります。相続税申告は、相続発生から10か月以内に行う必要がありますが、特定の相続人が遺産の情報を独占し、依頼者は遺産の内容を把握していません。申告期限までに遺産分割をまとめるどころか、遺産の内容を把握することすら困難なときがあります。無申告であれば、無申告税が課されるという制裁も受けます。

　このような場合でも、相続税申告については、お互いに協力し、未分割状態にて法定相続分に従い相続税申告します。相手方である相続人に代理人がついていれば、代理人と協議し、また、相手方に税理士がついていれば、その税理士と連絡をとり、同じ税理士に依頼して相続税申告をします。感情的な対立が激しい場合には、それぞれ独自に相続税申告をすることもあります。遺産の範囲に争いがある場合には、各相続人が異なる遺産内容にて申告することもありますし、遺言の効力に争いがある場合には、それぞれ異なる相続分にて相続税申告をすることもあります。遺産分割が未了のため、相続税を納付するための現預金が用意できない場合には、延納申請も検討する必要があります。

　このようなとき、頼りになるのは税理士です。税務上の問題についてアドバイスをもらいながら、相続税問題を乗り切れれば、落ち着いて、遺産分割協議を進めることができます。

　遺産分割協議後に遺産である不動産について相続登記するなど権利部の登記を変更するには、司法書士に依頼します。分筆や区分登記をするなど表題部の登記を変更するには、土地家屋調査士に依頼します。

　相続問題を解決するには弁護士だけではできないことが多くあります。日頃から、気軽に相談できる他の士業との交流をしておくことが大切です。

第3章

Q17

遺産共有関係の解消⑧
共有持分の他の共有持分との解消

　ＸとＡが甲土地を共有していたところ、Ａが死亡し、子Ｙおよび Ｚが相続人となりましたが、ＹＺ間の遺産分割協議がまとまりません。共有物分割を望むＸは、ＹおよびＺに対し、いかなる法的措置を執ることができるでしょうか。

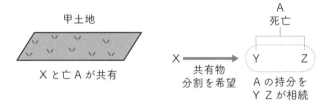

　　　　甲土地　　　　　　　　　　　　　　　　　　Ａ
　　　　　　　　　　　　　　　　　　　　　　　　　死亡

　　　Ｘと亡Ａが共有　　　Ｘ　　　共有物　　　Ｙ　　　Ｚ
　　　　　　　　　　　　　　　　分割を希望　　Ａの持分を
　　　　　　　　　　　　　　　　　　　　　　　ＹＺが相続

　特定の共有物について遺産共有状態と通常の共有が併存する場合にその共有の解消のために協議を行うも調わない場合、遺産分割が確定した後に共有物分割請求訴訟を提起することができます。

　遺産分割が未了の状態でも、共有物分割請求訴訟を提起し、共有物分割後、遺産共有を遺産分割により解消することができます。この場合、亡Ａの遺産共有持分を他の共有持分を有するＸが取得し、ＹＺに遺産共有持分の価格を賠償する方法による共有物分割を求めることができます。もっとも、遺産分割が確定するまで相続人の権利関係が確定しませんので、賠償金受領者であるＹＺは遺産分割がされるまでの間これを保管する義務を負います。そして、相続人が複数いる設例の場合には、判決において、遺産共有持分権者である

　　ＹＺにおいて遺産分割がされるまで保管すべき賠償金の範囲
　　を定めた上で、遺産共有持分を取得するＸに対し、ＹＺに
　　その保管すべき範囲に応じた額の賠償金を支払うことを命ず
　　ることができます。

解説

1. 遺産共有持分と共有持分の解消方法

　相続により生ずる相続財産の共有（民法 898 条。以下この共有を「遺産共有」といいます。）は、民法 249 条以下に定める共有（以下この共有を「通常の共有」といいます。）と性質上異にするものではありません[1]。もっとも、共有関係の解消について協議が調わない場合、前者については遺産分割（同法 907 条 2 項）、後者については共有物分割（同法 258 条）によるとするのが、民法の規定するところです。

　それでは、特定の共有物について、遺産共有と通常の共有が併存する場合、その共有関係の解消は、どのようにすべきでしょうか。

　この点、遺産分割により遺産共有を解消し、相続人の共有持分を確定させた後に、共有者間で共有物分割の協議および共有物分割請求訴訟を提起することは、上記民法の考え方にも沿うもので、通常、このような共有関係の解消の際に一般的にみられる解消方法と考えられます。

　他方で、たとえば特定の財産が被相続人の遺産に属するか否かに争いがあるなど、遺産分割の前提問題に争いがある場合は、遺産分割協議に先立ち訴訟手続において当該問題を解決しなければならず、遺産分割を行うことはできません。このような遺産分割未了の状態において、共有関係解消のために共有物分割請求訴訟を提起することはできるでしょうか。

　これに関し、最判平成 25 年 11 月 29 日[2]（以下「平成 25 年最判」といいます。）は、このような共有が併存する場合、共有関係の解消を求める方法として裁判上採るべき手続は、民法 258 条に基づく共有物分割請求訴訟で

---

[1]　最判昭和 30 年 5 月 31 日判タ 50 号 23 頁
[2]　判タ 1396 号 150 頁

ある旨判示した上で、共有物分割後、遺産共有を遺産分割により解消すべき旨を判示しています。この判決は、共同相続人の一部が自らの共有持分を第三者に譲渡した場合における第三者と共同相続人間の共有状態を解消するためには共有物分割請求訴訟によるべき旨を判示した最判昭和 50 年 11 月 7 日[3]と同一の考え方を示したものといえます。

2．遺産共有持分権者に分与された財産の取扱い

(1) 全面的価額賠償の方法

通常の共有の解消方法としてとられる共有物分割請求訴訟では、現物分割や代償分割以外にも全面的価格賠償が認められているところ、平成 25 年最判は、特定の共有物について遺産共有と通常の共有が併存する場合においても、遺産共有持分を他の共有持分を有する者に取得させ、その者に遺産共有持分の価格を賠償させる方法による分割の判決をなし得ることを肯定しています。

(2) 賠償金の支払方法

それでは、この場合の賠償金は、誰にいくら支払えばよいのでしょうか。すなわち、遺産共有の解消は、遺産分割の確定により相続人の権利を確定させるべきものであるため、遺産分割成立前に賠償金が支払われる場合、誰に対してどのように支払われるべきでしょうか。

設例でいえば、X は、Y と Z に対し、それぞれの法定相続分に応じた賠償金を支払うのか、あるいは、分割前の持分相当額（A の持分相当額の賠償金全額）を不可分債務として支払うのか（Y または Z のいずれか一方に全額を支払えば足りるのか）が問題となります。

共同相続人が有する賠償金支払請求権は、その性質上、不可分であると考えられますので、各相続人が法定相続分を超えて賠償金全額の支払を請求することができそうです。そして、前掲平成 25 年最判は、賠償金は遺産分割により帰属先が確定すべきものであるから、賠償金の支払を受けた

---

[3]　判タ 329 号 115 頁

相続人は、これをその時点で確定的に取得するものではなく、遺産分割がされるまでの間これを保管する義務を負うと判示しています。

　しかし、賠償金の支払を受けた相続人が保管義務に違反し、賠償金全額を費消してしまうおそれも生じます。

　そこで、平成25年最判は、「民法258条に基づく共有物分割請求訴訟は、その本質が非訟事件であって、法は、裁判所の適切な裁量権の行使により、共有者間の公平を保ちつつ、当該共有物の性質や共有状態の実情に適合した妥当な分割が実現されることを期したものと考えられることに照らすと、裁判所は、遺産共有持分を他の共有持分を有する者に取得させ、その者に遺産共有持分の価格を賠償させてその賠償金を遺産分割の対象とする価格賠償の方法による分割の判決をする場合には、その判決において、各遺産共有持分権者において遺産分割がされるまで保管すべき賠償金の範囲を定めた上で、遺産共有持分を取得する者に対し、各遺産共有持分権者にその保管すべき範囲に応じた額の賠償金を支払うことを命ずることができるものと解するのが相当である」旨を判示しました。

　かかる判決の考え方によれば、裁判所は、形成裁判の一環として、各相続人が保管する賠償金の範囲を定めた上で、その範囲に応じた賠償金の支払を命じることができることになります。

3．遺産共有持分権者が保管義務を負う範囲

　平成25年最判の事案は、4名の相続人の法定相続分が、1名については2分の1、残りの3名については各6分の1であったところ、賠償金の支払について、原審は、共同相続人4名に対して各4分の1の賠償金の支払を命じました。

　平成25年最判では、原審が根拠を示さずに、法定相続分ではなく均等割合による賠償金の支払を命じた点を批判的に判示していますが、かかる判断に「その裁量の範囲を逸脱した違法があるとまではいえない」として、結果的に原審の判断を是認しています。保管の範囲については、裁判所の裁量によるところが大きいと思われます。

| 第4章 | 売却困難な事情または利害関係人の存在 |

売却困難な事情①
**配偶者居住権の設定された
不動産の処分**

　Aは、土地およびその土地上の建物を所有し、妻Xとともに居住していましたが、亡くなりました。相続人は、妻Xと子Yです。XとYの遺産分割で、Yが土地および建物の所有権を取得し、Xがこれら不動産について配偶者居住権の設定を受け、それぞれ登記がなされました。その後、下記の場合において、法律関係をどのように処理すればよいでしょうか。

❶　Xが配偶者居住権を現金化したい場合
❷　Yが土地建物を売却し現金化したい場合

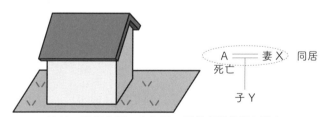

Ａ ━━━ 妻Ｘ　同居
死亡

子Ｙ

XYの遺産分割によりXの配偶者居住権を設定

A❶　Xが配偶者居住権を現金化したい場合

　配偶者居住権の設定を受けたXは、配偶者居住権を第三者に譲渡することはできません。そこで、Xは、Yの承諾を

得て、居住建物を第三者に転貸する方法や、配偶者居住権を放棄することを条件にYから金銭の支払を受ける方法で配偶者居住権を現金化することが考えられます。

 Yが土地建物を売却し現金化したい場合

　Yが土地および建物を現金化するためには、Xに金銭を支払い、配偶者居住権を放棄してもらった上で、土地および建物を売却して現金化することが考えられます。

解説

1. 配偶者短期居住権と配偶者居住権の制定

(1) 居住権確保の必要性

　配偶者と被相続人が不動産を共有し居住していた場合、被相続人が死亡しても、配偶者は当該不動産に共有持分を有していますので、引き続き居住することができます。

　一方で、被相続人が不動産を単独で所有し、配偶者とともに居住していた場合、配偶者は、被相続人の占有補助者として不動産に居住していたものと解されます。そのため、被相続人が死亡すると、配偶者は、居住する資格を失い、居住を継続することができなくなるおそれが生じます。新たな生活を始めることは精神的にも肉体的にも大きな負担を伴うもので、取り分け高齢社会の進展に伴い、高齢の配偶者には大きな負担となります。

　最判平成8年12月17日[1]は、相続開始後の遺産である建物の使用については、被相続人と同居相続人との間には、相続開始時を始期とし、遺産分割時を終期とする使用貸借契約が成立していたものと推認されるとして、同居相続人の保護を認めています（詳細は、Q11を参照してください。）。

　しかし、前掲最判も遺産分割が成立するまでしか使用貸借権を認めていませんし、これまでは法制度上遺産分割において配偶者居住権を確保することができませんでした。

---

[1]　判タ927号266頁

　2020 年 4 月 1 日から施行された改正民法（相続法）は、高齢社会における生存配偶者の居住権を保護するために、短期の配偶者居住権（以下「配偶者短期居住権」といいます。）と長期の配偶者居住権（以下単に「配偶者居住権」といいます。）を新たに制定し、審判を含む遺産分割により、配偶者居住権を確保することが可能となりました。民法 1037 条から 1041 条が配偶者短期居住権に関する定めとなり、同法 1028 条から 1036 条が配偶者居住権に関する定めとなります。

２．配偶者居住権の意義、成立要件、および効果

（1）意義

　これまでの遺産分割において、配偶者が居住建物で生活を継続するためには、居住建物の所有権を取得するか、使用権原の設定を新たに受ける必要がありました。しかし、相続財産が居住建物しかないような場合や、相続人間で使用権原の設定について合意できない場合、配偶者は遺産分割成立後、居住建物からの退去を余儀なくされるおそれがありました。

　また、相続財産に居住建物のほかに現預金があった場合でも、配偶者が居住建物を取得する場合には現預金を受け取ることができなくなり、これにより生活費の不足が懸念される場合もありました。たとえば、被相続人の遺産が居住建物（2,000 万円）と現金（2,000 万円）、相続人が配偶者と子 1 人の場合、配偶者が遺産分割により居住建物を取得し、子が現金を取得すると、配偶者は現金を相続できないため、生活費の確保を心配せざるを得なくなります。

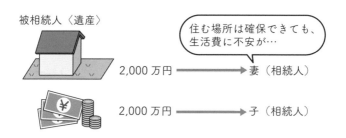

　今般制定された配偶者居住権は、居住建物の財産的価値を居住権部分と

残余部分に二分することで、配偶者が遺産分割において居住建物の所有権を取得するよりも低額で居住権を確保することを認めています。上記事例でいえば、居住建物の居住権が1,000万円、残余部分である配偶者居住権負担付きの所有権の価値が1,000万円である場合、配偶者が配偶者居住権を取得し、子が配偶者居住権付きの建物を取得すれば、現金を1,000万円ずつ財産分与することができ、配偶者の生活費の確保も可能となります。

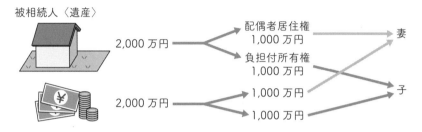

また、子がいる男女が高齢になってから再婚した場合、元々所有していた自宅建物を配偶者に相続させることについて子の反発を受けることがあります。このような場合、自宅建物を所有する被相続人は配偶者のために配偶者居住権を設定し、建物自体を子に相続させ、建物を子のために残すことも可能になります。

　このように、配偶者居住権は、遺産分割や遺言の場面において、配偶者に居住権を残すための新たな選択肢として、柔軟な相続の実現のために機能することが期待されています。

（2）要件

　配偶者居住権が成立するためには、配偶者が被相続人の財産に属した建物に相続開始時に居住していた場合に、以下の①または②が具備されると成立します（民法1028条1項）。

---

①遺産分割によって配偶者居住権を取得するものとされたとき
②配偶者居住権が遺贈の目的とされたとき

第4章

　なお、被相続人が相続開始時に居住建物を配偶者以外の者と共有していた場合は、この限りではありません（民法1028条1項ただし書）。

(3) 効果
ア　法的性質

　配偶者居住権の成立要件を満たすと、配偶者は、居住建物の全部を無償で使用収益する権利を取得します。配偶者が相続開始時に居住建物の一部しか使用していなかった場合でも、当該建物全体を、従前の用法に従って使用し収益することができます。この点で配偶者短期居住権とは異なります（配偶者短期居住権ではその部分のみ無償で使用できます。）。また、配偶者居住権が成立すると、それに必要な限度で敷地も利用することができます。

　配偶者居住権を取得した配偶者が、居住建物の共有持分を取得した場合であっても、配偶者居住権自体は消滅しません（民法1029条2項）。

　このような配偶者居住権は、配偶者の保護のために法が特に認めた賃借権類似の一身専属権であるとされています[2]。

イ　存続期間

　配偶者居住権の存続期間は、配偶者の終身の間とされており（民法1030条）、遺産分割時や遺贈において、存続期間を定めることもできます。存続期間満了後に同権利は消滅し（民法1036条が準用する同法597条1項）、存続期間の延長や更新はできません。

　これに対し、配偶者居住権の存続期間満了後、居住建物の所有者と配偶者が改めて使用貸借契約や賃貸借契約を締結し、配偶者が居住建物を使用することは妨げられていません。

ウ　対抗要件

　配偶者居住権の対抗要件は、配偶者居住権の設定登記です（民法1031条参照）。この点、賃借権の場合、建物の引渡しも対抗要件とされていますが（借地借家法31条）、配偶者居住権の場合、建物の引渡しは対抗要件と

---

[2]　堂薗幹一郎・神吉康二編『概説　改正相続法〔第2版〕』14頁（金融財政事情研究会、2019）

されていない点に注意を要します。

　居住建物の所有者は、配偶者居住権を取得した配偶者に対して、配偶者居住権設定登記を備えさせる義務を負います（民法1031条1項）。もっとも、配偶者居住権が遺産分割調停や審判により設けられた場合には、配偶者は単独で配偶者居住権の設定登記をすることができます（不動産登記法63条1項）。

エ　配偶者居住権の消滅

　配偶者居住権は、①存続期間の満了（民法1036条において準用する同法597条1項）、②居住建物の所有者による消滅請求（同法1032条4項）、③配偶者の死亡（民法1036条において準用する同法597条3項）、④居住建物の全部滅失等（民法1036条において準用する同法616条の2）により消滅します。

　配偶者居住権が消滅した場合、配偶者は、居住建物を所有者に返還する義務を負います（民法1035条1項）。もっとも、配偶者が居住建物について共有持分を有する場合、その共有持分に基づいて居住建物を使用することができますので、返還義務は負いません（同条2項）。この場合、共有法理に基づいて処理されます。

オ　配偶者居住権の処分

　配偶者居住権は、配偶者に相続開始後も従前の用法に従った居住建物の使用および収益を認め、配偶者の生活を保護することを目的に創設された権利であるため、配偶者がこの権利を第三者に譲渡することは認められていません（民法1032条2項）。

　一方で、配偶者は、居住建物の所有者の承諾を得れば、居住建物を第三者に使用または収益させることができます（民法1032条3項）。このような転貸が認められたのは、配偶者は、自身の具体的相続分に基づいて配偶者居住権を取得するところ、取得後に高齢等の理由で介護施設に入居するなどして居住建物に居住する必要がなくなった場合でも、配偶者に配偶者居住権の価値の回収手段を確保するためです[3]。

---

[3]　前掲脚注2）堂薗・神吉16頁参照。

　このほか、配偶者は、配偶者居住権を放棄することを条件に、居住建物の所有から金銭の支払を受ける旨の合意をすることもできます。

3．設問への対応

(1)　❶について

　Xが遺産分割協議により取得した配偶者居住権を現金化するためには、どのような手法があるでしょうか。

　Xが第三者に配偶者居住権を譲渡することは、配偶者の居住の権利を保護するために創設された同制度の趣旨に反することになるため、認められていません（民法1032条2項）。

　そこで、Xとしては、居住建物の所有者であるYの承諾を得て第三者に転貸する方法か、配偶者居住権を放棄することを条件に、所有者から金銭の支払を受ける旨を合意する方法により、現金化する手法を検討することになります。

(2)　❷について

　他方で、Yが土地および建物を現金化したい場合には、Xにこれらを売却するか、第三者に売却することが考えられます。もっとも、配偶者居住権が設定登記を具備していれば、配偶者は第三者居住権を第三者に対抗できるため、当該第三者は、土地建物を使用収益することができません。そのため、期間満了が近いとか、著しく低廉な価格で売却する等の場合を除き、換価は事実上困難と考えられます。

　この場合、Yは、一定の対価をXに支払うことでXに配偶者居住権を放棄してもらい、その上で土地および建物を第三者に処分し、現金化することが考えられます。

Column

遺産分割協議書の紛失

　数十年前に遺産分割により取得した自宅敷地について相続登記がされないまま遺産分割協議書原本を紛失し、その写ししか存在しないという事案がありました。共同相続人は高齢で認知能力に問題があり、任意に協力を得られる見込みもありません。相談を受け、訴訟により解決を図ることにしました。

　そこで、事前に所管の法務局に請求の趣旨通りの判決で登記可能であることの確認を取ったうえで、共同相続人を被告として、請求の趣旨は「被告は、原告に対し、別紙物件目録記載の土地について、昭和○年○月○日相続を原因とする持分全部移転登記手続をせよ」、請求原因は「昭和△年△月△日に遺産分割協議の成立」にて登記訴訟を提起し、被告には特別代理人が選任されました。特別代理人の請求原因に対する認否は「不知」です。遺産分割協議書の写しの証拠提出に加え、他の土地については相続登記が行われ原告が相続したこと、長年敷地を使用してきたこと等を立証し、無事結審しました。

　ところが、裁判所の判決は、「原告が別紙物件目録記載の土地の所有権を有することを確認する」という一部認容判決でした。理由は、相続登記手続は単独申請であるため、共同相続人に登記義務がなく、判決理由中に所有権取得原因が相続であることの記載をもって足りるということでした。直ちに法務局に照会しましたが、この判決主文で登記可能か上級庁に照会しなければ回答できないというものでした。やむなく控訴を判断しかけたぎりぎりのタイミングで法務局から登記可能との回答をもらい、事なきを得ました。

　通常こうしたケースでは、裁判所から求釈明があり、弁論終結前に訴え変更を申し立てることが多いですが、結審まで、特別代理人も含めて誰も気付きませんでした。代理人弁護士としては、請求の趣旨を書き違えるというお恥ずかしい対応でしたが、読者の方の参考（反面教師）になればと思います。

売却困難な事情②
Q19 区分所有建物における
滞納金の承継

　A は、借地権付マンションの 103 号室（以下「甲建物」と
いいます。）を区分所有していましたが、先日亡くなりまし
た。X が A のただ 1 人の相続人です。X が甲建物を相続し
たところ、A が管理費および地代の支払を数年間にわたり滞
納していたことが分かりました。X は、甲建物を処分するに
当たり、どのような点に留意すべきでしょうか。

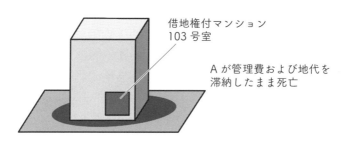

借地権付マンション
103 号室

A が管理費および地代を
滞納したまま死亡

　X は、相続を理由に未払管理費および未払地代の各支払債
務を A から承継します。

　未払管理費については、X が甲建物を売却すると、それが
新所有者に承継されるため、売買代金の決済時において未払
管理費を清算する必要があります。

　未払地代については、X が甲建物を売却しても、当然には
新所有者に承継されません。そのため、X は、地主が借地契
約の債務不履行を理由に解除する前にこれを弁済する必要が
あります。その上で、甲建物を売却するに当たっては、地主
から借地権譲渡の承諾を得なければなりません。

解説

1．管理費等の支払義務

　マンションの共用部分や敷地等を維持管理していくためには、その保守費用や水道光熱費等に充てるため、いわゆる管理費の支払が必要となり、区分所有法19条も「共用部分の負担」として、区分所有者が管理費を負担することを認めています[1]。

2．地代の支払方法

　では、借地権付マンションにおける地代は、「共用部分の負担」といえるのでしょうか。地代を管理費の中から管理組合が支払うべきかに関連して問題となります。

　一般に、借地権付マンションは、マンションの販売業者が底地所有者と借地契約を締結した上で、区分所有建物を建築します。そして、借地権を各専有部分の面積で按分した上で、専有部分を借地権付マンションとして販売します。この場合、借地権は、区分所有者の準共有（民法264条）となります。

　そして、この分譲方法の場合、借地権は各専有部分に附属しますので、「共用部分の負担」には該当せず、各区分所有者が支払うことになります。

　もっとも、このような方法では、たとえば数十戸の専有部分のある区分所有建物では、底地所有者にとって地代の管理が大変煩瑣となり、過度の負担が生じることになります。そのため、区分所有建物によっては、管理規約上、管理組合が徴収し、管理組合が一括して底地所有者に支払うことにしているものもあります。しかし、この場合であっても、あくまで借地人は各区分所有者であり、管理組合は、弁済について区分所有者の代理をしているにすぎません。

---

[1]　稲本洋之助・鎌野邦樹『コンメンタールマンション区分所有法〔第3版〕』118頁（日本評論社、2015）

3．未払管理費および未払地代の承継

　管理費および地代を滞納した区分所有者につき相続が発生した場合、被相続人の金銭債務は法律上当然分割され、各共同相続人が法定相続分に応じて承継します[2]。相続人が 1 人の場合は、その相続人が未払管理費および未払地代の全額を承継します。

4．甲建物を相続で取得した場合の同室の処分に当たっての留意点

　甲建物を相続で取得した X がこれを処分する場合、どのような点に留意する必要があるでしょうか。

(1) 債務不履行解除と売渡請求

　A は地代を滞納していたため、地主との関係では債務不履行が生じています。この場合、地主は、借地契約を債務不履行を理由に解除することができる（民法 541 条 1 項）とともに、B に対して甲建物を時価で売り渡すよう請求することができます（区分所有法 10 条）。そのため、X は、地主の解除権の行使前に、未払地代を全額弁済する必要があります。

　なお、地代の滞納に基づく借地契約の解除は、滞納額次第では滞納者側が受ける不利益が大きくなります。そのため、たとえば、東京地判平成 27 年 3 月 26 日[3]や、東京地判平成 28 年 4 月 12 日[4]のように、借地権解除（なお、前者の裁判例では民法 276 条に基づく消滅請求が争われました。）につき当事者間の信頼関係の破壊の有無等を詳細に認定している点が参考になります。

(2) 借地権の譲渡承諾

　X が A から借地権付区分所有建物を相続するにあたっては、包括承継であるため、地主の承諾は不要です。しかし、X が甲建物を第三者に売

---

[2]　最判昭和 34 年 6 月 19 日民集 13 巻 6 号 757 頁
[3]　ウエストロー・ジャパン（平 25（ワ）16992 号）
[4]　ウエストロー・ジャパン（平 27（ワ）20160 号）

却する場合、借地権の特定承継になるため、地主から承諾を得る必要があります（民法612条1項）。この点、マンションによっては、区分所有建物と借地権準共有持分の分離処分禁止を実行あらしめるために、借地権譲渡につき、あらかじめ底地所有者が承諾している場合もあります（たとえば、東京地判令和2年1月31日[5]）ので、借地契約の内容の確認は必須です。

地主の譲渡承諾が必要な場合において、地主が賃借権の譲渡を承諾しない場合、Xは、裁判所に対して地主の承諾に代わる許可の申立てをすることができます（借地借家法19条1項）。

なお、地主の譲渡承諾が必要な場合においては、地代の未払を解消しなければ地主の譲渡承諾が得られないことは、いうまでもありません。

地主の譲渡承諾が必要ではない場合であっても、地代の未払を解消しなければ、借地権付区分所有建物を買い受けた者は、地主から借地契約を債務不履行解除されてしまうおそれがあります。そこで、買主は、売買代金の決済時に売主に代わり未払地代相当額を地主に対して弁済（民法474条1項）し、売主に対して取得する求償債権を売買代金と相殺して清算することになります。

(3) 未払管理費の清算

通常、特定承継の場合には、売主の金銭債務は、売買当事者間の合意と債権者の承諾がない限り、買主が承継することはありません。しかし、未払管理費は、区分所有法7条に定める「規約若しくは集会の決議に基づき他の区分所有者に対して有する債権」に該当するため（前掲脚注1）61頁）、同法8条により特定承継人が承継します。したがって、Xが甲建物を売却する場合、それに先立ち、Xが相続した未払管理費を遅延損害金も含めて全額弁済する必要があり、売買代金から未払管理費相当額を控除することにより清算することも多くあります。

未払地代に関しては、上記のとおり、地主と滞納区分所有者との個別の関係において清算するのが原則ですが、地代の支払が管理規約または集会

---

[5] ウエストロー・ジャパン（平29（ワ）23101号）

の決議において、管理組合が区分所有者から収受して地主に支払うものと
定められていれば、管理組合との関係で、未払地代も同法 8 条に基づき買
主が承継するものになります。管理組合が、区分所有者の支払の有無にか
かわらず、借地料全額を支払っている場合もあれば、滞納した分を除いて
借地料を支払っている場合もあると思われます。後者の場合には、管理組
合に対する関係でも、地主に対する関係でも、未払の状態になっているこ
とに注意が必要です。

5．参考（借地料の未払と底地所有者の対応）

(1) 一部の借地人による滞納が他の借地人に及ぼす影響

　借地権付区分所有建物の場合において、借地人の一部が地代の支払を滞
納した場合、底地所有者である賃貸人は、他の借地人に当該滞納地代の支
払を請求できるのでしょうか。

　この点、借地権付区分所有建物の場合、借地料は、土地を利用するとい
う不可分な給付の対価であると考えると、借地料の支払は不可分債務とな
り（建物の賃料債務につき大判大正 11 年 11 月 24 日[6]）、他の借地人に対して
未払地代相当額を請求できるようにも考えられます。

　しかし、前記大判は、建物の賃借権を相続した事案に関するものであ
り、親族関係等の関係性も全くのない多数人が借地権を準共有することに
なった借地権付区分所有建物とは事案を異にします。そのため、東京地判
平成 7 年 6 月 7 日[7]は、地上権付区分所有建物の事例において、地代は、
地上権全体の設定の対価ではなく、地上権の持分割合の設定の対価である
と判示しています。

　そうすると、一部の借地人に借地料の未払があっても、底地所有者は当
該借地人に対して地代を請求できるにとどまり、借地契約の債務不履行解
除も、当該借地人との関係で借地権を消滅させることができるにとどまり
ます。借地人全員との関係において借地（建物敷地）全体の借地権を消滅

---

[6]　民集 1 巻 670 頁
[7]　判タ 911 号 132 頁

させることはできません。

(2) サブリース業者による借地料の滞納

　区分所有建物によっては、サブリース業者が地主と借地契約を締結の上
で区分所有建物を建築し、各専有部分を第三者に賃貸する場合があります。

　もし、サブリース業者が地代の支払を滞納すると、地主がマスターリース
契約を解除し、各専有部分の賃借人に対して土地の明渡しを求めてくること
が考えられます。この場合、借地契約はサブリース業者と締結され、地代も
土地の面積全体を前提に設定されるため、賃借人が自身の賃借室に相当す
る地代を地主に第三者弁済をしても未払地代の全額を弁済したことになら
ず、地主からの明渡請求を回避することができない点に留意する必要があり
ます。

第
4
章

Q 20 売却困難な事情③ 敷地利用権のない専有部分の売却

Xは、亡父より区分所有建物である甲マンションの401号室を相続し、現在所有しています。甲マンションは、築数十年が経過しており、甲マンションの敷地である土地については、多くの区分所有者の共有となっていますが、敷地権である旨の登記がなされていません。Xが調査したところ、亡父は甲マンションの敷地について共有持分を有していませんでした。Xは、401号室を処分したいと考えていますが、どのような点に気をつけるべきでしょうか。

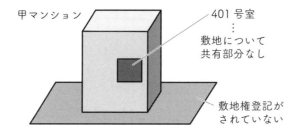

甲マンション　　　　　　　　　401号室
　　　　　　　　　　　　　　　⋮
　　　　　　　　　　　　敷地について
　　　　　　　　　　　　共有部分なし

　　　　　　　　　　　　敷地権登記が
　　　　　　　　　　　　されていない

まずは、土地共有持分以外の権利、たとえば、賃借権や使用借権の有無を調査することが必要であり、こうした権利を持つ場合、貸主から譲渡承諾を得る必要があります。

次に、敷地利用権が全く存在しない場合には、敷地利用権のない区分所有者は、その専有部分の売渡請求を受ける可能性があるため、賃借権の設定を受けたり、他の専有部分と敷地利用権を取得する等して当該専有部分についての敷地利用権を確保した上で売却するか、元々敷地利用権を有する者に

対して売却することが必要となります。

解説

1．分離処分の禁止

　敷地利用権が数人で有する所有権その他の権利である場合には、区分所有者は、その有する専有部分とその専有部分に係る敷地利用権とを分離して処分することができません（区分所有法 22 条 1 項）[1]。

　分離処分の禁止は、昭和 58 年改正法により定められ、以後、区分所有建物については、敷地権登記がなされることとなりました。しかし、それ以前から存在する区分所有建物については、その敷地権登記を行うためには区分所有者全員による申請が必要であることもあり、敷地権登記が行われないままになっている区分所有建物および敷地がいまだに存在します。

2．敷地利用権のない専有部分と原因調査

　昭和 58 年改正法の施行後においては、規約に別段の定めがない限り、専有部分と敷地利用権との分離処分は無効ですが[2]、同改正法の施行前になされた分離処分は有効であるため、現在においても、専有部分を有しながら敷地利用権を有しない事例が少なからず存在します。

　専有部分を有しながら敷地権を有していない理由には、様々なものが考えられます。上記のように、分離処分禁止がなされる以前に意図的に分離処分が行われた事例もあれば、遺産分割において、専有部分と敷地利用権を別人がそれぞれ相続したり、敷地利用権である借地権が地代不払いによる債務不履行解除により消滅したことも考えられます。

　こうした事例に対処するためには、まずは、土地共有持分を有していない理由・経過について、調査することが必要です。土地の登記簿における共有持分移転の変遷を辿り、いつの時点において区分所有権と土地共有持分の分離処分がなされたのか、あるいは、建物建築当初から土地共有持分

---

[1]　ただし、規約に別段の定めがあるときは、専有部分と敷地利用権との分離処分が許されます（区分所有法 22 条 1 項ただし書）。

[2]　善意の第三者に対して無効主張することはできません（区分所有法 23 条）。

を有していなかったのか等を調査し、敷地利用権を失った当初の時点において、当初の土地所有者や土地共有持分の譲受人から賃借権や使用借権などの権利設定がなされたのかどうかを調査することが有用です。もし、賃借権や使用借権が設定されていたことが判明すれば、それが現在も存在するのか、あるいは、消滅してしまったのかも調査します。現存するのであれば、その譲渡承諾を得ることが必要です（民法 612 条 1 項、594 条 2 項）。

3. 区分所有権売渡請求

(1) X が区分所有権を失うおそれ

　敷地利用権を有しない区分所有者があるときは、その専有部分の収去を請求する権利を有する者は、その区分所有者に対し、区分所有権を時価で売り渡すべきことを請求することができます（区分所有法 10 条）。

　設例における X が甲マンションの区分所有権（専有部分）を有しながら敷地利用権を有しない場合には、X は、敷地の共有者から、区分所有権の売渡請求を受け、その権利を失うおそれがあります。敷地利用権を有しない者が、X から当該区分所有権を買い受けた場合も同様です。

(2) 敷地利用権を有しない区分所有者

　ところで、売渡請求の相手方となる「敷地利用権を有しない区分所有者」（区分所有法 10 条）とは、どのような者を指すのでしょうか。問題となり得るケースとしては、以下のようなものがあります。

　たとえば、区分所有者が規約敷地についてのみ権利を有し法定敷地についてこれを有しない場合には、これに該当します。区分所有者が法定敷地についてのみ権利を有し規約敷地についてこれを有しない場合には、これに該当しないとされます[3]。

　また、いわゆるタウンハウス方式の場合、複数の筆の敷地が分有され、その上に建物が建設され、当該敷地上にある専有部分の所有者が当該敷地所有者と一致していますが、この場合には、他の敷地との関係において、

---

[3]　濱﨑恭生『建物区分所有法の改正』144 頁（法曹会、1989）

「敷地利用権を有しない区分所有者」には該当しないとされています[4]。

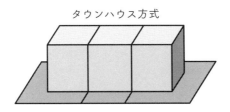

タウンハウス方式

　一方、2筆の土地にまたがって建てられていた1棟のマンションについて、その専有部分の区分所有者がこれらの敷地のうち1筆についてのみ借地権を有する場合に、借地権が設定されていない敷地の所有者が、当該区分所有者に対し、区分所有法10条に基づく売渡請求権を行使することができるとされた事例があります[5]。

(3) 形成権

　区分所有法10条の売渡請求権は形成権ですので、当該区分所有者に対する請求権行使の意思表示によって、一方的に時価による売買契約成立の効果が生じます[6]。

　時価とは、当該区分所有建物の客観的な価格をいうとされています[7]。東京地判平成3年1月30日[8]は、時価の算定において、専有部分の再調達価格から経年減価および観察減価を加えた建物の積算価格に、当該専有部分の建付地価額の30％相当額を収去がほとんど不可能であることからくる場所的利益として、これを加えました。

　本裁判例は、時価の算定において、敷地権がないとしてもその30％相当額を加算してくれたわけですが、敷地権を有しない区分所有権として、

---

[4] 稲本洋之助・鎌野邦樹『コンメンタール　マンション区分所有法〔第3版〕』74頁（日本評論社、2015）。

[5] 東京地判令和元年12月11日判例時報2462号22頁。

[6] 前掲脚注4）稲本・鎌野75頁。

[7] 前掲脚注4）稲本・鎌野75頁。

[8] 判時1401号71頁

その価格は大きく下がるといわざるを得ません。

4．方策

(1) 敷地利用権がないままの売却

　敷地利用権を有しない区分所有者である X は、その有する専有部分のみを売却して処分することができるのでしょうか。

　これについて判示した裁判例は見つかりませんが、分離処分を禁止した趣旨に鑑み、敷地利用権がないままにその専有部分のみを売却することはできないと考えられます。仮に敷地利用権を有しない専有部分を売却できたとしても、買受人は敷地の共有者から売渡請求権の行使を受けることになりますので、現実問題、売却は困難と考えられます。

　一方で、敷地利用権を有する者、たとえば、土地の共有持分を有する他の区分所有者、地主などに対し売却することは、分離処分を禁止した趣旨に反しないため、有効であると考えられます。

　なお、敷地利用権を有する区分所有者が、敷地利用権のない専有部分の権利のみを取得した場合、当該専有部分に対応する敷地利用権がないとして、当該専有部分について区分所有法 10 条による売渡請求を受けるのではないかということが問題となります。しかし、東京高判平成 2 年 3 月27 日[9] は、「敷地利用権を有する以上、区分所有者は、その敷地利用権を取得した経緯、もともとその敷地利用権が当該専有部分に係るものとして分離処分が禁止されるものであったかどうか、敷地利用権である共有持分の持分割合の多寡等の事情に係わらず、その専有部分を保持するための土地の利用権を有するものというべきであるから、その専有部分は、売渡請求の対象とされる余地がない」と判示し、他の専有部分について敷地利用権を有していれば、それが当該専有部分の敷地利用権にもなることを認めています[10]。

---

[9]　判タ 754 号 210 頁
[10]　東京高判平成 2 年 3 月 27 日の事案は、敷地利用権のない専有部分を有していた区分所有者が、後に他の専有部分とその敷地利用権を取得した事案であることに留意が必要です。

（2）敷地利用権を確保してからの売却

　敷地利用権を有しない区分所有者である X は、敷地利用権を取得した上で、第三者に対しその専有部分および敷地利用権を売却する方法をとることが考えられます。

　たとえば、敷地利用権を有する他の区分所有者から、敷地利用権の一部譲渡を受ける方法、借地権（転借地権）の設定を受ける方法等が考えられます。

　しかし、こうした方法自体が、分離処分禁止の原則に抵触する可能性が高いため、規約で別段の定めがない限り、こうした方法をとることは困難です。規約に定めがない場合には、管理組合に対し規約改定を働きかける必要がありますが、そのハードルは高いと考えられます。

　そのため、現実的な方策としては、他の区分所有者から、その有する専有部分および敷地権を取得する方法です。これによれば、分離処分禁止の原則に違反することはありませんし、取得した敷地利用権は、元来敷地利用権のなかった専有部分のための敷地利用権としても援用することが可能であると考えられます[11]。分譲マンションであれば、長い目でみれば、他の専有部分が敷地利用権付きで売りに出されることはあるでしょう。

第4章

---

[11]　判タ 754 号 210 頁の解説部分参照

売却困難な事情④
借地権の売却

　Xは、Yから甲土地を賃借（賃借権）しており、甲土地上に乙建物を建築して居住しています。Xは、高齢になったこともあり、借地権付建物を親戚に売却して、利便性の高いマンションを購入することを考えています。しかし、Yは借地権の譲渡に応じません。

　この場合、Xはどのようにすればよいでしょうか。

乙建物
（X所有）

甲土地
（Y所有）

借地権

　借地権者であるXからの譲渡承諾の要求に対し、賃貸人Yがこれを拒否しているため、Xは、裁判所に対し、代諾許可の申立てを行い、譲渡承諾料などの条件を決定してもらった上で、第三者に借地権を譲渡しその対価を得ることになります。

　もっとも、Yが介入権行使をした場合には、XはYに対し借地を返還し相当の対価を得ることになります。

　Xによる申立て前にYから介入権行使を示唆された場合には、Yに借地を返還するにあたっての条件（相当の対価）を協議し、話し合いがまとまらない場合には、やはり代諾許可の裁判申立て、介入権行使という裁判手続の中で、相当の対価が決まり、最終的にXがその対価を取得することにな

ります。

解説

1．無断譲渡・転貸の禁止

　借地権が賃借権である場合、賃貸人の承諾を得なければ、譲渡または転貸をすることができません（民法612条1項）。この規定に違反して無断譲渡・転貸を行い第三者に賃借物の使用または収益をさせた場合には、賃借人は、賃貸人から賃貸借契約を解除されるリスクがあります[1]。

2．賃貸人（地主）による承諾

（1）事前承諾の必要性

　そのため、賃借人が、借地上の建物とともに借地権を譲渡しようとする場合、あらかじめ賃貸人から承諾を得る必要があります。

　もっとも、実際の交渉においては、賃借人が賃貸人に対し承諾を求めたところ、それを拒否されるとともに、後記の介入権行使を示唆され、最終的には、賃貸人に対し建物および借地権を譲渡（返還）し、解決金（譲渡代金）を受領するケースが多くあります。

（2）承諾料の相場

　譲渡承諾に当たっては、賃借人から賃貸人に対し、承諾料を支払うことが一般的です。承諾料の相場は、借地権価格の10％相当額といわれており、従前の経過や人的関係などを考慮して決められているのが実情です。

（3）その他関連事項の承諾

　譲渡承諾と同時に、賃貸期間の延長、非堅固建物から堅固建物への使用目的変更、建て替え等の承諾についても併せて行われることも多くあります。それに応じて、承諾料の総額が増えることがあります。

---

[1] 借地権が地上権である場合には、譲渡・転貸は当然には禁止されません。

3. 賃貸人（地主）から承諾を得られない場合

(1) 代諾許可の申立て

　借地権者が賃借権の目的である土地の上の建物を第三者に譲渡しようとする場合において、その第三者が賃借権を取得し、または転貸をしても借地権設定者に不利となるおそれがないにもかかわらず、借地権設定者がその賃借権の譲渡または転貸を承諾しないときは、裁判所は、借地権者の申立てにより、借地権設定者の承諾に代わる許可を与えることができます（借地借家法19条1項第一文[2]）。この場合において、当事者間の利益の衡平を図るため必要があるときは、賃借権の譲渡もしくは転貸を条件とする借地条件の変更を命じ、またはその許可を財産上の給付に係らしめることができます（同条項第二文）[3]。

ア　申立権者

　申立ては、借地権者が行います。借地権の譲受予定者がこれを行うことはできませんし、借地権者に代位して行うこともできません[4]。

　借地権が準共有の場合には、借地権者全員で申立てを行う必要があります[5]。借地上の建物が借地権者と第三者の共有である場合には、借地権者のみで申立てをすることが可能です[6]。

イ　申立時期

　申立ては、建物譲渡前にしなければならず、建物譲渡後はすることができません[7,8]。

(2) 代諾許可の裁判

　裁判所は、代諾許可の裁判をするためには、賃借権の残存期間、借地に関する従前の経過、賃借権の譲渡または転貸を必要とする事情その他一切

---

[2]　借地法が適用される借地については、借地法9条の2第1項本文参照。

[3]　申立ての具体的書式等については園部厚『書式　借地非訟・民事非訟の実務〔全訂5版〕』（民事法研究会、2016）が詳しいです。

[4]　東京高決昭和42年9月11日判事492号59頁、大阪高決昭和61年3月17日判タ637号138頁、東京地判昭和43年9月2日判タ227号208頁参照

[5]　前掲脚注3）園部113頁

[6]　東京地決昭和42年10月18日判タ213号220頁

の事情を考慮しなければなりません（借地借家法 19 条 2 項）[9]。

　その際、問題となりうるのが「借地権設定者に不利となるおそれがない」（借地借家法 19 条 1 項第一文）という要件です。

　東京高決昭和 56 年 1 月 27 日[10] は、「賃貸人の主観を基準としてではなく、借地権の譲受人の資力、職業、社会的信用並びに土地及び地上建物の使用目的などの諸事情に照らし、賃貸人が当該譲受人に土地を賃貸する場合に賃料を確実に徴収することができるかという点のほか、当該譲受人との間に人的信頼関係を維持することができるかなどの諸点から、これを客観的に観察して決すべき」としています。

　許可が否定されることは極めて限定的であるとされていますが[11]、期間満了間近の事案では東京地決平成 3 年 12 月 27 日[12] が、建物朽廃の事案では東京高決平成 5 年 11 月 5 日[13] が、それぞれ許可を否定しています。

(3) 付随的裁判

　裁判所は、代諾許可の裁判をするに当たり、当事者間の利益の衡平を図るため必要があるときは、賃借権の譲渡若しくは転貸を条件とする借地条件の変更を命じ、またはその許可を財産上の給付に係らしめることができます（借地借家法 19 条 1 項第二文）。その判断に当たっては、賃借権の残存期間、借地に関する従前の経過、借地権の譲渡または転貸を必要とする事情その他一切の事情が考慮されます（同条 2 項）。

---

[7]　ただし、遺贈の場合には、遺贈の効力が発生した後、相続人または遺言執行者による引渡しまたは登記前に行うことができますし（東京高決昭和 55 年 2 月 13 日判時 962 号 71 頁）、譲渡担保の場合には、債務不履行により確定的に借地上の建物の所有権が譲渡担保権者に移転しても、その建物の引渡し前に賃借人が行うことができます（東京地決昭和 44 年 2 月 19 日判タ 233 号 170 頁）。

[8]　名古屋高判昭和 47 年 6 月 8 日判時 681 号 45 頁、東京地判昭和 43 年 3 月 4 日判タ 218 号 217 頁

[9]　名古屋高判昭和 47 年 6 月 8 日判時 681 号 45 頁、東京地判昭和 43 年 3 月 4 日判タ 218 号 217 頁

[10]　判タ 440 号 149 頁

[11]　渡辺晋・山本幸太郎『土地賃貸借』434 頁（大成出版、2020）

[12]　ウエストロー・ジャパン（平 2（借チ）2110 号）

[13]　判タ 842 号 197 頁

　ここでいう借地条件の変更とは、地代および存続期間の変更です。非堅固建物所有を目的としていた借地権を堅固建物所有を目的とする借地権に改めたり、禁止されていた増改築を許されたものにしたりするなどの借地条件の変更はできないとされています[14]。

　財産上の給付を判断するにあたっては、権利金の授受、その額や当事者間の人的関係などが考慮されますが、更新料が考慮されることもあります[15]。借地権価格の 10% が相場観ですが[16]、譲受人が賃借人の子や配偶者である場合には、額が低額になったり、財産上の給付なく許可が認められることもあります[17]。

(4) 代諾許可決定の効力の期間

　代諾許可の裁判は、その効力を生じた後 6 か月以内に借地権者が建物の譲渡をしないときはその効力を失います（借地借家法 59 条）。この期間は、その裁判において伸長または短縮することができます（同条ただし書）[18]。

　賃貸人が財産上の給付の受け取りを拒んだ場合には、供託をすれば足ります。

4．介入権

(1) 介入権の行使の手続

　賃借人から代諾許可の申立てがあった場合、賃貸人は、裁判所が定める期間内に、自らに対して賃借権の譲渡または転貸をするよう申し立てることができます（介入権、借地借家法 19 条 3 項）。介入権行使がなされると、裁判所は、譲渡または転貸を命じなければなりません[19]。

---

[14] 幾代通・広中俊雄『新版注釈民法（15）〔増補版〕』543 頁（有斐閣、1996）
[15] 東京地決昭和 43 年 5 月 6 日判タ 221 号 194 頁
[16] 前掲脚注 14）幾代・広中 548 頁
[17] 前掲脚注 11）渡辺・山本 437 頁
[18] 例外的な事例として、東京高決昭和 60 年 5 月 29 日判タ 561 号 126 頁
[19] 東京高決昭和 52 年 6 月 9 日判タ 364 号 256 頁

（2）相当の対価

　裁判所は、介入権行使を認めるにあたり、相当の対価を定めて、これを命ずることができます（借地借家法19条3項）。相当の対価は、建物の譲渡代金と土地賃借権の譲渡代金の合計額から、賃借権の譲渡承諾料（借地権価格の10%）を控除するのが多くの裁判例です[20]。

　土地賃借権の価格については、裁判所が鑑定委員会の意見を聴いた上で判断します（同条6項）[21]。

---

[20] 前掲脚注11）渡辺・山本445頁
[21] 手続の詳細は、前掲脚注3）園部289頁以下を参照。

 **売却困難な事情⑤**
22 土地の賃借人・転借人（未登記建物との対抗関係、背信的悪意）

Xは、建物所有を目的として甲土地および乙土地につき地主Yと賃貸借契約を締結しています。Xは、甲土地上に甲建物を、乙土地上に乙建物を所有していますが、乙建物については未登記でした。

❶ Xは、借地権付建物を第三者Aに譲渡しようと考えていますが、どのような点に留意すべきでしょうか。

❷ Yは、甲土地および乙土地を第三者Bに譲渡しようと考えていますが、どのような点に留意すべきでしょうか。

甲建物（X所有）
登記あり
借地権
甲土地（Y所有）

乙建物（X所有）
登記なし
借地権
乙土地（Y所有）

Xは、乙土地については、借地権登記または乙建物の登記がないため、借地権を第三者に対抗することができません。そのため、このままでは第三者Aは乙土地を購入しませんし、仮に購入したとしても、Xは、後に権利を失ったAから損害賠償請求を受ける可能性があります。そのため、あらかじめ、乙土地について借地権登記または乙建物について建物登記をしたうえで、売却することになります。

Ｙが B に対し甲土地および乙土地を売却すると、乙土地について対抗力を持たない X が、B から明渡し請求を受ける可能性があります。その場合、Y は X から損害賠償請求を受ける可能性があります。Y としては、B が乙土地についても賃貸人の地位を承継することを前提に売却するか、あるいは、明渡しを前提に B が購入するのであれば、ＸＹ間で賃貸借契約解消についての合意をするなどし、損害賠償請求を受けることがないよう留意すべきです。

解説

1．設例❶について

(1) 借地人による未登記建物および借地権の譲渡における問題点

ア　当事者の関係

　借地上の建物を譲渡する場合には、従たる権利としての借地権譲渡を伴います。借地権の譲渡は、賃貸人の承諾がなければすることはできません（民法 612 条 1 項）。

　設例❶において、X は、借地権付建物を A に譲渡するためには、あらかじめ地主（賃貸人）Y の承諾を得る必要があります。

　Y の承諾を得るにあたっては、X が Y に対し、承諾料を支払うことが一般的です。また、譲渡承諾のみならず、賃貸期間の延長、非堅固建物から堅固建物への使用目的変更、建替等の承諾についても併せて行われることも多くあります。

　Y の承諾を得られない場合、X は、裁判所に対し、借地権設定者の承諾に代わる許可の申立てをすることができます（借地借家法 19 条 1 項第一文、借地法 9 条の 2 第 1 項本文）。もっとも、この場合において、地主 Y が介入権を行使すると、裁判所の定める相当の対価をもって、建物および借地権が Y に譲渡されることになります（借地借家法 19 条 3 項）。

　いずれについても、詳しくは、Q21 を参照してください。

イ　対抗関係

　X の A に対する借地権付建物の譲渡について地主 Y から承諾を得、

第4章

YA 間に甲土地および乙土地の賃貸借契約が承継されたとしても、A は、乙土地の借地権について第三者対抗要件が具備できないという重要な問題があります。

　建物所有を目的とする土地賃貸借においては、借地権の登記がなくても、借地権者が借地上に登記されている建物を所有していれば、第三者に対抗することができます（借地借家法 10 条 1 項）。対抗要件の有無は、土地の筆単位で検討するのが原則です[1]。

　設例❶において、甲土地については甲建物の登記がありますが、乙土地については借地権登記または乙建物の登記がありません。そうすると、乙土地の借地権については対抗要件を具備していませんので、X および X から乙建物の譲渡を受けた A は、乙土地の借地権を第三者に対抗することができません。そのため、一般的には、このままの状態で A が乙建物および乙土地の借地権を買うことはありません。

　そこで、X が買主 A に対し乙建物および乙土地の借地権の譲渡するにあたっては、賃貸人である Y 以外の第三者との関係において、当該賃借権を対抗できるよう、あらかじめ対策を講じる必要があります。

（2）登記を取得する方法

ア　借地権登記

　借地権は登記することのできる権利ですが（不動産登記法 3 条 8 号）、これを登記するためには、賃借人を登記権利者（同法 2 条 12 号）、賃貸人を登記義務者（同条 13 号）として、共同申請によってなす必要があります。そして、賃借権には登記請求権がないとされていますから、賃貸人の同意がない限り、賃借権の登記はできません。

イ　借地上の建物登記

　そこで、賃借人は、借地上の建物登記をすることで、対抗力（借地借家法 10 条）を得るのが一般的です。

　未登記建物について登記を行う場合には、まずは表示に関する登記（不

---

[1] 最判昭和 40 年 6 月 29 日判夕 180 号 94 頁

動産登記法44条以下）を行い、次に権利（所有権）に関する登記（同法74条以下）を行います。表示に関する登記手続は、土地家屋調査士に委任し、権利に関する登記手続は、司法書士に委任します。

　なお、表示の登記だけで対抗力があるとするのが判例です[2]。

ウ　登記の順序の問題

　ところで、建物の登記を行ったとしても、登記の順序が問題になることがあります。

　たとえば、Xによる乙建物の表示登記に先行する抵当権設定登記が乙土地になされていた場合、抵当権が優先しますので（民法177条）、乙土地が競売された場合、XまたはAは、同土地の新所有者に対し、乙土地の借地権を対抗することができません。この点については、留意が必要です。

2．設例❷について

　地主は、土地を自由に行うことができますが、借地人との関係をどう整理するか課題があります。以下、順次整理してみます。

（1）借地人Xと第三者Bとの関係

ア　対抗関係

　設例❷では、Xは甲土地については対抗力を有していますが、乙土地については対抗力を有していません。そのため、地主Yが、第三者Bに対し、甲土地および乙土地を売却し、Bが所有権移転登記を得た場合には、Xは、乙土地について借地権を対抗することができず、乙建物を収去して乙土地を明け渡さざるを得なくなりそうです。

　もっとも、地主Yと第三者Bが結託して、借地人Xを追い出そうとしていたような事情があれば、Bが背信的悪意者に該当し、Xが借地権を対抗できる場合もあります。

イ　借地関係を存続させる場合

　借地人が対抗力を有していない場合、土地所有権の譲渡により、当然に

---

[2]　最判昭和50年2月13日民集29巻2号83頁

は、賃貸借契約関係は新所有者に承継されません（民法 605 条の 2 第 1 項）。もっとも、土地の譲渡人と譲受人との合意により、借地人の承諾を得ないままに、賃貸人の地位を移転することができます（民法 605 条の 3）。

　したがって、B が収益を図る目的で不動産を取得した場合等は、乙土地の譲渡人 Y と譲受人 B が合意することにより、X の借地権を認めることができます。

（2）賃貸人 Y と借地人 X の関係

　Y が乙土地を売却したことにより、借地人 X が乙土地の借地権を第三者に対抗できなくなり、第三者 B から明渡請求を受けた場合、賃貸借の当事者である X Y 間では、債務不履行の問題が生じます。すなわち、賃貸人（旧所有者）Y と借地人 X との関係は、賃貸借契約上の貸す債務の不履行に当たり、Y は、X から、借地権消滅によって被った損害についての賠償責任を負わされることになります。

（3）裁判例

　地主が再開発などを目的として、借地契約の期間満了により更新拒絶をしても、正当事由がなければ、明渡しを求めることができません（借地借家法 6 条）。そのため、借地人が借地上の建物登記をしておらず対抗要件を有していないことを奇貨として、第三者に土地を売却し、明渡や換価の目的を達成するという手段をとることも考えられます。

　もっとも、以下の裁判例にみられるように、明渡請求が権利濫用として否定されている場合があります。

①最判平成 9 年 7 月 1 日（判タ 950 号 107 頁）

　建物所有を目的とする複数の土地を賃借した場合に、未登記が建物があったとしても、借地権の譲受人からの建物収去土地明渡請求が権利濫用に該当する場合があるとしました。

②**東京地判平成6年3月9日**（判時1516号101頁）

　隣接する自己の所有地で販売修理業を行っている駐車場の賃借人が、賃借地を洗車場、更衣室、部品倉庫として使用している事案において、建物所有目的であることは否定しましたが、明渡請求については権利濫用として認めませんでした。

（4）Yのとるべき方策

　このように、地主Yが乙土地を第三者Bに売却した場合、借地人Xが乙土地の賃借権について対抗力を有していないからといって、常にXがBに対し借地権を対抗できないとは限りませんし、Yは、明渡請求を受けたXから損害賠償を受けるリスクもあります。そうすると、YがBに対し乙土地を売却するにあたっては、Xと事前協議のうえ明渡合意を取り付けたうえで売却するか、Xとの借地契約上の地位を承継させることを前提として売却せざるを得ないと考えます。

　Xから受ける損害賠償は、いわゆる立退料とイコールではなく、それをはるかに超えて将来にわたっての損失の賠償を求められることもあり得ます。立退交渉が円滑に進まない場合の対抗策として、対抗力のない借地人に賃貸中の土地を売却することは、地主にとってリスクを抱えることになりますので、注意が必要です。

第4章

147

Q23

売却困難な事情⑥
建物賃借人がいる不動産の処分

Ｘは、10戸のうち３戸しか入居していない老朽化した賃貸住宅および敷地を所有していますが、当該賃貸住宅および敷地の売却を検討しています。どのような方法が考えられるでしょうか。

また、賃料を６か月間滞納している賃借人が存在する場合や、Ｘがサブリース業社との間で一括賃貸借契約（マスターリース契約）を締結している場合、その売却にあたって、どのような点に留意すべきでしょうか。

　賃貸住宅および敷地を売却するにあたっては、①現状のまま売却する方法、②居住者に退去してもらった上で売却する方法、③建物を解体し更地にした上で売却する方法などが考えられます。

居住者に退去してもらうためには、賃貸借契約を終了させる必要があります。賃貸借契約を合意解除ができない場合には、解約申入れや更新拒絶により終了させなければなりませんが、立退料の提示などにより正当事由を具備することが必要です。

賃料を滞納している賃借人がいる場合には、債務不履行解除により賃貸借契約を終了、賃借人を退去させた上で売却する必要があります。

サブリース業社とのマスターリース契約についても借地借家法が適用されるため、その解消には、解約申入れや更新拒絶において正当事由を具備する必要があります。

解説

1．売却の目的と処分方法との関係

　売却にあたっては、①現状のまま売却する方法、②居住者に退去してもらった上で売却する方法、さらに、③建物を解体し更地にした上で売却する方法などが考えられます。売主側で手間をかけた分、売却価格は上がるのが一般的ですが、その分、権利関係の整理などに時間を要します。

　建物を解体して更地にした上で売却する方法については、割愛します。

2．現状のまま売却する方法

　設例においては3戸の入居者がいますので、その賃貸借契約の承継が問題となります。

（1）対抗力ある賃貸借と売買

　建物賃貸借においては、建物の引渡しが対抗要件となります（借地借家法31条）。そのため、設例において賃貸住宅が売却された場合、賃貸借契約は当然に新所有者に承継され（民法605条の2第1項）、賃借人の承諾は不要です。新所有者は、建物の所有権移転登記をしたときにはじめて、賃貸人の地位を賃借人に主張することができます（最判昭和49年3月19日[1]、民法605条の2第3項）。

　敷金については、賃借人の旧賃貸人（旧所有者）に対する未払賃料債務があればその弁済としてこれに当然充当され、その限度において敷金返還請求権が消滅し、残額についてのみその権利義務関係が新賃貸人に承継されます（最判昭和44年7月17日[2]、民法605条の2第4項）。

　したがって、売買代金の決済に際しては、売買代金から承継される敷金

第4章

---

[1]　判タ309号251頁
[2]　判タ239号153頁

額が控除されるのが一般的です[3]。

3．居住者に退去してもらった上で売却する方法

(1) リスク分が減額要素に

　老朽化した賃貸住宅に数名しか入居者がいない場合、買う側からすれば、利回りとしては物足りませんし、建物の修繕や将来の開発に様々なリスクがあり、このことが売却価格を下げる要因となります。そこで、居住者に退去してもらった上で売却すれば、より高値で売却できることもあります。

　定期建物賃貸借（借地借家法38条）であれば、更新がなく期間満了により賃貸借が終了しますので、その期間満了まで待てば、居住者に退去してもらえます。しかし、普通建物賃貸借の場合には、法定更新制度がありますから、居住者に退去してもらうことは、容易ではありません。

　賃貸借を解約するには、以下の方法が考えられます。

(2) 解約申入れ

　期間の定めのある賃貸借においては、その期間貸すことが合意されていますから、特約により賃貸人の解約申入権が留保されていない限り、賃貸人が中途解約の申入れをすることはできません。もっとも、法定更新により期間の定めのない賃貸借になっていた場合には、賃貸人からいつでも解約申入れをすることができます。そのため、老朽化した建物の賃貸借においては、将来の解約申入れのために、賃貸人が、あえて合意更新による更新料を受領せず、戦略的に法定更新を選択することもあります。

　賃貸人からの解約申入れには正当事由が必要です（借地借家法28条）。正当事由は、建物の賃貸人および賃借人が建物の使用を必要とする事情のほか、建物の賃貸借に関する従前の経過、建物の利用状況および建物の現況並びに建物の賃貸人が建物の明渡しの条件としてまたは建物の明渡しと

---

[3]　賃貸人の地位が譲渡人に留保する（民法605条の2第2項）内容で不動産が売買される場合、敷金返還債務は引き続き譲渡人が負担しますので、敷金額は売買代金から控除されないことになります。

引き換えに建物の賃借人に対して財産上の給付をする旨の申出をした場合におけるその申出を考慮して、その有無が判断されます（同条）。

一般的には、立退料の提示をすることが多いと思われますが、立退料の提示をすれば正当事由が必ず認められるわけではありません。すなわち、立退料は、それのみで正当事由の根拠となるものではなく、他の諸般の事情と総合考慮され、相互に補充し合って正当事由の判断の基礎となりますので（最判昭和46年11月25日[4]）、正当事由を認めるべき事情がないような場合（またはわずかしか存在しない場合）には、立退料を提供しても正当事由を具備することはできません（東京地判平成18年10月12日[5]）。そして、生活の本拠となっている賃貸借においては、賃借人が建物を必要とする事情が強く、正当事由を満たすことは容易ではありません。

(3) 更新拒絶

期間の定めのある賃貸借においては、期間満了の1年前から6か月前までの間に、賃貸人が賃借人に対し更新しない旨の通知をすることにより、更新の拒絶をすることができます（借地借家法26条1項）。もっとも、この場合においても、正当事由が必要です（同法28条）。

中途解約にせよ、更新拒絶にせよ、賃貸借契約を終了させるためには正当事由が必要であり、居住者が任意に退去してくれない場合には、建物明渡請求訴訟により、正当事由の有無が争われることになります。

(4) 合意解約

実際の交渉の場面においては、特約による留保がなく中途解約権を行使できない場合や、更新拒絶のタイミングが合わない場合等もありますから、その場合には、合意解約を提案することになります。合意解約ができれば、訴訟における正当事由の有無の争いを回避し、早期解決が期待できます。

---

[4] 判タ271号173頁
[5] ウエストロー・ジャパン（平17（ワ）27331号）

　賃貸人から賃借人に対して提示する明渡しの条件は様々です。転居のために必要な期間（数か月）の明渡猶予、明渡猶予期間中の賃料免除、原状回復免除、立退料の支払などが考えられます。立退料支払のタイミングも、明渡時に全額支払うこともあれば、合意時と明渡時に分けて支払うこともあります。

　話し合いがまとまらない場合には、裁判所に対し、建物明渡請求訴訟を提起することになります。

（5）立退料の金額の定め方

　解約申入れや更新拒絶に当たっての正当事由を充足するため、または、合意解約のために立退料を提示することが多くありますが、適切な立退料がいくらなのかは、悩ましい問題です。

　住宅の場合、引越費用、新しい賃貸借契約締結のための仲介手数料、敷金・礼金、差額家賃などの実費を填補したり、迷惑料を含んだ趣旨で支払うことが多くありますが、立退料の算定方法についての法律の定めはなく、裁判所の裁量でその額が決定されます[6]。立退料の鑑定を行うこともあります。

（6）即決和解の活用

　話し合いがまとまった場合でも、合意から明渡しまでの期間が長い場合や、売却時期が決まっており、その時までに確実に明け渡してもらいたいような場合、裁判所の即決和解（民事訴訟法275条1項）をすることにより、明渡しの履行を確保することがあります。

　即決和解は、裁判上の和解の一種で、紛争当事者が訴え提起前に簡易裁判所に和解を申立て、紛争を解決する手続です。簡易裁判所が申立内容が相当と認めた場合、和解が成立します。

---

[6]　渡辺晋『建物賃貸借〔改訂版〕』560頁（大成出版、2019）

4．賃料滞納中の賃借人が存在する場合

すでに賃料を滞納している場合、建物所有権の譲渡により賃貸人の地位が移転しても、未収の賃料債権については、当然には新所有者に承継されません。この場合、旧賃貸人が、賃借人との賃貸借契約を債務不履行解除した上で本件建物を売却し、当該賃借人との賃貸借契約が新所有者に承継されないよう配慮すべきです[7]。

現実の明渡請求を誰がいつ行うのかについては、購入予定者（新所有者）と協議をすればよいですが、一般的には、賃貸人（旧所有者）が当該賃借人を退去させた上で、新所有者に建物を売却することになるでしょう。

5．マスターリース契約の解消

サブリース業社との間でマスターリース契約を締結している建物を売却するにあたっては、購入予定者から、あらかじめマスターリース契約を解除することを要求されることがあります。現実に多数入居中の建物については、マスターリース契約による賃料保証は不要ですし、マスターリース契約が存在する分、利回りが悪くなるからです。

しかし、マスターリース契約も建物賃貸借であり、借地借家法の保護を受けますので[8]、その解約にあたっては、上記と同様、民法および借地借家法の規定に従い、解約申入れや更新拒絶を行う必要があり、正当事由の具備が要求されます。したがって、売却を理由にマスターリース契約を解消することは、サブリース業社の同意がない限り、困難です。

第4章

---

[7] 譲受人が建物所有権のほか、未払賃料債権の債権譲渡を受ければ、譲受人が賃貸借契約を解除することもできます（最判昭和42年12月14日判タ216号123頁）。

[8] 最判平成15年10月21日判タ1140号68頁参照

Q 24
売却困難な事情⑦
任意売却

　Xは、土地およびその土地上の建物（時価合計4,000万円）を所有していますが、これらの土地建物には、A銀行の第一順位の抵当権（被担保債権3,000万円）、B信用金庫の第二順位の抵当権（被担保債権2,000万円）が設定され登記がなされているほか、その後、国が所得税の滞納による差押え（抵当権に劣後）をし、その旨の登記がなされています。

　Xは、この土地建物を売却することにより、自身の債務を整理したいと考えていますが、どのように進めればよいでしょうか。

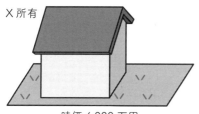

X所有

時価4,000万円

①A銀行の第一順位の抵当権
（被担保債権3,000万円）
②B信用金庫の第二順位の抵当権
（被担保債権2,000万円）
③国による差押え
（上記①および②に劣後）

　不動産を任意売却する場合、抵当権者および差押権者の同意を得る必要があります。これは、任意売却により弁済を受けることのできない後順位担保権者等に対して、担保権の抹消や差押えの解除について同意を得なければ、任意売却を進めることができないためです。任意売却で不動産を処分する場合、弁済を受けることのできる金融機関との間で、債務者の引越費用を売買代金から控除してよいか等、経費の支出についても協議します。

解説

1．任意売却のメリット

　不動産所有者が金融機関に融資を申し込むと、一般的に不動産を担保に融資を受けることができます。取り分け、中小企業の経営者の場合、自宅不動産を担保に金融機関から融資を受け、自宅不動産に複数の抵当権・根抵当権が設定されることも珍しくありません。

　しかし、月々の債務を返済することができない場合、自宅不動産を売却して借入債務を圧縮することも必要になります。そして、破産等の倒産手続を経ずに債務を整理する、いわゆる任意整理において、金融機関の同意を得ながら不動産を売却することを、一般に「任意売却」といいます。任意売却においては、売却代金をもって、金融機関や国などの債権者に対し弁済します。弁済額が債権額に満たない場合であっても、その弁済をもって抵当権や差押えの全ての登記を抹消し、新所有者に対し、「きれいな」権利を移転します。

　任意売却の手続では、金融機関の同意を得られれば、自身が希望する買主に不動産を売却することも可能であり、たとえば、親族に不動産を買い受けてもらい、その親族から不動産を借りて住み続けることも可能です。また、明渡しをする場合でも、金融機関が、売却代金から、売却のための仲介手数料、残置物処分費用、新居確保のための仲介手数料や敷金・礼金、引越代金などの諸費用（以下「諸費用」といいます。）を拠出することを認めることもあります。そのため、任意売却は、債務者の再建に資する手続ということもできます。また、民事執行手続の競売よりも売買代金が高額となり、より債務を圧縮できる場合もあります。

　任意売却後に残った債務については、債権者との間で、債務免除、分割弁済などの合意をすることもありますが、後記2のとおり、債務者が破産申立てをすることもあります。

2．破産時の任意売却の留意点

　債務者が支払不能または債務超過の場合、裁判所に対し破産手続開始の

申立てをすることもあります。不動産を所有している債務者について破産
手続が開始されると、破産管財人が当該不動産を売却します。

　すなわち、破産手続が開始されると、破産者が破産手続開始時において
有する一切の財産が破産財団を構成し（破産法 34 条 1 項）、裁判所に選任
された破産管財人が破産財団に属する財産の管理および処分をする（同法
2 条 12 項）ため、破産者の不動産も破産財団を構成することとなり、破産
管財人が同不動産を処分します。このとき、破産管財人は、破産財団を増
殖させることを念頭に不動産を処分しますので、破産者の希望が必ずしも
通るわけではありません。

3．補助金の交付と任意売却

　個人の自宅の購入ではあまり想定されませんが、事業用施設の購入や建
築に当たり、国や地方公共団体から交付される補助金が用いられている場
合があります。このような物件の任意売却に当たっては、補助金の交付を
基礎づける法律の確認も必要となります。たとえば、「補助金等に係る予
算の執行の適正化に関する法律」に基づく補助金が交付されている場合、
補助金の交付を決定した各省各庁の長の承諾がなければ譲渡することがで
きず（同法 22 条）、承諾なく譲渡した場合、補助金の交付の決定が取消さ
れ（同法 17 条 1 項）、交付を受けた補助金の返還を求められることがあり
ます（同法 18 条 1 項）。

　そのため、任意売却希望者が売却希望物件につき補助金の交付を受けて
いる場合、慎重な検討を要します。

4．抵当権と租税に基づく差押えの優劣

　設例のように、不動産に対して租税の滞納を原因とする差押えがなされ
る場合があります。

　国税および地方税は、納税者の総財産について、原則としてすべての公
課その他の債権に先立ち徴収することができます（国税徴収法 8 条、地方
税法 14 条）。しかし、抵当権や質権（以下「抵当権等」といいます。）が

租税の法定納期限[1]等以前に設定されたものである場合、上記の原則の例
外として、抵当権等が租税に優先します（国税徴収法 15 条、16 条、地方税
法 14 条の 9、14 条の 10）。抵当権と国税および地方税との優劣は、登記の
先後ではないことに注意が必要です。

5. 任意売却の進め方

　不動産を任意売却で処分する場合、売買代金は諸費用を控除した残額が
抵当権者や差押権者（以下これらを「抵当権者等」といいます。）に支払
われるため、売却に当たって抵当権者等の同意を得る必要があります。す
なわち、売却代金で全ての抵当権者等に全額弁済できる場合は別として、
設例のように不動産の価値が被担保債権額の総額を下回る場合、第二順位
以下の抵当権者等には任意売却を行っても、売買代金で完済することがで
きません。このような場合でも、売却に当たっては、不動産上に設定され
ている抵当権の登記や差押登記を抹消してもらう必要があるため、その旨
を第二順位以下の抵当権者等と交渉する必要があります。実際の交渉に当
たっては、配当表を作成し、民事執行法等の手続によれば配当がないこと
を説明するとともに、担保権の抹消に同意してもらえば、抹消についての
承諾料（いわゆるハンコ代）として一定の金額を支払う用意がある旨を説
明して、同意を得るようにします。

　一方で、任意売却により弁済を受ける抵当権者等との間では、売買代金
から控除できる諸費用の項目および金額について交渉する必要がありま
す。配当を得られない債権者に対し承諾料（ハンコ代）を支払う場合の承
諾料についても同様です。引越費用の控除に難色を示す抵当権者等もいま
すが、引越費用の全額または一部を経費として認めることで、債務者が早
期に物件から立ち退き、売却が迅速に進むことを説明し、抵当権者等の同
意を得られるように努めます。

---

[1]　法定納期限とは、法律の規定により租税を納付すべき期限をいいます。

〈配当表の例〉

配　当　表

債務者：X

作成者：上記代理人弁護士　●●　■■

	収　入		支　出		
1	売買代金	40,000,000	抵当権者 （A 銀行）	28,750,000	第一抵当権（被担保債権 3000 万円）、配当率 95.8％
2			抵当権者 （B 信用金庫）	8,750,000	第二抵当権（被担保債権 2000 万円）、配当率 43.8％
3			国	300,000	承諾料として
4			仲介手数料	1,320,000	
5			登記費用 （抵当権抹消）	80,000	
6			動産処分費用	500,000	
7			引越費用 （仲介手数料・ 移転費用他）	300,000	
		40,000,000		40,000,000	

配当原資　　37,800,000

6．行政庁との交渉のポイント

　前記のとおり、行政庁による差押えが先順位の抵当権等の担保権に対抗
できない場合、行政庁にも滞納処分による差押えを解除するよう交渉する
必要があります。

　この点、国税徴収法 48 条 2 項は、「差し押さえることができる財産の価
額がその差押に係る滞納処分費及び徴収すべき国税に先立つ他の国税、地
方税その他の債権の金額の合計額をこえる見込みがないときは、その財産
は、差し押えることができない。」と定めており、租税による無益な差押
えを禁止しています（これを「無益差押禁止の原則」といいます。）。そし
て、「差押財産の価額がその差押えに係る滞納処分費及び差押えに係る国
税に先立つ他の国税、地方税その他の債権の合計額を超える見込みがなく

なったとき」には、差押えを解除するように定めています（同法79条1項2号）。

　しかしながら、差押え時点の先順位担保権者の被担保債権の残高を正確に把握することはできず、また物件の評価にも日数を要するため、このような無益な差押えも実際にされているのが実務であり、この規定を根拠に解除を要請しても容易には応じてもらえないのが実際です。そのため、当該差押えが無益差押禁止の原則に抵触する旨を、資料[2]を根拠に疎明するとともに、滞納税金については税務署と協議して分納することの確約書面を提出することで解除してもらうように要請します。無益差押えである旨指摘しても、担当者レベルでは、応じてもらえないこともありますが、正式に行政庁の長や担当部署宛てに内容証明郵便にて無益差押えである旨指摘したところ、差押え解除に応じてくれた例もあります。

7．不動産決済時の留意点

　後順位抵当権者等や行政庁が抵当権の抹消や差押えの解除に同意した場合、不動産は任意売却により処分することができます。

　不動産の売却は、一般に以下の流れで行います。

不動産売買契約の締結
　↓
手付の授受
　↓
買主が融資を利用する場合、金融機関による融資の承認
　↓
売買残代金の決済

　売買残代金の決済時に当たっては、以下の点に留意する必要があります。

---

[2] たとえば、配当表を示し、行政庁には配当金がない旨を説明するとともに、その根拠資料として、複数社からの買付証明書、先順位抵当権者の債権額の証明書を提出します。

①第一順位の抵当権者等への弁済額の確定

②第二順位以下の抵当権者等へのいわゆるハンコ代の支払額の確定

③不動産業者への仲介手数料の確定

④司法書士費用や印紙代等の経費の確定

⑤引越費用等、債務者の手元に残る金員額の確定

⑥譲渡所得税が生じる場合の対応

　実務上は、銀行等において売買代金の決済を行うにあたり、売買代金が買主から売主に送金されると同時に、上記②ないし⑤の各支払先への伝票を一括処理して送金または現金交付します。売買残代金全額を第一順位の抵当権者等へ支払ってしまうと、上記②から⑤を確保することができなくなりますので、注意する必要があります。

　なお、⑥は、売買が行われた年度の次年度に課税される税金ですが、かかる税金が発生するのか、発生した場合の税額およびこれをどのように支払うのかについてもあらかじめ検討しておく必要があります。

Column

同時廃止手続と不動産の処理

　破産手続開始時点において、破産財団をもって破産手続の費用を支弁するのに不足すると認められる場合、裁判所は、破産手続開始の決定と同時に、破産手続の廃止を決定しなければならないとされています（破産法216条1項。いわゆる同時廃止）。

　不動産所有者が不動産を所有したまま破産の申立てを希望し、同時廃止を希望する場合があります。この場合、東京地方裁判所では、当該不動産が1.5倍以上のオーバーローンの状態になっていることが必要という運用がとられています。すなわち、被担保債権の残額を、不動産の時価を信頼のおける不動産業者2社の査定書（大手不動産会社2社や、大手不動産業者1社および地元の有力業者1社等）で除した数字を算出して、1.5倍以上のオーバーローンの状態になっていることが必要です（中山孝雄・金澤秀樹編『破産管財の手引〔第2版〕』37頁（きんざい、2015））。各地の裁判所で運用が異なる場合がありますので、詳細は、各裁判所にお問い合わせください。

　引越費用等をあらかじめ確保すること等を目的として、不動産を任意売却した上で、同時廃止を希望することもあるかと思います。もっとも、この場合、処分価格の適正性が問題になることが多く、売却金額次第では破産管財人が否認権を行使する対象にもなり得ます。そのため、破産申立てを検討するのであれば、やはり不動産の処分は破産管財人に委ねる方法が望ましいといえます。破産管財人が任意売却する場合でも、破産管財人との間で引越費用の確保等について協議し、売却代金から引越費用を確保することもあり得ます。

　破産手続の申立前に不動産を売却した事例として、破産申立費用がない不動産所有者が、不動産売買契約を締結した上で手付金を受領し、その手付金を破産申立費用（申立代理人の弁護士費用を含みます。）に充当し破産申立てをしたところ、破産管財人が売買契約を解除し、買主には支払済みの手付金は戻らなかった事例もあります。このような事例からも、破産申立前の任意売却は、相当な注意を要するところです。

第4章

第5章　契約不適合責任

Q25　契約不適合責任①
総論

> 2020年4月1日施行の改正民法において、瑕疵担保責任
> から契約不適合責任へと変わりました。不動産の売却に関す
> る影響は、どのような点に生じるでしょうか。

1．契約不適合責任の創設

　2020年4月1日に改正民法が施行される以前の民法（以下この民法を「旧民法」といいます。）下の伝統的見解は、不動産のような特定物の売買につき、売主は、目的物である不動産をそのまま引き渡すことをもって、その義務を履行したことになると考えられており、裁判実務もこの考え方を踏襲していました（たとえば、東京地判平成18年9月5日[1]）。すなわち、売主は瑕疵のない物を引き渡す義務を負わない一方で、買主は約定された売買代金の支払義務を負っていました。

　この結論は、売買契約が有償契約で、目的物の引渡しと売買代金の支払が対価関係に立つという売買の法的性質に照らすと衡平な結論ではなく、取引に対する信頼を損なうことになります。そこで、旧民法は、両者間の不均衡を是正し、取引の安全を確保するために「瑕疵担保責任」の規定を設けました。すなわち、売買目的物に瑕疵があった場合には、買主が瑕疵のない物の売買をしたと信頼したことに対する損害を売主に賠償させ、当

---

[1]　判時1984号84頁

該瑕疵により契約の目的を達成できない場合は買主に契約の解除権を認めていました（旧民法570条、566条準用。いわゆる法定責任説）。

しかし、法定責任説に対しては、その考えを明記する条文がないほか、最高裁の判断も必ずしも一貫しているわけではないとの指摘なされてきました（たとえば、他人物売買に関する最判昭和41年9月8日[2]）。

ところで、裁判実務では「目的物の瑕疵の存否は、契約の趣旨を踏まえて目的物が有するべき性状を確定した上で、引き渡された目的物が当該あるべき性状に適合しているか否かについての客観的・規範的判断に帰着する」と考えられています[3]。

今般、改正民法では、特定物と不特定物の区別を廃した上で、上記のような裁判実務を反映し、売買における買主の救済を瑕疵担保責任という法定責任ではなく、契約内容に適合しないことによる契約責任の追及によって実現するという考え方（契約責任説）を採用しました。条文上も、瑕疵（瑕疵担保責任）という用語は用いず、「種類、品質又は数量に関して契約の内容に適合しない」という文言を用いています[4]。

2．契約不適合責任による買主の保護（要件および効果）

(1) はじめに

契約の目的物につき、「引き渡された目的物が種類、品質又は数量に関して契約の内容に適合しないこと」が認められる場合（以下「契約不適合」といいます。）、買主は、売主に対し、契約不適合責任を追及できます。

契約不適合責任の効果は、以下の4種類であり、効果ごとに要件が異なります。効果は、①追完請求権（民法562条）、②代金減額請求権（民法563条）、③損害賠償請求権（民法564条、415条）および④解除権（民法564条、541条および542条）となります。

---

[2] 判タ198号127頁
[3] 最判平成22年6月1日判タ1326号106頁、最判平成25年3月22日判タ1389号91頁
[4] 渡辺晋『不動産取引における契約不適合責任と説明義務〔新訂版〕』3頁～5頁（大成出版、2018）

第5章

（2）追完請求権

　契約不適合が生じた場合、買主は、売主に対し、目的物の補修、代替物
の引渡しまたは不足分の引渡しによる履行の追完を請求できます（民法
562 条 1 項）。追完請求は、売主の帰責性の有無を問わず請求できる、無過
失責任と解されています。売主は、買主に不相当な負担を課すものではな
ければ、追完方法を自ら選択することも可能です（同条 1 項ただし書）。

　なお、契約不適合につき買主に帰責性がある場合は、買主に追完請求権
は認められていません（同条 2 項）。

（3）代金減額請求権

　契約不適合が生じた場合において、買主が相当の期間を定めて履行の追
完の催告をするも、その期間内に履行の追完がない場合、買主は、売主に
対し、その不適合の程度に応じて代金の減額を請求することができます
（民法 563 条 1 項）。また、以下の場合は、買主は、無催告で代金減額請求
権を行使することができます（同条 2 項）。

　ア　履行の追完が不能であるとき

　イ　売主が履行の追完を拒絶する意思を明確に表示したとき

　ウ　契約の性質又は当事者の意思表示により、特定の日時または一定の
　　　期間内に履行をしなければ契約をした目的を達することができない
　　　場合に、売主が履行の追完をしないでその時期を経過したとき

　エ　ア〜ウに掲げる場合のほか、買主が前項の催告をしても履行の追完
　　　を受ける見込みがないことが明らかであるとき

　代金減額請求権も、追完請求権同様、売主の帰責事由の有無を問わず請
求できる権利であり、契約不適合につき買主に帰責性がある場合は、買主
に追完請求権は認められていません（同条 3 項）。

　買主が代金減額請求権を行使すると、売主の引渡債務の内容も現実に引
き渡された目的物の価額に応じて圧縮され、契約内容に適合したものが引
き渡されることになります。そのため、売主に債務不履行がなかったこと
になり、買主は、損害賠償請求権や解除権を行使することはできません[5]。

　なお、売主（債務者）に帰責事由がない場合、買主（債権者）は、損害

賠償請求権を行使できません（同法415条1項ただし書）が、この場合でも、代金減額請求権が行使できる点に同請求権の意義があります[6]。

(4) 損害賠償請求権

　旧民法下における瑕疵担保責任の効果としての損害賠償請求権は、法定責任により認められたものであって、賠償範囲もいわゆる信頼利益に限られると考えられてきました。

　しかし、契約不適合責任は契約責任という性質があるため、損害賠償請求権も債務不履行の一般法理が適用されます（民法415条1項）。そして、売主（債務者）に帰責性がないことは、抗弁事由となります（同項ただし書）。

(5) 解除権

　旧民法下における瑕疵担保責任の効果としての解除権は、瑕疵があることにより契約の目的を達成することができない場合に限り行使できましたが（旧民法570条、566条準用）、契約不適合責任においては、解除権一般の法理が適用されます。そのため、買主は、売主が債務を履行しない場合、相当の期間を定めて履行を催告し、その期間内に債務の履行がなければ契約を解除することができますし（同法541条）、以下の場合は、無催告で契約を解除することができます（同法542条1項各号）。

　ア　債務の全部の履行が不能であるとき
　イ　債務者がその債務の全部の履行を拒絶する意思を明確に表示したとき
　ウ　債務の一部の履行が不能である場合又は債務者がその債務の一部の履行を拒絶する意思を明確に表示した場合において、残存する部分のみでは契約をした目的を達することができないとき
　エ　契約の性質又は当事者の意思表示により、特定の日時又は一定の期間内に履行をしなければ契約をした目的を達することができない場合において、債務者が履行をしないでその時期を経過したとき

---

[5]　筒井健夫・村松秀樹編著『一問一答・民法（債権関係）改正』279頁（商事法務、2018）
[6]　前掲脚注5）筒井・村松278頁

オ　ア～エに掲げる場合のほか、債務者がその債務の履行をせず、債権者が前条の催告をしても契約をした目的を達するのに足りる履行がされる見込みがないことが明らかであるとき

ただし、催告解除・無催告解除のいずれの場合も、債務不履行が契約および取引上の社会通念に照らして軽微な場合や、債務不履行が買主（債権者）の責めに基づく場合は行使できません（同法 541 条ただし書、543 条）。

なお、改正民法は、解除権を、損賠賠償請求権のような債務者に対する責任追及の手段ではなく、債権者を契約の拘束力から解放する手段と位置づけていますので、解除権の行使に当たっては債務者の帰責事由は不要とされています。

3．契約不適合の判断基準

契約不適合の有無の判断は、旧民法下の瑕疵の有無の判断の手法が、ほぼそのまま用いられると考えられています。すなわち、契約不適合は、一般的抽象的に決められるものではなく、契約内容と目的物の性質に応じて、個別具体的にそれぞれの取引に応じて判断されます[7]。

4．改正民法の不動産売却に関する影響（売主としての対応）

上記のとおり、売主は、不動産売買において契約不適合責任を負い、追完請求権、代金減額請求権および解除権については、売主の帰責事由の有無を問わず、その責任を負うことになります。そのため、売買においては、売買目的物の種類、品質または数量に関して十分に説明し、契約条項に定めておくほか、契約を締結した目的等も明示しておくことが重要となります。

また、契約不適合責任は、いわゆる任意規定であるため、これとは異なる特約を定めることも可能です。すなわち、当事者間で合意できるのであれば、契約不適合があった場合でも、その効果である追完請求権、代金減額請求権、損害賠償請求権および解除権の全部または一部が発生しない旨

---

[7]　前掲脚注 4）渡辺 60 頁

を特約で定めることで、責任の軽減を図ることができます。もっとも、この場合、特約が適用されるのは、契約不適合が当事者の想定していた範囲内に留まることが前提となります。たとえば、土地上の建物で自殺があった事案に関する浦和地川越支判平成9年8月19日[8]は、「被告らは、本件不動産売却に当たり、右出来事を考慮し本件建物の価格は殆ど考慮せずに売値をつけ、本件建物の隠れた瑕疵につき責任を負わない約束のもとに本件不動産を原告に売却したのではあるが、本件売買契約締結に当たっては、本件土地及び建物が一体として売買目的物件とされ、その代金額も全体として取り決められ、本件建物に関し右出来事のあったことは交渉過程で隠されたまま契約が成立したのであって、右出来事の存在が明らかとなれば、後記のようにさらに価格の低下が予想されたのであり、本件建物が居住用で、しかも右出来事が比較的最近のことであったことを考慮すると、このような心理的要素に基づく欠陥も民法570条にいう隠れた瑕疵に該当するというべきであり、かつ、そのような瑕疵は、右特約の予想しないものとして、被告らの同法による担保責任を免れさせるものと解することはできない。」と判示しています。

5.「現状有姿」特約に対する留意点

　売主の責任を限定する趣旨で、売買契約の特約に「現状有姿にて引き渡す」旨を記載することがあります。

　この点、「現状有姿」は、法律上の用語ではなく、明確な定義はありません。そのため、単に引渡しの現状で買主に引き渡すことのみを意味するのか、引渡しの前後を問わず補修を行わないことを意味するのか、それとも瑕疵担保責任や契約不適合責任を免除することを意味するのか等、「現状有姿」の文言のみでは明らかではないといわざるを得ません。

　そのため、売主の責任を限定・免責するのであれば、その点を明確に特約で定めておく必要があります。

---

[8]　判タ960号189頁

Q 26　契約不適合責任②
軟弱地盤

> 　Ｘは、住宅地にある甲土地を所有していますが、甲土地には、支持力ゼロの部分を含む軟弱な箇所が垂直方向にも水平方向にも相当程度の厚さと広さで広がっており、そのまま甲土地上に建物を建築した場合には、不同沈下等が発生する可能性が高いことが判明しています。
> 　Ｘが甲土地を処分する場合、どのような点に留意すべきでしょうか。

　住宅用建物の敷地は、その存立を維持することが求められますので、軟弱地盤であることは、契約不適合責任を問われる可能性があり、また、何ら説明しないまま売却すれば、説明義務違反を問われる可能性があります。そのため、軟弱地盤であることを認識している場合には、地盤改良工事などを行った上で売却するか、そのまま売却する場合には軟弱地盤であることを十分に説明した上で売却することが必要となります。

解説

1. 地盤の安定性

　居住用建物の敷地は、地盤が安定していないと、建物の基礎に影響を及ぼし建物の傾斜等を生じさせます。そのため、居住用建物の敷地は、敷地としてその存立を維持すること、すなわち崩落や陥没等のおそれがなく、地盤として安定した支持機能を有することが必要とされています[1]。

---

[1]　東京高判平成 15 年 9 月 25 日判タ 1153 号 167 頁

　建築基準法20条は、建築物は、自重、積載荷重、積雪荷重、風圧、土圧および水圧並びに地震等に対して安全な構造のものとして、各種の基準に適合するものでなければならないと定めています。そして、建築基準法施行令93条および平成13年国土交通省令第1113号（最終改正平成19年9月告示第1232号）は、地盤の許容応力度・基礎杭の許容支持力について規定を設け、地盤の安定性についての基準を設けています[2]。

2．不同沈下について

　不同沈下とは、構造物の基礎が場所によって異なった量の沈下をすることをいい、沈下形状には、建物が一様に沈下傾斜する「一体傾斜」と建物に変形が生じて沈下傾斜する「変形傾斜」とがあります[3]。不同沈下の原因としては、建物の荷重の偏りや基礎の不備等建物に起因するもののほか、地盤が軟弱である等の地盤に起因するものがあります。

3．契約不適合責任

(1) 瑕疵の判断基準

　上記のとおり、居住用建物の敷地は、敷地として、その存立を維持すること、すなわち崩落や陥没等のおそれがなく、地盤として安定した支持機能を有することが必要とされていることから、居住用敷地の売買において、軟弱な地盤等は、契約の趣旨に合致しないことになります。

　では、どのような地盤であれば、契約の趣旨に合致しないといえるのでしょうか。この点、契約不適合の判断基準は、旧民法下の瑕疵の判断基準の手法がそのまま用いられていることから、瑕疵の判断基準が参考になります。

第
5
章

---

[2]　土地の問題の1つとして、崖地の問題もあります。我が国の国土は、山地と丘陵地が約7割を占めており（一般財団法人国土技術研究センター（https://www.jice.or.jp/knowledge/japan/commentary07））、土地に高低差があるのが特徴です。そのため、各地域には崖条例に関する規制が設けられています。そして、東京地判平成23年4月20日ウエストロー・ジャパン（平21（ワ）12723号）は、崖条例の規制が瑕疵に該当する旨を肯定していますので、売買に当たっては、このような条例についても注意する必要があります。

[3]　日本建築学会編『小規模建築物基礎設計指針』86頁（日本建築学会、2008）

（2）瑕疵肯定例

①名古屋高判平成 22 年 1 月 20 日（判例秘書（平 21（ネ）414 号））

　本裁判例は、愛知県名古屋市北東のなだらかな丘陵地に開発された
ニュータウンにおいて、地方住宅供給公社から宅地を購入した控訴人ら
が、購入した土地の地盤の軟弱性および地盤改良工事の実施状況に関する
説明義務違反等を理由に、地盤改良工事に要した費用等を請求した事件です。

　名古屋高裁は、「本件地盤には、支持力ゼロの部分を含む強度の軟弱な
箇所が、垂直方向にも水平方向にも相当程度の厚さと広さで広がってお
り、そのまま本件土地上に建物を建築した場合には、不同沈下等が発生す
る可能性が高く、現に本件では、特に大規模大重量ではない通常の範囲内
の建物（木造枠組工法による 2 階建居宅）を建築するに当たり、湿式柱状
改良工法で地盤改良を行なう必要があったと認められる」として、軟弱地
盤が瑕疵に該当することを肯定しました。

②東京地判平成 31 年 3 月 13 日（判タ 1477 号 226 頁）

　本裁判例は、ゴルフ場を経営する原告が、ゴルフ場のロッジを設計し建
築した被告に対し、東日本大震災によりロッジが半壊し建て替えを要した
のは、被告による設計または施工に瑕疵があったとして損害賠償を求めた
事案です。

　東京地裁は、「本件ロッジ棟の直接基礎の一部が脆弱な埋土層にとど
まっていたことは、本件ロッジ棟の不同沈下をもたらした原因であり、不
同沈下をもたらす限度で建物の居住者等の生命、身体、財産侵害に結び付
き、建物の基本的な安全性を損なう瑕疵と認める」と判示し、瑕疵を肯定
しました（もっとも、損害賠償については消滅時効の援用により否定）。

③大阪地判昭和 60 年 11 月 15 日（判タ 600 号 126 頁）

　本裁判例は、宅地造成工事を行った被告から、宅地分譲を目的として土
地を購入した原告が、同土地に瑕疵があるとして、契約の解除および損害
賠償を求めた事案です。

　大阪地裁は、「原被告とも、遅くとも本件 1 土地の売買契約締結後 4、5
年を経過すれば本件 1、2 土地を宅地として分譲することが可能であるこ
とを前提として本件 1、2 土地の売買契約を締結したものであるところ、

本件１土地の売買契約締結後６年以上を経過した時点でも本件１、２土地は現状のままでは宅地として分譲することができなかったのであるから、既にこの点において本件１、２土地は、本件１、２土地の売買契約締結の前提に適合しておらず、瑕疵があるということができる。」として瑕疵を肯定しました（もっとも、この瑕疵は「隠れたる瑕疵」には該当しないと判示しています。）。

（3）瑕疵否定例

　以上に対し、東京地判平成20年9月18日[4]は、国有地の入札手続の事件に関し、入札手続における物件概要書に土地の用途地域について「第一種低層住居専用地域」と記載されていたとしても、それをもって直ちに地盤改良工事を実施または改良工事が不要であることを表示したものではないこと、物件調書等の記載等に照らしても本件土地上に建物を建築するに際して地盤の改良工事を要しないことが契約の前提となっていたということはできないこと、また原告が裁判の対象となった土地について現地調査をしており、地盤調査が必要であったことを認識していたことを理由に、土地の瑕疵を否定しました。

（4）実務上の対応

　居住用建物は、居住者等の生命、身体、財産等の安全に資するものであり、その居住用建物を地盤が支えている以上、裁判例が地盤の安定的な支持機能の有無を個別具体的に検討している点には合理性があります。

　居住用敷地の売主は、契約不適合責任を回避するため、地盤の状態について説明することが求められます。

4．説明義務違反

　上記のとおり、売主には、居住用建物の敷地の状態について買主に説明することにより契約不適合責任を回避することができるところ、説明義務

---

[4]　ウエストロー・ジャパン（平19（ワ）18229号）

第5章

を怠ることにより、説明義務違反にも問われる可能性があります。

　以下の裁判例に鑑みれば、居住用建物の敷地を売却するに当たっては、売主が自身の能力の範囲で調査を行うことが求められており、これを怠ることにより、説明義務違反も問われる可能性が高いといえます。

①東京地判平成 25 年 3 月 22 日（ウエストロー・ジャパン（平 22（ワ）45706 号））

　本裁判例は、売主には、その能力の有する範囲で瑕疵に繋がる可能性のある不具合の存否について確認し、不具合が認められればその内容を買主に説明すべき信義則上の義務があることを認めた上で、具体的な事実認定の下、売主の説明義務違反を肯定しています。

②東京地判平成 13 年 9 月 26 日（ウエストロー・ジャパン（平 12（ワ）3793 号））

　本裁判例も、売主は地盤沈下の問題は容易に認識できたとして、やはり売主の説明義務違反を肯定しています（ただし、原告が請求した損害賠償は否定しています。）。

③東京地判平成 26 年 10 月 8 日（判時 2247 号 44 頁）

　一方で、本裁判例は、東日本大震災により土地が液状化したことに関し、土地所有者等が土地を販売した売主の説明義務違反を問うた事案ですが、売主が宅地分譲当時の知見、調査・検討結果を踏まえた対策を採用していたこと等を理由に、説明義務違反を否定しています。

5．売主としての方策

　設例では、甲土地に不同沈下等が発生する可能性が高いことがすでに判明しています。

　甲土地が所在する自治体において、地盤改良に関する助成制度が制定されていれば、X は、それを活用して地盤改良の上で売却することも考えられます。軟弱地盤に関するものではありませんが、地方公共団体によっては、危険な崖地の崩壊等による被害を防止し、住民を災害から守るために助成金制度を設けているところがあります。たとえば、東京都港区は、土砂災害警戒区域および土砂災害特別警戒区域内の崖・擁壁の改修工事に

対して最大5,000万円の助成を行う旨の制度を設けています[5]。また、鎌倉市も、住宅の裏の崖の防災工事や樹木枝払い伐採を行うことに対して、工事費を助成する旨の制度を設けています[6]。このほか、金融機関が防災工事資金の融資を行っている場合もあります[7]。

　しかし、改良に要する費用が高額になる場合、改良せずにそのまま売却せざるを得ません。その場合、Xは、地盤が不同沈下する可能性がある旨を説明することが求められます。そして、説明の上で売買代金の減額を許容する場合、代金減額の原因が地盤の不安定性にあることも明記します。これにより、目的物である土地の品質が契約の目的に適合している旨を当事者間で合意したことが明らかになり、売主として契約不適合責任を回避することができます。

　なお、Xが契約不適合責任を負わない旨の特約を設けることも重要です。

[5]　https://www.city.minato.tokyo.jp/jutakushien/gake/documents/gakeyouhekiyoukou.pdf
[6]　https://www.city.kamakura.kanagawa.jp/gake/gake/index.html?utm_source=web&utm_medium=on_qrcode&utm_campaign=20210801&utm_content=03_001&mode=preview
[7]　https://www.jhf.go.jp/loan/yushi/info/takubo/index.html

Q27 契約不適合責任③ 水害

　Xは、甲土地を所有しているところ、甲土地を含む周辺一帯は、地方自治体が発行するハザードマップにおいて冠水する危険性が高い土地とされ、実際に、数年前には台風による冠水被害を受けたことがありました。Xは、甲土地を売却するにあたり、どのような点に留意すべきでしょうか。

　Xが宅地建物取引業者ではないとしても、買主から、契約不適合責任や説明義務違反に基づく損害賠償請求を受ける可能性がありますので、売却にあたっては、Xが認識している過去の具体的な冠水被害についてあらかじめ説明しておくことが必要です。

解説

1．水害をめぐる状況と問題の所在

　昨今、地球温暖化の影響からか、たとえば、「平成30年7月豪雨」や「令和元年台風19号」など甚大な被害をもたらす大規模水災害が頻発している状況にあります。各自治体においても、水防法に基づき水害ハザードマップを作成し、ホームページ等において公表しています[1]。

　こうした状況を受け、宅地建物取引業法施行規則の一部改正がなされました（2020年8月28日施行）。同改正により、契約締結前に説明を行う必

---

[1]　ハザードマップポータルサイト（https://disaportal.gsi.go.jp/）

要がある重要事項に、水害リスクに係る説明が追加されました[2]。

　これまでも、土砂災害や津波のリスクは重要事項説明の対象になっていましたが、水害リスクは対象になっていませんでした。同規則の一部改正により、宅地建物取引業者は、自治体が水防法に基づき作成している水害ハザードマップを活用し、取引の対象となっている宅地または建物の所在地を示して、水害のリスクなどを顧客に説明しなければなりません。

　この重要事項説明は、宅地建物取引業者に課せられているものであり、個人である売主には、宅地建物取引法による重要事項説明が義務付けられているわけではありません。しかし、売買の目的である土地に契約不適合があった場合、売主は、売買契約上の契約不適合責任[3]を問われる可能性があります。

　自治体のハザードマップにおいて台風などの自然災害により冠水する可能性が高いとされている場合に、その土地を宅地として売却することが、契約不適合になるのでしょうか。また、宅地建物取引業者ではない売主は、宅地建物取引法上の重要事項説明義務を負わないとしても、売主として、水害リスクについての説明義務違反を問われる可能性はないでしょうか。

2．契約不適合責任

　そもそも、台風などの自然災害により冠水しやすい土地であるという性状が、契約の趣旨に合致しないといえるのでしょうか。

　東京高判平成15年9月25日[4]においては、居住用土地建物を購入した買主が、建売業者に対し、瑕疵担保責任および説明義務違反に基づく損害賠償請求をし、大雨の時など冠水しやすいという土地の性状が旧民法570条にいう隠れたる瑕疵に該当するかが争われました。

---

[2] 分かりやすい解説として国土交通省ホームページ「宅地建物取引業法施行規則の一部改正（水害リスク情報の重要事項説明への追加）に関するQ＆A」（2020年7月17日現在）があります。

[3] 契約不適合責任には、損害賠償、契約の解除、代金減額等の効果がありますが、その具体的な責任内容については、本書Q25を参照してください。

[4] 判タ1153号167頁

（1）瑕疵の判断基準

　まず、同裁判例は、瑕疵とは「当該目的物を売買した趣旨に照らし、目的物が通常有すべき品質、性能を有するか否かの観点から判断されるべきである」とし、「居住用建物の敷地の売買の場合は、その土地が通常有すべき品質、性能とは、基本的には、建物の敷地として、その存立を維持すること、すなわち、崩落、陥没等のおそれがなく、地盤として安定した支持機能を有すること」としました。

（2）瑕疵の該当性

　しかし、同裁判例は、以下のように述べて、瑕疵に該当しないとしました。

　すなわち、地盤が低く、降雨等により冠水しやすいというような場所的・環境的要因からくる「そのような土地の性状は、周囲の土地の宅地化の程度や、土地の排水事業の進展具合など、当該土地以外の要因に左右されることが多く、日時の経過によって変化し、一定するところがないのも事実である。また、そのような冠水被害は、1 筆の土地だけに生じるものではなく、附近一帯に生じることが多いが、そのようなことになれば、附近一帯の土地の価格評価に、冠水被害が生じることが織り込まれることが通常である。そのような事態になれば、冠水被害があることは、価格評価の中で吸収されているのであり、それ自体を独立して、土地の瑕疵であると認めることは困難となる」と判示し、一定の時期に冠水被害が生じたことのみをもって、直ちに土地の瑕疵があると断定することはできないと判示しました。

　たしかに、当該土地を含む付近一帯が冠水しやすい土地である場合には、付近一帯の不動産価格に反映されている、すなわち、付近一帯の地価が周辺よりも安いのが一般的であり、その場合、売買の目的物である不動産と売買価格との等価的均衡が保たれていると考えられます。

　したがって、両者の価値の不均衡を是正することを目的とする契約不適合責任が適用されないということには、合理性があると考えられます。

3．説明義務違反

　当該土地が自然災害により冠水しやすいという性状が売買契約における不適合（瑕疵）に該当しないとしても、売主が、水害リスクについての説明義務違反を問われる可能性があります。

（1）宅地建物取引業者である売主の説明義務

　前掲裁判例は、一般論として、宅地建物取引業者は、信義則上の義務として、その取引物件に関する重要な事柄について事前に調査し、それを購入者に説明する義務を負うとしながらも、上記のような場所的・環境的要因からする土地の性状は、その地域の一般的な特性として、当該物件固有の要因とはいえない場合も多く、こうした土地の性状等は、一定程度、土地の評価にも反映し、それが織り込まれて土地の価格を形成している場合が多く、また、こうした事柄は、当該土地の用途地域（工業地域、住居専用地域）などと異なり、簡便に調べられる事柄ではないとし、宅地建物取引業者がこうした土地の性状に関する具体的事実を認識していた場合はともかく、そうでない場合にも説明義務があるというためには、そのような事態の発生可能性について、説明義務を基礎づける法令上の根拠あるいは業界の慣行等があり、また、そのような事態の発生可能性について、業者の側で情報を入手できることが必要であるとしました。その上で、被告である建売業者は、当該土地の周辺が冠水しやすいという事実を知っていたとは認め難いとし、さらに、宅地建物取引業者に説明義務があることを基礎づけるような法令上の根拠や業界の慣行等があるとも認め難いとし、建売業者の説明義務の存在を否定しました。

　しかし、宅地建物取引業者においては、同裁判例が出された当時とは社会状況が異なることに留意が必要です。

　すなわち、甚大な被害をもたらす大規模水災害が頻発している社会情勢に鑑み、宅地建物取引業法施行規則の一部改正がなされ、水害リスクの説明義務が課されたことは、上記のとおりです。また、自治体のハザードマップは、当該自治体のホームページ等において容易に入手することができます。こうした状況を踏まえると、現在においては、前掲裁判例にいう

第5章

信義則上の説明義務を宅地建物取引業者に課すための要件を具備していると思われ、今後は、宅地建物取引業者が水害リスクの説明を怠った場合には、宅地建物取引業法違反による制裁を受けるのみならず、買主との関係で、信義則上の説明義務違反による損害賠償義務を負う可能性が高いといえます。

(2) 宅地建物取引業者ではない売主の説明義務

　それでは、宅地建物取引業者ではない売主の説明義務は、どのように考えればよいでしょうか。

　前掲裁判例は、売主が宅地建物取引業者である場合の売主の説明義務について判示したものであり、このことが宅地建物取引業者ではない売主の場合にそのまま当てはまるわけではありません。宅地建物取引業者とそうでない者とでは、専門知識を有するかどうかについておのずと差があるからです。

　もっとも、売主が、当該土地において具体的に浸水被害に遭い、床下または床上浸水などを経験したとなれば、話が別です。前掲裁判例においても「土地の性状に関する具体的事実を認識していた場合はともかく」とし、具体的事実を認識していた場合には説明義務違反を認める余地があるとしています。具体的事実を認識している場合、その事実を容易に告知できるのですから、宅地建物取引業者とそうでない者を区別する理由はありません。

　さらには、自治体がハザードマップを出していることは当該地の住民に周知されつつあります。そうであれば、当該地の住民である売主は、具体的に浸水被害に遭ったことがなくても、容易に水害リスクを告知できると考える余地もあります。

　したがって、こうした場合には、宅地建物取引業者ではない売主であっても、水害リスクの説明を怠れば、説明義務違反を問われる可能性があります。

4．宅地建物取引業者ではない売主としての方策

　宅地建物取引業者ではない売主が、どの範囲で説明義務を負うかについては、法令上も判例上も定かではありません。しかし、上記裁判例を考慮すれば、たとえば、数年前に発生した冠水被害など、認識している具体的事実については、買主に対して告知し、説明したことの証拠を残すことが肝要です。

　売買契約書の特約条項に説明した内容を記載しておくことや、別途説明書面を交付し受領の署名押印をしてもらっておくことも有用です。

　その上で担保責任限定特約により、たとえば、水害などについての被害について責任期間や責任原因を限定しておくことも有用でしょう。

5．関連する問題

　かつて大地震により周辺一帯で液状化被害が発生した場合も、上記と同様に考えることができます。

　参考になる裁判例として、東京地判平成 26 年 10 月 8 日[5]、東京高判平成 27 年 12 月 15 日[6]、最決平成 28 年 6 月 15 日[7] などがあります。

第
5
章

---

[5]　判時 2247 号 44 頁
[6]　ウエストロー・ジャパン（平 26（ネ）5652 号）
[7]　ウエストロー・ジャパン（平 28（オ）623 号・平 28（受）781 号）

Q28 契約不適合責任④ 地中埋設物

　Ｘは、甲土地を所有していますが、かつて存在していた建物の杭が地中に残っていました。Ｘが甲土地を売却するにあたり、どのような点に留意すべきでしょうか。購入者の購入目的によって、違いは生じるのでしょうか。

A　建物の杭などの地中埋設物の存在により、購入後の買主が、その除去費用などを負担することにより予期せぬ損害を被る場合には、契約不適合責任により代金減額請求や損害賠償請求などを受けることがあり、さらには、契約不適合責任による売買契約の解除や錯誤による取消しなどの主張を受けることもあります。そのため、地中埋設物が存在しまたは存在する可能性がある場合には、売買契約にあたっては、あらかじめ甲土地の地中障害について調査し、その範囲や量を把握した上で、それを除去するか、買主に対しその存在や量などについて十分に説明をし、さらに、契約不適合責任の免除または制限に関する条項を売買契約書に設けておく必要があります。

解説

1．地中埋設物と契約不適合責任

　土地の売買契約後に地中埋設物の存在が発覚し、買主が売主に対し、売買契約の無効や解除を主張し、あるいは、損害賠償請求をした事例が多く

あります[1]。その法的根拠は様々ですが、その中心は、契約不適合責任（瑕疵担保責任）です。

　設例においても、かつて存在していた建物の杭が地中に残っていることが分かっていますが、そのことを秘して売却すれば、後にこれが発覚したときに、当然トラブルに発展します。そのため、売買契約締結に当たっては、地中埋設物の存在を告知する必要があります。

　もっとも、土の中には様々なものが含まれまたは埋設されており、その種類や程度には差があります。買主に特に不利益を与えるものでない限り、契約不適合（瑕疵）には該当しません[2]。あらゆる地中埋設物が契約の趣旨に合致しないわけではなく、契約不適合の判断基準が問題となります。

2．地中埋設物の種類

　地中埋設物の存在により訴訟に発展した事例において、その地中埋設物の種類は、多岐にわたります。

　コンクリートガラ、基礎、杭、地下室の躯体など従前存在した建物の残骸と見受けられるものが多いですが、ときにアスベストを含む建材が埋設されていることもあります。また、排水管や井戸の存在が問題とされた事例もあります[3]。

3．契約不適合の判断

　地中埋設物の存在が契約の趣旨に合致しないかどうかは、まさに、売買契約の目的との関係で判断する必要があります。

---

[1]　地中埋設物の裁判例については、渡辺晋『不動産取引における契約不適合責任と説明義務〔新訂版〕』188頁以下（大成出版、2018）が詳しいので、参照してください。

[2]　瑕疵の存在を否定した裁判例として、東京地判平成26年10月23日ウエストロー・ジャパン（平25（ワ）21814号）、東京地判平成22年4月8日ウエストロー・ジャパン（平20（ワ）26160号）など。

[3]　排水管が問題となった裁判例として東京地判平成25年3月28日ウエストロー・ジャパン（平23（ワ）7149号）、井戸が問題となった裁判例として東京地判平成21年2月6日判タ1312号274頁、東京地判平成25年1月21日ウエストロー・ジャパン（平23（ワ）16325号）があります。

(1) 建物建築目的

　建物の建築を目的として土地を購入した場合には、地盤の整備、改良を行い、基礎、浄化槽などの建築設備を埋設する必要がありますから、地中埋設物がそれを阻害するのであれば、契約不適合となります。

　大阪高判平成 25 年 7 月 12 日[4] は、「土地の売買において、地中に土以外の異物が存在する場合一般が、直ちに土地の瑕疵ということができないこととはいうまでもないが、その土地上に建物を建築するについて支障となる質・量の異物が地中に存在するために、その土地の外見から通常予測され得る地盤の整備・改良の程度を超える特別の異物除去工事等を必要とする場合には、宅地として通常有すべき性状を備えないものとして土地の瑕疵になる」と判示しています。

(2) 居住目的

　それでは、中古の土地建物をそのまま居住する目的で購入する場合はどうでしょうか。

　さいたま地判平成 22 年 7 月 23 日[5] は、大量の廃棄物が広範囲にわたって埋設されているという嫌悪すべき事情があり、これに加えて、将来増改築する場合、地盤改良工事あるいは廃棄物の撤去のために費用を要することとも予想されるとして、瑕疵（契約不適合）に該当すると判示しています。

(3) 市街化調整区域内の土地

　市街化調整区域内の土地では、原則として建物を建築することができません。

　しかし、東京地判平成 20 年 3 月 31 日[6] は、「必要な範囲で穴を掘ったりすることはあり得ることであり、その程度の作業であっても支障を生じることになる」として、瑕疵（契約不適合）に該当すると判示しています。

---

[4] 判時 2200 号 70 頁
[5] 裁判所ウェブサイト（平 19（ワ）1239 号）
[6] ウエストロー・ジャパン（平 18（ワ）27361 号）

(4) 購入目的との関係性

　このように、地中埋設物の存在により契約不適合となるかは、購入目的との関係性によって判断されています。

　たとえば、平置き駐車場として使用する目的で購入する場合、掘削することなく地表面をそのまま舗装すれば使用することができますから、こうした利用形態であれば、地中埋設物の存在は契約不適合にならないとも考えられます。

　しかし、現時点においては駐車場として使用するとしても、将来にわたってその使用形態を維持するとは限らず、商業地や住宅地にある土地であれば、建物用地として転用することは十分に考えられます。

　そのため、契約不適合に該当するかどうかは、購入者が現時点で予定している使用目的のみならず、将来の可能性まで含めて判断する必要があり、結局は、当事者が埋設物の存在することまたは存在する可能性を認識・予見しながら、目的物の価値と売買代金をどのように決めて両者の等価的均衡を確保しているのかがポイントとなります。

　具体的には、現時点では平置き駐車場として使用するとしても、将来、建物用地として使用する可能性があるのですから、地中埋設物が存在しまたは存在する可能性があるのであれば、将来発生が想定される除去費用などを織り込んで、当該土地の価格を相場よりも減額します。これにより等価的均衡を確保することができ、将来の契約不適合責任の追及を回避することが可能になります。

4．売主としての方策

　地中埋設物が存在しまたは存在する可能性がある場合、売主としては、どのような方策をとるべきでしょうか。

(1) 調査および除去

　売主として、あらかじめ当該土地について地中埋設物の種類や量を調査することが必要です。

　もっとも、詳細な調査をすればするほど費用がかかりますし、その除去

工事を行ったとしても、すべての地中埋設物を撤去できるとは限らず、おのずと限界があります。

(2) そのまま売却

　そこで、調査し得る範囲で調査を行い、地中埋設物の存在を知り得る限りで告知・説明し、そのまま売却する方法が考えられます。

　地中埋設物の場合、買主の使用目的によっては除去しないままに土地を使用しても支障がないこともありますし、購入者が必要な範囲で除去すれば足りることもあります。そうであれば、売主があらゆる地中埋設物をあらかじめ除去することが経済的に合理的でないこともあり得ます。

　売主としては、地中埋設物の存在、種類、量などを知り得る範囲で充分に説明をした上で、買主と協議し、その除去の必要性、除去費用などを踏まえたうえで、当該土地の売買代金を相応に減価した上で決定すればよいことになります。

(3) 売買契約書上の対策

　上記のとおり、売主が十分な説明を行った上で、契約不適合責任の免除または制限に関する条項（土地の全部または一定の範囲や深さについて免責、あるいは賠償限度額の設定、責任期間の制限など）を設けることが考えられます。

　なお、契約不適合責任の免除や制限に関する特約を設けても、その特約の効力は制限され、売主に一定の責任が及ぶことがあります。これについては、Q29 の売買契約書上の対策を参照してください。

Column

地中埋設物の調査および対応方法

　地中には、従前建物の基礎や設備、杭といったものや、遺跡や古墳等の歴史的文化財、大きな岩石等が埋設されていることがあり、これらは建物の建築に影響を及ぼします。たとえば、想定外の杭が埋設されていたような場合、その除去には時間と費用がかかりますので、建築計画の進行に影響を及ぼします。歴史的文化財が発見されたような場合も、文化庁等関係省庁との調整が必要になりますので、建築計画に影響を及ぼしかねません。また、地中埋設物の除去をより徹底しようとすれば、より深く土地を掘削しなければならず、費用もかさみます。

　地中埋設物の調査に当たっては、その土地に従前あった建築物の図面を参照するほか、当該土地がどのように使用されてきたかを近隣に対して聞き込みを行うことも考えられます。

　地中埋設物の対応方法ですが、当該土地の使用目的との関係で検討することになります。建築する建物次第では、より深くに存する地中埋設物を除去する必要はないでしょう。そのため、たとえば、残存する杭も完全に抜くのではなく、地表から一定のところで切断する等の合意をして取引をすることが考えられます。

　なお、上記のような残存杭の場合、杭内部が中空状態になっていたりすることがあります。中空状態で残置することが今後の土地利用の支障となる場合、中空部分に砂を詰め、切断面を蓋で塞ぐ等の処理をすることもあります。井戸の場合、底に水が残っていると埋め戻した土が流されてしまい、その後、陥没事故を引き起こすことがあります。そのため、水抜きした上で底に砂利を敷き、その上に水締めといわれる方法により慎重に埋め戻し、空気抜きのパイプを差しておくこともあります。具体的な処理方法は、残置物撤去会社とよく協議することが必要です。

Q29　契約不適合責任⑤
油・土壌汚染

　Xは、甲土地を所有しているところ、Xがかつて行っていた事業の影響により、甲土地には大量の油分が存在することが分かっています。Xが甲土地を売却するにあたり、留意すべき点は何でしょうか。

　油分については、土壌汚染対策法の特定有害物質には該当しませんが、売買の目的によっては、油分の存在が契約の内容に適合しないとされ、損害賠償請求を受ける可能性があります。そのため、売買契約にあたっては、あらかじめ甲土地の土壌汚染について調査し、その範囲や量を把握した上で、それを除去するか、買主に対しその存在や量などについて十分に説明をし、さらに、契約不適合責任の免除または制限に関する条項を売買契約書に設けておく必要があります。

解説

1．問題の所在

　土地取引において、売買契約後に土壌汚染の存在が発覚し、買主が売主に対し、売買契約の無効や解除、あるいは、損害賠償請求をした事例が多くあります[1]。その法的根拠は様々ですが、その中心は、契約不適合責任（瑕疵担保責任）です。

---

[1]　土壌汚染の裁判例については、渡辺晋『不動産取引における契約不適合責任と説明義務〔新訂版〕』188頁以下（大成出版、2018）、および、宮崎裕二・森島義博・八巻淳『土壌汚染をめぐる重要裁判例と実務対策』2頁以下（プログレス、2015）が詳しいです。

設例においても、甲土地に大量の油分が存在していることが分かっていますので、そのことを秘して売却すれば、後にこれが発覚したときには、当然トラブルに発展します。

売主 X は、甲土地を売却するにあたって、油の存在を告知すれば足りるのか、あるいは油をあらかじめ除去する義務まで負うかなど、売主（所有者）がどのような法的義務を負うのかを明らかにする必要があります。

2．土壌汚染に関する法令

(1) 土壌汚染の瑕疵

そもそも「土壌汚染」とは、具体的にどのような状態を指すのでしょうか。東京高判平成 20 年 9 月 25 日[2] は、「居住その他の土地の通常の利用をすることを目的として締結される売買契約の目的物である土地の土壌に人の生命、身体、健康を損なう危険のある有害物質が上記の危険がないと認められる限度を超えて含まれていないことは、上記売買契約の目的に照らし、売買契約の目的物である土地が通常備えるべき品質、性能にあたるというべきである」と述べています。

どのような有害物質がどの程度含まれると上記危険を伴うかについては、土壌汚染対策法その他の法令により定められています。

(2) 土壌汚染対策法における特定有害物質

土壌汚染対策法は、同法 1 条に定める「特定有害物質」について規制していますが、その具体的内容は、同法 2 条 1 項において「鉛、砒素、トリクロロエチレンその他の物質（放射性物質を除く。）であって、それが土壌に含まれることに起因して人の健康に係る被害を生ずるおそれがあるものとして政令で定めるものをいう。」と定めています。

土壌汚染対策法施行令 1 条がこれを詳細に定めていますが、油は対象外となっています（したがって、設例では、土壌汚染対策法の詳細にはこれ以上立ち入りません。）。

---

[2] 金商 1305 号 36 頁

（3）その他の法令による規制

その他有害物質を規制する法令としては、廃棄物の処理及び清掃に関する法律（以下「廃棄物処理法」といいます。）、ポリ塩化ビフェニル廃棄物の適正な処理の推進に関する特別措置法（PCB特別措置法）、水質汚濁防止法や、地方公共団体による条例（東京都における「都民の健康と安全を確保する環境に関する条例」など）があります。

油との関係では、たとえば、廃棄物処理法では、廃油が「廃棄物」と指定されており（廃棄物処理法2条1項）、これが事業活動によって生じた場合には「産業廃棄物」（同条4項1号）として、事業者が自ら処理することが義務付けられています（同法11条1項）。

もっとも、後記のとおり、こうした法令に違反していたからといって直ちに売買契約における契約不適合となるわけではありません。

（4）油に関するガイドライン

法律上の規制ではありませんが、2006年3月に中央環境審議会土壌農薬部会土壌汚染技術基準等専門委員会で、「油汚染対策ガイドライン―鉱油類を含む土壌に起因する油臭・油膜問題への土地所有者等による対応の考え方―」が取りまとめられています。[3]

（5）瑕疵の有無の判断基準時

もし、売買契約締結後に土壌汚染の存在について争いになった場合、規制物質を捉える上で重要なのは、法令の改正経過をよく調べることです。規制は順次、法令の改正により強化されていますが、最判平成22年6月1日[4]は、「売買契約の当事者間において目的物がどのような品質・性能を有することが予定されていたかについては、売買契約締結当時の取引観念を斟酌して判断すべき」としています。

---

[3]　前掲脚注1）宮崎・森島・八巻13頁参照
[4]　判タ1326号106頁

3．契約不適合（瑕疵）の該当性

(1) 契約不適合の判断基準

　それでは、売買の対象である当該土地に法令上の規制物質が一定量存在すれば、それは直ちに契約不適合となり、一方で、法令上の規制物質以外であれば、一切、契約不適合には該当しないと判断されるのでしょうか。

　契約の不適合とは、「種類、品質又は数量に関して契約の内容に適合しない」ことをいいます（民法562条1項）。契約不適合かどうかは、契約の目的などに照らした相対的な判断となります。したがって、当該土地に法令上の規制物質が規制量を超えて存在していたとしても、売買の目的に照らして契約の内容に適合しないとはいえないということはあり得ますし、一方で、法令上の規制物質外の物質であっても、売買の目的や人の生命・健康への危険の程度によっては、契約の内容に適合しないとされることもあり得ます。

　たとえば、東京地判平成24年5月30日[5]は、テトラクロロエチレン、トリクロロエチレン等が存在する土地をガソリンスタンドの敷地として売却した事例において、ガソリンスタンドの敷地として使用する限り、汚染が地下に埋設された設備に悪影響は及ぼすことはないと判示しています。また、東京地判平成14年9月27日[6]は、地中の比較的浅い部分のオイル類の存在に関し、環境基本法に基づく環境基準値を全項目において下回っていたとしても、マンションの建築販売において購入意欲および価格のマイナス要因になることは明らかであると判示しています。

(2) 油に関する裁判例

　油分による汚染を瑕疵と認めた裁判例としては、東京地判平成23年1月27日[7]、東京地判平成22年3月26日[8]、東京地判平成21年3月19日[9]が

第5章

---

[5] 判タ1406号290頁
[6] 裁判所ウェブサイト（平13（ワ）19581号）
[7] 判タ1365号124頁
[8] ウエストロー・ジャパン（平19（ワ）21480号）
[9] ウエストロー・ジャパン（平19（ワ）16167号）

あります[10]。

４．土壌汚染が存在する土地の所有者があらかじめなすべき対応

　当該土地に土壌汚染が存在するか、あるいは、存在する可能性が高い場合、売主としては、売却するに先立ち、何をしておくべきでしょうか。

(1) 各種法令における対策義務

　土壌汚染対策法、廃棄物処理法、水質汚濁防止法その他の法令に該当する事案、たとえば、上記のとおり、事業者が廃油を産業廃棄物として処理すべき事案であれば、それを廃棄物処理法に従って処理すべき必要があることはいうまでもありません（もっとも、そのことと売買契約における契約不適合とは別問題です。）。

(2) 土壌汚染調査と除去作業

　買主が宅地として分譲する予定の場合などは、土壌汚染の存在は契約不適合とされることが多いと思われます。そのため、売主としても、土壌汚染の存在が明らかであるかまたはその可能性がある場合には、契約不適合責任を回避するため、あらかじめ、当該土地の土壌汚染調査を行い、さらには、その除去を行うことが必要となることもあります。

(3) 売買契約書上の対策

　もっとも、対策を行ったとしても、汚染物質が全て法令の定める基準以下になっているかは分かりませんし、あるいは、売却後に別の汚染物質が発覚することもあり得ます。

　そのため、買主に対しては、土壌汚染の存在やその程度、残留の可能性などについて、売買契約締結前に十分に説明をしておく必要があり、さらに、売買契約書上、契約不適合責任の免除や制限に関する条項を置くこと

---

[10] 中戸康文「土壌汚染・地中埋設物と売主の瑕疵担保責任に関する裁判例について」REITO 115 号 52 頁

も必要になります。売買契約書においては現状有姿の引渡しで足りるとの規定が置かれていることが多くありますが、この規定だけでは、契約不適合責任を免除しまたは制限する効力までは生じないとされています。

　契約不適合責任の免除や制限に関する条項が置かれていたとしても、その条項の効力が制限され、売主に一定の責任が及ぶことがあります。判断の際に考慮されるのは、売却価格と当該土地の価値との等価的均衡です。たとえば、瑕疵の存在の可能性を踏まえ代金減額の上で契約不適合の免除または制限をしたとしても、売買契約締結時の想定をはるかに上回る土壌汚染が発覚したような場合には、改めて契約不適合責任を問われる可能性があることに留意が必要です。いずれにせよ、売買契約締結の際に契約不適合責任を免除または制限した理由、等価的均衡を保つために代金を減額した理由などについて、契約書等において明らかにしておくことは、後の紛争を回避する上で有用です。

Q 30 契約不適合責任⑥ 接道要件

Xは、宅地である甲土地を所有しているところ、甲土地は、前面の位置指定道路（幅員4メートル）に2メートル接しているかどうかが定かではありません。Xが甲土地を売却するにあたり、どのような点に留意すべきでしょうか。

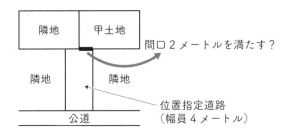

間口2メートルを満たす？

位置指定道路
（幅員4メートル）

建築物の敷地は、道路に2メートル以上接する必要があります。この接道要件を満たさなければ、建物を建築できませんので、その土地の価値の下落は避けられません。

そこで、まずは、現状を正確に把握するために法務局調査や測量を行い、隣地所有者と境界を確認し、間口の長さを確定させることが必要です。

そのうえで、間口が2メートルに満たない場合には、間口2メートルを確保するため、隣地所有者と交渉し、必要な範囲で購入または交換をすることを検討し、場合によっては、隣地所有者に対し売却したり、隣地所有者と共同で売却することも検討します。

　　間口が２メートルに満たないまま売却する場合には、その
ことを説明するだけでは契約不適合責任を回避できない可能
性がありますので、その可能性を踏まえて売却価格を減額
し、そのことも含めてあらかじめ十分な説明をする必要があ
ります。

解説

1．接道要件

　建築物の敷地は、道路に２メートル以上接しなければなりません（建築
基準法43条１項)[1]。この接道要件を満たさなければ、建物を建てることが
できませんので、その土地の利用は大きく制限され、価値が下がります。

　ここでいう道路とは、建築基準法42条１項各号に定める道路（たとえ
ば、道路法による道路（同項１号）や位置指定道路（同項５号）をはじめ
とするもの[2]）の他、いわゆる２項道路と呼ばれる、現に建築物が立ち並ん
でいる幅員４メートル未満の道路で、特定行政庁が指定したもの（同条２
項）などがあります[3]。

2．接道要件と契約不適合責任を問われる可能性

　設例では、甲土地が位置指定道路に２メートル接道しているかどうかが
分かりません。もし、甲土地を売却した後に接道要件を満たしていないこ
とが判明した場合には、契約不適合責任（瑕疵担保責任）による損害賠償
責任を負うことがあります。

　東京地判平成19年７月19日[4]は、購入した宅地の間口が1.985メートル

[1]　建築基準法43条３項は、地方自治体に対し、特殊建築物、階数が三以上である建築物等につ
　　いて、その用途、規模または位置の特殊性により、第１項の規定によっては避難又は通行の
　　安全の目的を十分に達成することが困難であると認めるときは、条例で、その敷地が接しな
　　ければならない道路の幅員、その敷地が道路に接する部分の長さその他の敷地又は建築物
　　と道路との関係に関して必要な制限を付加することができるとしています。接道要件を満た
　　すかの判断においては、条例にも留意する必要があります。
[2]　位置指定道路については Q35 も参照して下さい。
[3]　安藤一郎『私道の法律問題〔第６版〕』388頁以下（三省堂、2013）。
[4]　ウエストロー・ジャパン（平17（ワ）25004号）

第
5
章

しかなく、2 メートルの接道要件を満たしていなかった事案において、買主の売主に対する瑕疵担保責任による損害賠償請求を認めています[5]。

　したがって、設例のように、接道要件を満たしているかどうかが定かではない場合、後に買主から損害賠償請求を受けないよう、あらかじめ対策を講じる必要があります。

3．売主としてなし得る対策

(1) 測量

ア　実測図の作成

　まず、土地家屋調査士に依頼し、法務局備付の図面類調査や現状の間口を測量してもらい、実測図を作成する必要があります。

　実測および境界確定の進め方については、土地家屋調査士にノウハウがあります。

イ　境界の確定

　実測にあたり、境界石があれば、それを基点として実測を行いますが、境界石があったとしても、それが境界点であることを確定させるものではありません。

　また、境界石がない場合、どの位置を境界点とするかが問題となります。境界にフェンスがあったとしても、そのフェンスの内側か外側か中央かで測量結果は異なり、フェンスの所有関係によっても左右されることがあります。境界の位置がどこなのかは、当事者間で争いになることも多くあります。

　実測の結果、間口が 2 メートルを超えていたとしても直ちに安心することはできません。この時点では隣地との境界が確定していないからです。間口の両端について境界の位置を確定するため、境界に接する利害関係人

---

[5] 接道要件を満たさないことが瑕疵とされた裁判例として、東京高判昭和 62 年 6 月 30 日判タ 658 号 129 頁、東京地判平成 14 年 6 月 24 日ウエストロー・ジャパン（平 10（ワ）25673 号）があります。

において確認する必要があります[6]。一般的には、隣地所有者などの利害関係人に立ち会いを求め、これらの者から境界を確認する旨の書面を取り付けます。その上で、土地家屋調査士が、その境界線に基づき確定測量図を作成し、必要に応じて地積更正登記手続を行います。

　当事者間で境界について確認ができない場合には、法務局に対し、筆界特定申請を行ったり、裁判所に対し、境界確定の訴えを提起することにより、境界を確定することができます。

　なお、筆界と所有権界は、通常一致しています[7]。すなわち、筆界が確定すれば所有権界も確定することが多いです。しかし、たとえば、長きにわたり筆界から越境して占有し、当該越境部分について所有権の取得時効が成立している場合など、筆界と所有権界が一致しないこともあります[8]。

　確定した間口が2メートルを超えていればひとまず安心ですが、2メートルに満たない場合には、後記の対策を講じる必要があります。

(2) 接道要件を満たすための対策

　売主は、間口2メートルの確保した上で売却することを目指すことになります。その方法としては、間口に隣接する土地を必要な範囲で売却してもらったり、他の部分と交換をしてもらう方法が考えられます。

　隣地所有者との関係が良好であれば、事情を理解し話し合いに応じてくれることもあるでしょうが、売主が当該部分を取得した上で売却することを前提とした話であるため、話し合いが難航することも多くあります。売主側としては、たった数平米を購入するために、公示価格をはるかに超える価格（言い値）にて購入せざるを得ないこともありますし、境界塀の再設置費用をすべて負担せざるを得ないこともあります。

---

[6]　土地売買においては、一般的に、全ての境界を確定させ、当該土地の面積を確定させることが求められることが多いです。

[7]　「筆界」とは公法上の境界のことをいい、一方、「所有権界」とは私法上の境界をいいます。

[8]　越境については、Q38 を参照してください。

(3) 接道要件を満たさないまま売却する場合

ア　隣地所有者に対し売却する方法

間口が2メートルに満たず、当該土地を単独では建物の敷地として利用できないとしても、隣地と併せて使用することにより、価値が回復することもあります。調査してみたところ、隣地も同様に間口2メートルを満たしていなかったということもあり得ます。この場合、隣地所有者のニーズと合致すれば、お互いにメリットのある取引が成立することがあります。

まずは、隣地所有者への声掛けを考えてみるとよいでしょう。

イ　隣地所有者と共に売却する方法

隣地所有者が売却しようと思っているタイミングと重なれば、共同で売却することにより、間口2メートルの問題を回避できることもあります。あいにくタイミングが合わなくても、近い将来には売却することが予想されることもあります。その場合、そのタイミングが到来するまで、売却を待つという選択肢もあり得ます。

ウ　契約不適合責任への対応

間口2メートルの問題を解決できないまま売却せざるを得ない場合、契約不適合責任を回避するため、あらかじめ十分な説明を行う必要があります。

確定測量図があれば、それに基づき、間口が2メートルに満たないことを説明する必要がありますし、確定測量ができなかった場合には、間口が2メートルに満たない可能性があることを説明する必要があります。

その上で注意すべきは、売買価格の決定方法です。たとえば、確定測量ができないままに売却するにあたり、間口が2メートルに満たない可能性があり、売主が買主に対しこれを説明していたとしても、買主が購入後に確定測量を行った結果、間口が2メートルに満たなかった場合、契約不適合責任を問われる可能性がないわけではありません。契約不適合責任は、当該物件の客観的価値と売買価格との等価的均衡を満たすかどうかが、1つの重要な指標となっているからです。上記説明を行っていたとしても、売買価格が公示価格相当額であったとすれば、瑕疵のある物件の価値と売買価格との等価的均衡が満たされておらず、契約の趣旨に適合しないと判

断される可能性があります。

　そこで、売却するにあたっては、間口が 2 メートルに満たない可能性があることを踏まえて売買代金を相場よりも減額し、その事情まで含めて説明し、当事者間で確認をしておくことが必要と思われます。

 **31** 契約不適合責任⑦
建物・設備の老朽化

> 　Ｘは、父から築 30 年経つ木造一戸建住宅（以下「本件建物」といいます。）およびその敷地を相続し、現在所有しています。本件建物や設備は老朽化しており、いつ不具合が生じてもおかしくありませんし、修繕をするには過大な費用がかかります。Ｘが本件建物およびその敷地を売却する場合、どのような点に留意すべきでしょうか。

 　中古の建物の取引において、当事者の想定していた経年劣化を超える不具合が発覚した場合、契約不適合責任を問われる可能性があります。売買契約当時に判明している不具合や経年劣化の程度などについては、一覧表を作成し、買主に告知しておくことが必要です。また、売買契約上、現状有姿売買とし、契約不適合責任を免責したり、経年劣化による不具合を契約不適合責任から除外するなどの特約も有効です。

解説

1．建物・設備の老朽化と契約不適合責任

　中古建物の取引において、売買契約後に建物・設備の不具合が発覚し、買主が売主に対し売買契約の無効や解除を主張したり、あるいは、損害賠償請求をした事例が多くあります。その法的根拠は様々ですが、その中心は、契約不適合責任（瑕疵担保責任）です。

　設例においても、建物や設備は経年劣化しており、いつ不具合が生じてもおかしくありません。しかし一方で、買主も、ある程度は、近い将来、建物や設備の不具合が生じることは分かっているはずです。売主が契約不

適合責任を回避するためには、どうしたらよいのでしょうか。

2．経年劣化についての考え方

　そもそも、中古住宅の売買においては、建物の築年数を考慮して売買金額が決められます。たとえば、建物の価格は、その固定資産税評価額としたり、あるいは、数十万円から 100 万円程度、場合によってはゼロ円とした上で、その敷地とともに取引されることがあります。

　この場合、建物の価格は、築年数を考慮して決められたことになりますから、劣化の程度が、当事者が売買契約締結当時に想定している状態であれば、契約不適合はありません。売買の目的物の客観的価値と売買価格との等価的均衡が保たれているからです。

　一方で、その想定を超えるような不具合があった場合には、契約不適合になります[1]。

3．裁判例

(1) 中古建物における設備の瑕疵を否定した事例

　建物の築年数などを考慮して、劣化の程度が当事者の想定の範囲内であるとして、瑕疵を否定した裁判例があります。

①　東京地判平成 26 年 5 月 23 日（ウエストロー・ジャパン（平 25（ワ）3490 号））

　同裁判例は、建物に付帯する空調設備が、「業務用エアコンの法定耐用年数である 15 年を大幅に超える約 30 年を経過し、現在、運転状況に特段の問題はないものの、老朽化が進んでおり、経年劣化により消費電力が増加し、また、新品時のような冷房効率は発揮できない上、近い将来正常に作動しなくなり、修理が必要となった場合には、もはや部品を調達できず、空調設備の交換を余儀なくされるおそれがある」と認定しながらも、「新築から長期間が経過したテナントビルの売買においては、これに付帯する空調設備も相応の経年劣化があり、上記のような問題点が存することは、容易に想定し得る」とし、さらに、売主が買主に対し、「空調設備に

---

[1]　渡辺晋『不動産取引における契約不適合責任と説明義務〔新訂版〕』71 頁（大成出版、2018）

ついて一定の品質・性能を保証したような事情を認めるに足りない」とし、瑕疵を否定しました。

② 東京地判平成 28 年 7 月 14 日（ウエストロー・ジャパン（平 27（ワ）16844 号））

　同裁判例は、建物の外壁に複数の爆裂が存在することを認めながら、いずれも重大なものとは言い難いとした上で、「この程度の現象は築 23 年の中古建物である本件建物においては通常生じ得る経年劣化によるものと考えられる」として瑕疵を否定するとともに、建物の漏水についても「その原因が 6 階ルーフバルコニー及び外壁斜壁周辺の防水機能が低下したことであったとしても、経年劣化として合理的に理解できるものであるから、これが瑕疵に当たるとは認められない」とし、その他の不具合についても同様に経年劣化の限度を超えていないと判断しました。

(2) 中古建物における設備の瑕疵を肯定した事例

　一方、当事者の想定を超えるような不具合があった場合には、瑕疵（契約不適合）を認める裁判例もあります。

① 東京地判平成 26 年 7 月 16 日（ウエストロー・ジャパン（平 25（ワ）265 号））

　同裁判例は、「現状有姿」の売買において、内覧しても判明し得なかったような瑕疵については責任を負うとした上で、外観、内覧上の汚れ、カビ、破損等についての瑕疵は否定しましたが、給湯器の不完全燃焼による給湯停止、居室漏水、屋上部分の防水の欠陥についての瑕疵は肯定しました。

　問題となった建物は、築 17 年を経過していました。被告側は経年劣化であるとして瑕疵を争っていましたが、裁判所は、この点について明確に判示していません。

② 東京地判平成 26 年 4 月 25 日（ウエストロー・ジャパン（平 25（ワ）13848 号））

　同裁判例は、ガス給湯器およびガス配管が付帯されておらず湯が出ず、給排水管も故障していたこと、違法な水道工事が施されており、これを是正してメーターをつける工事をしなければ水道利用できない状態であったこと、排水管内で錆びた鉄の破片が大量に剥がれ落ち、排水できない状態であったことの瑕疵を認めました。

③　**東京地判平成 20 年 6 月 4 日**（判タ 1298 号 174 頁）

　同裁判例は、「建築からある程度の年数を経た木造建物に雨漏りによる腐食の跡やシロアリによる侵食の跡があったとしても、それが当該建物の土台、柱等の躯体部分にあるのではなく、又は、その程度が軽微なものにとどまるときは、必ずしもこれをもって当該建物の瑕疵ということができない場合もあることは否定できない」としながらも、「本件建物のうち、とりわけサンルームの部分については、土台や柱といった躯体部分に雨漏りによる腐食とシロアリによる侵食があり、その範囲が柱の上部にまで及び、その程度も木材の内部が空洞化するまでに至っており、現に雨漏りがする状態であるというのであるから、本件建物が本件売買契約当時において築後 12 年が経過した木造建物であることを考慮しても、同部分に建物としての瑕疵があることは明らかというべきである」と判示しています。

4．売主としての方策

　このようにみてくると、中古建物の売買においては、建物および設備について築年数なりの経年劣化が生じているものとして、その想定の範囲内であるかどうかが、瑕疵（契約不適合）の有無を判断する上で重要な要素となります。

　想定の範囲内であるといえるためには、契約締結時において、不具合の状況を具体的に明示して説明をすることが基本となります。建物や設備の状況について一覧表を作成し、その経年劣化の程度や不具合の内容等について合意し書面化しておくことも重要です。もちろん、不具合がないとして記載すれば、その後不具合が発覚した場合には責任を問われる可能性が高いですが、一方で、個別の設備について経年劣化についての責任を免除しておくことも可能になると考えられます。

　その他、契約条項において、現状有姿取引であることの明示、契約不適合責任の免除や、瑕疵担保期間や損害賠償上限額の設定などの方策を講じておくことも有効です。

第5章

契約不適合責任⑧
雨漏り・漏水

　Ｘは、築 30 年の一戸建住宅（以下「本件建物」といいます。）を所有していますが、居室への雨漏り（漏水）が生じています。漏水の原因が明らかではない場合に、Ｘが本件建物を売却する際、どのような点に留意すべきでしょうか。

A　本件建物の買主が本件建物を居住目的で購入する場合、漏水の原因となる建物の不具合は、通常有する品質性能を欠くものに該当し、Ｘは契約不適合責任を問われるおそれがあります。他方で、買主が本件建物を取り壊して土地を使用または転売することを考えているような場合、漏水について告知の上、取り壊し前提であることの確認条項を設けたり、建物価格を安価に設定し瑕疵を評価することで、契約不適合責任を回避することが考えられます。

解説

1．雨漏りと瑕疵

　雨漏りは、「雨水が建物の屋根、外壁又は外部開口部等からに浸入・透過（透湿）する現象」をいいます[1]。雨漏りは、雨水が室内に浸入することで家財に影響を与えるだけではなく、建物の構造や躯体の腐朽にもつながる重大な瑕疵のため、住宅の品質確保の促進等に関する法律においても、住宅のうち「雨水の浸入を防止する部分」は、10 年間の瑕疵担保責任の

---

[1]　第二東京弁護士会消費者問題対策委員会、99 建築問題研究会共編『欠陥住宅紛争解決のための建築知識〔改訂〕』162 頁（ぎょうせい、2011）

対象となっています。

　住宅に重大な影響を及ぼす雨漏りは、その浸入位置および浸入経路の特定が容易ではないという特徴があります。

2．瑕疵の判断基準

(1) 新築またはそれに準じる建物の場合

　新築建物の場合、雨漏りその他漏水が生じることは予定されていませんので、雨漏りは瑕疵に該当します。以下の両事案とも、瑕疵の存在により契約の目的を達成することができないとして、売買契約の解除を認めています。契約不適合責任の下では、旧民法下で解除の要件とされた契約目的の不達成は解除の要件にはなっていませんので、雨漏りを原因とした契約の解除がより認められやすいと考えられます。

①神戸地判平成9年9月8日（判タ974号150頁）

　本裁判例は、新築の鉄筋コンクリート造住宅の売買において、降雨が続くと地下1階の玄関等に水が浮き出たことに関し、「水抜き空間及び排水パイプは、本件建物のような地下壁を有する建物の構造上、最終的排水手段として極めて重要な設備であり、また本件売買契約上、本件建物が具備すべき設備として合意されていた事項であるというべきである。そして、水抜き空間及び排水パイプ等の二重壁排水設備が存在しないために浸入現象が発生したものである以上、右排水設備の存在しないことは本件建物の構造上及び売買契約上の重要な瑕疵であるといわなければならない」として瑕疵を認め、損害賠償のほか、売買契約の解除を認めました。

②東京高判平成6年5月25日（判タ874号204頁）

　本裁判例も、新築後3年足らずの鉄骨造の共同住宅につき建物全体の雨漏り等が瑕疵に該当する（なお、この建物には外壁に相当数のクラックが存在し、各室内における雨漏り被害もかなりの程度に達していた等の事情がありましたが、建築後3年足らずの鉄骨造住宅を買い受けるに当たり、買主がこのような雨漏りを予期し、建物を調査・確認すべきとはいえないとして、雨漏りが隠れたる瑕疵に該当すると判示しています。）として、売買契約の解除を認めています。

(2) 中古建物の場合

中古建物の場合、新築建物とは異なり、建築時点から年数が経過すれば、一定程度の損傷等が生じます。そして、中古建物の瑕疵は、中古建物であることを前提に判断されます[2]。その際、当事者の意思（下記各事案に照らせば、内装工事の上で引渡しを受ける内容だったこと、居住目的での購入、建物の代金を全体の3％程度とその価値を高く評価していないこと。）が考慮される点に留意する必要があります。

①前掲東京地判平成25年3月18日（ウエストロー・ジャパン（平22（ワ）32663号））

本裁判例は、築後30年経過の区分所有建物の専有部分が売買の対象となりましたが、売主の内装工事後に同専有部分を買主に引き渡すことが内容とされた契約であることからすれば、内装工事部分に関しては、新築建物と同様に通常有すべき品質性能を欠くものであるか否かが判断されるべきであると判示しています。

そして、サッシから室内への浸水に関し、その浸水が室内の絨毯や畳の交換を要する程度に及んでいることに照らせば、サッシの老朽化の程度は、その経年劣化を考慮しても、通常有する品質性能を欠くものであるとして瑕疵を認定しました（なお、この事案ではサッシ部分が共用部分に該当することは当事者間に争いがなかったものの、サッシの瑕疵が専有部分の使用収益に直接影響を与えるものである以上、売買における目的物の瑕疵であるとして売主瑕疵担保責任を負うべきものであるとされています。）。

②東京地判平成20年6月4日（判タ1298号174頁）

本裁判例は、築後12年が経過していた木造建物と土地の売買において、建物にシロアリと雨漏りによる腐食があった事案において、買主が建物を改修して使用し続けることを前提に購入していることにも鑑みて、サンルーム部分の雨漏りによる腐食とシロアリによる侵食は瑕疵に該当すると判示しています（一方で、その他の部分の雨漏りによる腐食やシロアリによる浸食については瑕疵に該当しないと判示しています。）。

---

[2] 東京地判平成25年3月18日ウエストロー・ジャパン（平22（ワ）32663号）

③東京地判平成 17 年 9 月 28 日（判例秘書（平 15（ワ）11229 号））

　一方で、本裁判例は、築後 40 年以上を経過した中古ビルとその敷地を現状有姿で譲渡するという内容であり、建物の代金も売買代金全体の 3％ほどに過ぎなかったため、建物の通常の経年変化は売買代金に織り込み済みであるとして、売主の瑕疵担保責任を否定しました。

　そして、このビルでは、売買当時、すでに排水管老朽化により腐食し、購入直後に漏水も生じましたが、かかる老朽化は経年変化によるものであり、これは代金設定において考慮されているのであるから、老朽化から生じる欠陥は瑕疵には該当しないと判示しています。

3．雨漏りと売主の説明義務

　前掲東京地判平成 20 年 6 月 4 日の事案では、売主が、雨漏りの事実があったにもかかわらず、物件状況説明書に過去に雨漏りを発見していない旨を記載しました。これに関し、裁判所は「一般に、建物の売主は、その建物に瑕疵があることを認識していたというだけでは、売買に際して、自ら積極的にその事実を買主に告知するまでの義務があるとはいえないとしても、瑕疵の存否に関する事項について故意に虚偽の事実を告知した場合には、不法行為責任を負うことがある」として、売主の損害賠償責任を肯定しました。

　他方で、前掲東京地判平成 17 年 9 月 28 日では、「原告は、むしろ本件建物が老朽化によりぼろぼろであることを認識して、排水管等を取り替える必要があることや漏水保険に加入するのが望ましいことなどを承知の上でこれを購入したものと認められること前記認定のとおりであるから、前記事実を被告が告知・説明しなかったとしても、原告が不測の損害を被る結果とはならなかったといえる」と判示し、売主の説明義務を否定しています。

　漏水が躯体等にも影響することに鑑みれば、売主が漏水の事実を認識していた場合、漏水の事実は、売買に当たって告知すべき事項に該当すると考えられます。

第5章

4．売主としての方策

　Xは、築30年以上の一戸建住宅（本件建物）の売却を検討しているところ、漏水の事実を認識しています。

　買主が本件建物に居住することを目的としている場合、漏水について告知をし、漏水修繕工事相当額を減額の上で、本件建物を売却することが考えられます。

　一方、買主が本件建物を取り壊して土地を使用または転売することを考えているような場合、漏水について告知の上、取壊し前提であることを確認する条項を設け、また、建物の価格を極めて安価に設定することで漏水（瑕疵）を評価して、本件建物を売却することが考えられます。

　なお、いずれの場合でも、Xが契約不適合責任を負わない旨の特約を設けることは重要です。

Column

漏水の調査方法

　漏水が生じる原因には、様々なものが考えられます。

　施工から短期間で生じるものは、接合部の不完全な施工等、施工上のミスにより生じるのが大部分です。施工上のミスが原因の漏水は、施工途中や施工検査時点での水圧検査や通水試験を行うことで発見が可能です（第二東京弁護士会消費者問題対策委員会・99 建築問題研究会編『欠陥住宅紛争解決のための基礎知識〔改訂〕』251 頁（ぎょうせい、2011））。

　上記以外の漏水は、構成部材の腐食が大きな原因比率を占めると言われています（前掲書 251 頁）。腐食の原因は、材質自体の問題のほか、経年劣化等による場合もあります。これ以外の漏水の原因としては、例えば、地中に埋設された配管が地盤の不同沈下等により発生するなど、配管の破損が考えられるところです（前掲書 253 頁）。

　漏水が生じた場合、散水試験を行って漏水箇所を特定するのが一般的です。すなわち、室内の雨漏り発生箇所の外壁面にホースなどを使用して散水し、室内への漏水状況を確認します（散水試験）。散水試験により室内側に漏水が確認できることもある一方で、漏水箇所を特定するためにある程度の時間、散水を継続する場合もあります。室内側からの調査で浸水経路が判明しない場合、外部仕上げ材を一時的に撤去して調査したり、場合によっては、赤外線映像を用いて漏水箇所を確認する非破壊調査の手法が用いられることもあります（以上、岩島秀樹・青木清美編著『建築瑕疵の法律と実務』190 頁（日本加除出版、2015））。

　漏水が生じる原因は様々であること、漏水箇所の目視は困難であることから、その特定は容易ではなく、当初想定していなかった場所に漏水箇所が発見される場合もあります。そのため、漏水調査を行う際は、建築士等、漏水問題に詳しい専門家から助言を得ることも有用です。

第5章

Q 33

契約不適合責任⑨
生物

　　X は、築 20 年を超える一戸建て（以下、「本件建物」といいます。）を所有していますが、シロアリの被害に悩まされています。X が本件建物を売却する際、どのような点に留意すべきでしょうか。

A　　シロアリが建物の土台を浸食し、建物の構造耐力上に危険が生じている場合、X は契約不適合責任を問われるおそれがあります。そのため、X においては建物を取り壊した上で更地で売買をするか、買主において建物の取壊しを条件として売買を締結することが考えられます。

解説

1．生物と瑕疵

（1）居住用建物に求められる性状

　居住用建物は、人が生活することが前提ですが、そこに生物が生息することは不可避です。そして、生物が生息したからといって当然に建物での起居に支障が生じるわけではありません。

　しかし、建物は、単に雨露をしのげればよいというものではありません。休息や団らんなど、人間らしい生活を送るための基本となる場という側面もあり、かつ、それが居住用建物の価値の重要な部分を占めています。その意味で、その建物としてのグレードや価格に応じた程度に快適（清潔さ等）に起居することができるという性状を備えるべきといえます。

(2) 瑕疵の判断基準

　巣くった生物の特性や生息する個体数によっては、一般人の立場からしても、通常甘受すべき限度を超え、そのグレードや価格に応じた快適さを欠き、そこでの起居自体に支障がきたすことあるため、このような場合には、かかる生物の生息自体が建物の瑕疵となり得ます[1]。

　また、居住用建物の売買では、取引通念上、建物には安全に居住することが可能であることが要求されるものと考えられます。そのため、同建物の土台がシロアリにより浸食され、建物の構造耐力上、危険性が生じているような場合、このような建物には瑕疵があるといえます[2]。

２．裁判例

①前掲神戸地判平成 11 年 7 月 30 日

　同裁判例は、買主が購入した建物に蝙蝠が巣くっていたという事案です。

　裁判所は、売買当事者の間では、ムカデやゴキブリに類する一般人において嫌忌する生物が多数巣くっていないという意味での清潔さや快適さが建物の性状として合意されていたことを認定の上、「蝙蝠は、害獣とはいえないが、一般人には不気味なイメージで見られているといえ、先に見たように本件建物に巣くった蝙蝠の数は極めて多数であるため、その不気味さも弥増す上、それによる糞尿も夥しい量となり、……原告らにおいてはもとより一般人の感覚でも、本件建物は右価値に見合う使用性（清潔さ・快適さ）を備えたものといえないことは明らかである。したがって……本件建物は、右にみた意味で瑕疵がある」と判示し、建物の瑕疵を認めました。

②前掲東京地判平成 18 年 1 月 20 日

　同裁判例は、土地建物を購入した買主が、建物にシロアリの侵食による欠陥があり損害を被ったとして、損害賠償を求めた事案です。

　裁判所は、「本件建物は、本件売買契約締結当時既に白ありにより土台

---

[1]　神戸地判平成 11 年 7 月 30 日判時 1715 号 64 頁
[2]　東京地判平成 18 年 1 月 20 日判タ 1240 号 284 頁

を侵食され、建物の構造耐力上、危険性を有していたということができるところ、本件売買契約は居住用建物をその目的物の一部とする土地付き建物売買契約であり、取引通念上、目的物たる土地上の建物は安全に居住することが可能であることが要求されるものと考えられるから、本件建物が本件売買契約当時既に建築後約 21 年を経過していた中古建物であり、現況有姿売買とされていたことを考慮しても、本件欠陥に関しては瑕疵があったといわざるを得ない。したがって、本件欠陥は、隠れた瑕疵に当たるというべきである。」と判示し、建物の瑕疵を認めました。

3．シロアリと売主の説明義務

　では、シロアリが巣くっていたことを売主が説明しなかった場合、売主に説明義務違反が認められるのでしょうか。

　この点、シロアリは、建物の柱の内部等に巣くうため、外観上発見することが困難という特色があります。そのため、シロアリについての売主の説明義務が問題とされたこれまでの裁判例では、いずれも売主に認識・認識可能性がなかったとして、説明義務違反は認められていません[3]。

　前掲東京地判平成 18 年 1 月 20 日も、売主は、「競売物件の調査から転売手続までの実際の手続を丙川（宅建業者の代表取締役を指します。）にいわば一任していたことが明らかであり、同人以上に本件建物の状態を把握していたということはできないから、同人が本件欠陥を認識し、又は過失により認識しなかったということはできない」として、売主の説明義務違反を否定しています。

4．売主としての方策

　X は、築 20 年以上の一戸建住宅の売却を検討しています。この点、前掲東京地判平成 18 年 1 月 20 日を前提にすれば、たとえ現況有姿という条件の下に売却した場合でも、売買が居住用建物を目的とする以上、契約不適合責任を免れないといわざるを得ません。

---

[3]　渡辺晋『不動産取引における契約不適合責任と説明義務〔新訂版〕』366 頁（大成出版、2018）

　シロアリ被害の程度にもよりますが、建物の土台を侵食している場合、その柱（土台）の交換工事は容易ではありませんし、高額の費用がかかります。瑕疵を告知した上で修繕工事費相当額を差し引いて売却することも考えられますが、買主への心理的影響を考慮すれば、修繕して今後も住み続けることが想定しづらいケースも多いと思われます。

　そうであれば、建物を取り壊した上で更地で売買をするか、買主において建物の取壊しを条件として売買を締結することで、Xは契約不適合責任を回避することができます。

第5章

Q34 契約不適合責任⑩ 殺人・自殺

　　Xは、一戸建住宅である甲不動産を所有していますが、甲不動産では過去に縊死が発生しました。Xがこの住宅を売却する場合、どのような点に留意すべきでしょうか。

A　　甲不動産で発生した縊死の事実は、当該不動産の心理的瑕疵に該当します。そのため、Xは甲不動産を売却する場合、これを告知する必要があります。告知を怠ると、Xは契約不適合責任を問われることになります。

解説

1. 心理的瑕疵とは

　過去に土地および建物において殺人事件や自殺があったこと、近隣に暴力団事務所が存すること、建物内で性風俗特殊営業が営まれていたこと等、買主および借主に心理的な抵抗を生じさせる事由は、不動産取引において考慮されるべき事由となります。

　心理的な抵抗を生じさせる事由は人により様々ですが、そのうち「通常人として耐え難い程度の心理的負担を負うべき事情」（福岡高判平成23年3月8日[1]）や、「目的物の通常の用法に従って利用することが心理的に妨げられるような主観的な欠陥」（東京地判平成21年6月26日[2]）を心理的瑕疵といい、瑕疵として考慮されます。

---

[1]　判タ 1365 号 119 頁
[2]　ウエストロー・ジャパン（平 19（ワ）30753 号）

2．心理的瑕疵の判断基準

　心理的瑕疵は、物理的瑕疵と異なり、取引当事者の主観により左右される性質を有していますが、その判断は、通常一般人からみて客観的に判断されます。

　この点、売買の対象となった建物内において縊死があった事案において、当該事実が心理的瑕疵に該当するかに関し、大阪高判昭和 37 年 6 月 21 日[3] は、「右欠陥が家屋の環境、採光、通風、構造等客観的な事情に原因するときは格別、それが、右建物にまつわる嫌悪すべき歴史的背景など客観的な事情に属しない事由に原因するときは、その程度如何は通常これを受取るものの主観によつて左右されるところが大であり、本件で控訴人が瑕疵ありと主張する右事由は正にこの種のものに該当することが明らかである。」と判示した上で、心理的瑕疵の判断基準として、「単に買主において右事由の存する家屋の居住を好まぬというだけでは足らず、さらに進んで、それが、通常一般人において右事由があれば「住み心地のよさ」を欠くと感ずることに合理性があると判断される程度にいたつたものであることを必要とする」を示しています。

　通常一般人においてどのような事由があれば「住み心地のよさ」を欠くと感ずるかは、事故の重大性の程度、事故のあった場所、買主の使用目的、事故の時期等の事情を総合的に考慮して判断されます。

3．居住用不動産における殺人事件および自殺と心理的瑕疵

　後掲の表は、居住用不動産で殺人事件および自殺が発生した場合における心理的瑕疵の該当性を判断した裁判例を図表化したものです。

　居住用不動産で殺人および自殺が発生した場合、この事実は原則として心理的瑕疵に該当すると判断されています。もっとも、自殺については、自殺のあった当該建物が取壊され敷地のみの売却となった場合や、当該建物が売買の対象となったとしても、その後取壊された場合には、自殺の事実は土地の心理的瑕疵には該当しないと判断される場合があります。

---

[3]　判時 309 号 15 頁

第5章

　また、前掲東京地判平成 21 年 6 月 26 日は、自殺の方法（睡眠薬自殺）が心理的瑕疵に該当するほか、損害額の算定において考慮されることを判示しています。

4．居住用不動産における自然死と心理的瑕疵

　近時では、核家族化が進んだこともあるせいか、自宅で自然死しその発見が遅れるケースもあります。自然死は、当該不動産の心理的瑕疵に該当するでしょうか。

　東京地判平成 18 年 12 月 6 日[4] は、賃貸不動産において原告の階下住宅において半年以上前に自然死があったという事実は「社会通念上、賃貸目的物にまつわる嫌悪すべき歴史的背景等に起因する心理的欠陥に該当するものとまでは認め難いといわざるを得ず」と判示し、自然死は心理的瑕疵に該当しない旨を明らかにしています。

　もっとも、競売における事案ですが、建物内で死亡し発見まで約 3 か月の間、建物内に放置されたままであった事実は、「一般人であれば嫌悪し当該建物に居住することを拒む性質の事実であり、建物の交換価値を減少させる事実である」と判示した裁判例（ただし、原告の請求は棄却。東京地判平成 14 年 6 月 18 日[5]）もあります。死亡後発見されるまでの期間や死亡した場所等に基づき、事案に即した検討が必要になります。

5．心理的瑕疵と期間の経過

　心理的瑕疵は、取引当事者の主観により左右される性質を有しているところ、時間の経過により記憶が薄れ、かかる瑕疵を知る人も減っていくという特性を有しています。裁判例においても、この瑕疵の希釈化について言及されています。

---

[4] 判例秘書（平 18（ワ）35 号・平 18（ワ）2115 号・平 18（ワ）10175 号）
[5] ウエストロー・ジャパン（平 13（ワ）12345 号）

（1）裁判例

東京地判平成26年8月7日[6]は、「ある土地において、事件や事故によって人の死傷等の社会的に忌み避けられるような出来事が発生した場合、このような出来事発生から近接した一定の期間においては、当該土地を利用することにためらいを持つ者がいるなど、当該土地の利用等について避けられることがあり、ひいては、このような事情等から、当該土地の経済的価値も低下することとなる。もっとも、永続して存続する土地については、過去の歴史において幾多の出来事が発生しており、その中には、例えば戦乱による人の死傷等の社会的に忌み避けられるような出来事が発生したこともあり得るが、そのような出来事についての人々の記憶や感情も、時日の経過によって次第に風化され希釈化されていくものであり、その程度は、被害の態様、規模、被害者の数等によって影響も受けるものと考えられる。」として、約17年前に発生した建物内で火災事故およびそれに伴う死亡事故は、土地売買時点では相当程度希釈化されたと判示しています。

（2）期間の経過の程度

では、どの程度の期間が経過すれば心理的瑕疵は、消滅するのでしょうか。これについては、「過去の事実の態様、人々に対する影響の強弱、過去の事実を知る人の範囲の広狭、取引目的物との関連の深さなどとの相関関係にある。過去の事実が衝撃的であったり、広く知れ渡っていれば心理的欠陥が消滅するまでの期間は長くなり、過去の事実の嫌悪感の程度が被告、あるいは、これを知る人の範囲が狭い場合には、心理的欠陥が消滅するまでの期間は短くなる。また、過去の事実と取引目的物の関連が深ければ、期間は長く、関連が浅ければ、期間が短くなる。」とされています[7]。

後掲の裁判例一覧をみると、裁判例6では約7年前の自殺を「既に旧聞に属する」と述べているのに対し、裁判例7では約6年前の自殺を「右期間は、さほど長期であるということはできない」と判示し、判断が分かれ

---

[6] ウエストロー・ジャパン（平25（ワ）32616号）
[7] 渡辺晋『不動産取引における契約不適合責任と説明義務〔新訂版〕』245頁（大成出版、2018）。

ています。裁判例 6 は昭和 37 年に言い渡されたものですので、時代によっても心理的瑕疵の考え方に変化があることがうかがえます。

6．心理的瑕疵をめぐるガイドライン

　不動産取引における心理的瑕疵の取扱いについては、明確な判断基準がないのが現状です。これにつき、国土交通省は、令和 3 年 10 月 8 日、「宅地建物取引業者による人の死の告知に関するガイドライン」[8]（以下「ガイドライン」といいます。）を策定しました[9]。このガイドラインは、居住用不動産を対象に宅地建物取引業者が告知義務を負う場合とそうでない場合とについて示しています。

　たとえば、このガイドラインでは、人の死が日々各地で発生していることを前提に、以下の①〜③の場合、宅地建物取引業者には原則として告知義務がないことを示しています（ガイドライン 5 頁以下）。なお、これら各場合の詳細や告知義務が発生する場合、告知方法等についてはガイドラインを参照してください。

①賃貸借取引及び売買取引の対象不動産において自然死又は日常生活の中での不慮の死が発生した場合

　　この日常生活の中の不慮の死には、事故死に相当するものであっても、自宅階段からの転落や、入浴中の溺死や転倒事故、食事中の誤嚥などが挙げられています。但し、自然死又は日常生活の中での不慮の死が発生したことに伴い、いわゆる特殊清掃や大規模リフォーム等（以下、本項において「特殊清掃等」といいます。）が行われた場合、これは買主・借主が契約を締結するか否かの判断に重要な影響を及ぼす可能性があるものと考えられるため、人の死を告げなければなりません。

②賃貸借取引の対象不動産において①以外の死が発生又は特殊清

---

[8]　https://www.mlit.go.jp/report/press/content/001426603.pdf
[9]　https://www.mlit.go.jp/report/press/tochi_fudousan_kensetsugyo16_hh_000001_00029.html

掃等が行われることとなった①の死が発覚して、その後概ね3年が経過した場合

③賃貸借取引及び売買取引の対象不動産の隣接住戸又は借主若しくは買主が日常生活において通常使用しない集合住宅の共用部分において①以外の死が発生した場合又は①の死が発生して特殊清掃等が行われた場合

　ガイドラインが不動産取引の際に参照されることで、取引当事者間のトラブルの未然防止のほか、取引に関与する宅地建物取引業者との間のトラブルの未然防止が期待されています。もっとも、ガイドライン自体は宅地建物取引業者が宅地建物取引業法上負うべき義務の解釈に関するものです。そのため、ガイドラインに基づく対応を行った場合でも、宅地建物取引業者の民事上の責任を回避できるものではない点には留意を要します。

7．本設例におけるXの留意点

　裁判例で確認できるように、売買対象物件である甲不動産内で自殺があった場合、これは当該建物の心理的瑕疵に該当します。そのため、Xは甲不動産の売買に当たっては、この事実を告知しなければ、契約不適合責任を問われることになり、損害賠償のほか、売買契約を違約解除されるリスクを負いますので、告知することが重要となります。

第5章

217

番号	裁判年月日	出　典	死亡事件の態様	死亡場所	事件発生と売買までの期間	
■殺人事件の場合						
1	東京地判八王子支部 平成 12 年 8 月 31 日	岡本＝宇仁「全訂版 照会不動産仲介契約」 621 頁（大成出版）	殺人	土地上にかつて存した建物内	約 50 年前	
2	大阪高判 平成 18 年 12 月 19 日	判タ1246-203	殺人	土地上にかつて存した建物内	約 8 年半前	
3	大阪地判 平成 21 年 11 月 26 日	判タ1348-166	殺人とみられる死亡事件	売買対象専有部分	約 8 年 9 ヶ月前	
4	東京地判 平成 24 年 8 月 29 日	ウエストロー・ジャパン	殺人	土地上にかつて存した建物内	約 4 年前	
5	神戸地判 平成 28 年 7 月 29 日	判時2319-104	殺人	土地上に存する建物内	約 7 年前	
■自殺事件の場合						
6	大阪高判 昭和 37 年 6 月 21 日	判時309-15	自殺	売買時点では取壊済建物	約 7 年前	
7	横浜地判 平成元年 9 月 7 日	判時1352-126	自殺	売買対象専有部分のベランダ	約 6 年前	
8	東京地判 平成 7 年 5 月 31 日	判時1556-107	自殺	売買建物内で自殺を図り病院で死亡	約 6 年 11 ヶ月前	
9	浦和地判川越支部 平成 9 年 8 月 19 日	判タ960-189	自殺	売買対象建物内	約 5 ヶ月前	
10	大阪地判 平成 11 年 2 月 18 日	判タ1003-218	自殺	土地上に存する建物内	約 2 年前	
11	東京地判 平成 18 年 7 月 27 日	ウエストロー・ジャパン	自殺	売買対象建物内	1 年 4 ヶ月前	
12	東京地判 平成 19 年 7 月 5 日	ウエストロー・ジャパン	自殺	土地上にかつて存した建物内	8 年半前	
13	東京地判 平成 20 年 4 月 28 日	判タ1275-329	自殺	投資用賃貸マンションの 8・9 階（メゾネット）から飛び降り自殺	約 2 年 1 ヶ月前	
14	東京地判 平成 21 年 6 月 26 日	ウエストロー・ジャパン	自殺	売買対象建物内	約 1 年 11 ヶ月前	
15	東京地判 平成 22 年 1 月 15 日	ウエストロー・ジャパン	自殺	売買対象建物内	約 6 年 9 ヶ月前	
16	横浜地判 平成 22 年 1 月 28 日	判タ1336-183	自殺	売買対象建物内	契約締結後決済前	
17	東京地判 平成 25 年 7 月 3 日	判時2213-59	自殺	対象となった建物の一室	約半年前	
18	高松高判 平成 26 年 6 月 19 日	判時2236-101	自殺	土地上にかつて存した建物内	約 23 年前	
19	東京地判 平成 29 年 5 月 25 日	ウエストロー・ジャパン	自殺	売買対象建物内	約 10 年前	
20	東京地判 令和 2 年 3 月 13 日	ウエストロー・ジャパン	自殺	売買対象専有部分の隣室	約 2 年半前	

心理的瑕疵の肯否	認容内容	備　考
○	損害賠償	東京都下の農山村地帯で起きた猟奇性を帯びた殺人事件
○	損害賠償	地続きの2筆の土地のうちの1筆の土地上にかつて存した建物内で殺人事件が発生した事案
○	違約金請求	
×		殺人事件のあった建物を購入した売主が、そのことを知らずに同建物を取壊し、土地を売却した事案
○	損害賠償	

心理的瑕疵の肯否	認容内容	備　考
×		土地上に建てられた奥座敷（母屋と廊下で繋がれた別棟）、自殺を知悉する近隣者中にも数名の買受け希望者がいた事案
○	違約金請求解除	
○	解除	農薬の飲用より4日後に病院で死亡、売主は競売で土地建物を購入した事案
○	損害賠償	瑕疵担保免責特約有
×		買主は、建売住宅販売目的で土地建物を購入し、建物を解体後、当該建物で縊死があったことを知った事案で、建物解体によりもはや特定できない瑕疵に変容していること等を理由に瑕疵を否定
○	損害賠償	売主は転売目的で、競売で土地建物を取得して売却したところ、競売時の現況調査報告書には「事故（自殺）物件である」旨の記載があった事案
×		売買の8年半前に焼身自殺があった土地の売買で、当該建物が解体されその痕跡が一切残っていないことから瑕疵を否定した事案
○	損害賠償	売主は購入時に自殺について説明を受けていたが、買主に告げなかった事案
○	損害賠償	建物内で睡眠薬自殺を図り、約2週間後に病院で死亡。裁判所は、軽微な瑕疵に該当するとして、売買代金の約1％相当額である220万円の損害賠償を認容した事案
×		瑕疵の存否が争われた事案。死体検案書に「睡眠薬中毒・自殺」との記載があったが、裁判所が自殺の事実を認定せず、瑕疵を否定
○	不当利得返還請求	賃貸用共同住宅の売買において、売買契約締結後決済までの間に、賃借人が建物の一室において自殺をした事案。売買契約書には、「引渡し前に…滅失又は毀損した場合は、その損失は売主の負担とする」との特約があった
○	損害賠償	29室の賃貸マンションの売買で、マンション一室で売買約半年前に自殺があったものの、売主がそれを知らずに売却した事案
○	損害賠償※ただし、仲介者のみ	売買契約後決済前に、かつてあった建物内で自殺事件があることをした仲介業者につき、説明義務違反を肯定（売主は、訴訟当事者になっていない）
○	違約金請求解除	賃貸目的の土地建物の売買において、売買契約後決済前に買主が本件建物で約10年前に自殺があったことを知り、契約を違約解除した事案。控訴審において、合意解除の和解が成立
×		内廊下で隣接するマンションの一室で自殺があったとしても、かかる事実は他の住戸（売買対象専有部分）の心理的瑕疵には該当しない旨を判示した事例

第5章

第6章　相隣関係

相隣関係①
私道（掘削承諾）

Ｑ 35

　Ｘは、甲土地およびその土地上の建物（以下これらを併せて「甲不動産」といいます。）を所有していますが、自宅の前の唯一の道路は、道路位置指定がなされているものの、奥に住むＹの単独所有となっています。ＸとＹはかねてより折り合いが悪く、かつてＸがＹに対し老朽化したガス管の更新に当たり掘削承諾書への署名押印を求めたところ、Ｙがこれを拒否し、そのままとなっているという経緯があります。Ｘが甲土地を宅地として売却するにあたり、どのような点に留意すべきでしょうか。

A　Ｙがガス管の更新に当たっての掘削承諾に応じなかったことから、今後も、Ｙは新所有者に対してガス管の更新を拒否することが想定されるため、買主が見つからないか、リスク含みの不動産として売値が下がる等、売却に支障が生じます。
　そこで、Ｘとしては、Ｙに対してガス管工事の承諾を求める訴えを提起し、ガス管を更新する権利を確保した上で同不動産を売却することが考えられます。

解説

1．道路位置指定とは

　都市計画区域内にある土地に建物を建築する場合、その土地は、原則と

して、幅員４メートル以上の道路（特定行政庁が指定する区域内においては６メートル）に２メートル以上接していなければなりません（接道要件。建築基準法 43 条１項）。そして、この道路は、建築基準法 42 条各項に定める道路を指します。

　面積の広い土地を数区画に分割して、各土地を宅地として分譲する場合、分割方法次第では接道要件を満たさない土地が生じることもあります。このとき、土地所有者が当該土地の一部を私道として開設し、特定行政庁（市町村長または都道府県知事。建築基準法２条 35 号）から道路位置の指定を受けることがあります。この指定のことを「道路位置指定」といいます（同法 41 条の２、42 条１項５号、43 条１項）。すなわち、私道を建築基準法上の道路とするための行政処分です。

　私道が道路位置指定の処分を受けた場合（以下この私道を「位置指定道路」といいます。）、その土地は、交通の用に供されることになります。そして、同土地上の建築は制限されるほか、土地所有者による道路の廃止および変更も制限されることになります（同法 45 条）。また、私道部分の面積は、建物の敷地面積に算入することも制限されます。

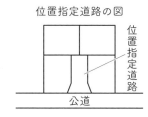

位置指定道路の図

２．位置指定道路の通行権

　位置指定道路は私道であるところ、同道路の所有者以外の者は、通行権を有しているのでしょうか。

　この点、公道である村道の一般使用に関し、最高裁は「地方公共団体の開設している村道に対しては村民各自は他の村民がその道路に対して有する利益ないし自由を侵害しない程度において、自己の生活上必須の行動を自由に行い得べきところの使用の自由権（民法 710 条参照）を有するもの

と解するを相当とする。」と判示し、この通行の自由権は「各自が日常生活上諸般の権利を行使するについて欠くことのできない要具であるから、これに対しては民法上の保護を与うべきは当然の筋合である」と判示して、道路所有者以外の者を保護しています[1]。

この考え方は、建築基準法上の私道の通行にも推し及ぼされるようになりました。たとえば、大阪高判昭和 49 年 3 月 28 日[2,3] は、建築基準法 42条 1 項 3 号の私道に関し「道路通行の自由は、何人も道路の通行を妨害してはならないと云う公法上の避止義務の反射として一般人の共有する利益」であると判示し、地役権または地役権の代位行使に基づく妨害排除請求権を有していない者らに対して、不法行為を原因とする道路通行妨害物の収去の請求を認め、第三者にも通行する利益を認めています。

3. 給排水管の設置と掘削承諾

自己の土地に水道・ガス・電気を引く場合、自己の所有地が公道に接しており、公道に埋設されている上下水道管、ガス管、電線等に接続している場合には特段問題は生じません。しかし、隣地を経由しなければ公道に埋設されている各種導管に接続することができず、隣地所有者が埋設を承諾しない場合、どのように対応すればよいでしょうか。

裁判例は、民法の相隣関係の規定や下水道法 11 条の規定の類推適用により、隣地に導管の設置を認めています。また、裁判例の中には隣地所有者が承諾しないことを権利の濫用と判示したものもあります。これら裁判例は、安藤一郎著『私道の法律問題第 6 版』641 頁以下（三省堂、2013）に詳しく分析されていますので、ご参照ください。

導管設置について民法の類推適用を認められる場合でも、あえて隣地所

---

[1] 最判昭和 39 年 1 月 16 日判時 362 号 26 頁

[2] 判タ 309 号 269 頁

[3] 本裁判例は、不法行為の効果として妨害排除請求権を認めています。これについては、最高裁は一般論として不法行為に基づく妨害排除請求権を認めていないこと（最判昭和 43 年 7 月 4 日集民 91 巻 567 頁）もあり、流れとしては、人格権としての通行の自由権に基づく妨害排除請求権として保護される構成が主流であると解説されています（安藤一郎『私道の法律問題（第 6 版）』449 頁、487 頁〔三省堂、2013〕）。

有者の承諾を求める必要はあるのでしょうか。

　水道等を供給する地方公共団体や電気ガスを供給する法人は、条例や規定に基づき、隣地所有者の承諾を得るよう求めることが多いといわれています。裁判例では、原告が承諾を訴求した場合にこれを認容したほか、承諾を求めることなく設置工事の妨害排除のみを求めた場合もこれを認容しています[4]。

　以上を踏まえ、隣地所有者が上下水道管、ガス管、電線等の導管設置を承諾しない場合の対応としては、地方公共団体が条例を根拠に、電気ガス供給会社が規定を根拠に、それぞれ承諾を求める以上、隣地所有者に承諾を求める旨を請求の趣旨として訴えを提起することが相当です。この場合、請求の趣旨は、「被告は、原告らに対し、原告らが別紙物件目録1記載の土地につき、別紙工事方法により上下水道管及びガス管敷設工事をすることを承諾せよ。」と記載します（東京地判平成31年3月19日[5]参照）。

4．売主としての方策

　Xは、甲不動産を処分するにあたり、どのような方策を講じるべきでしょうか。

　まず、Xは甲不動産のためのガス管更新のための掘削をYに拒否されたことがありますので、今後も、Yは新所有者に対してガス管の更新を拒否することが想定されます。現状のままの売買では老朽化したガス管を前提とした不動産売買となり、買主がYに対して掘削承諾を求める裁判を提起する等をしなければならない以上、これが原因となり売買代金が大きく減額される可能性があります。

　Xとしては、売買に先立ち、Yに対してガス管の更新のための工事の承諾を求める裁判を提起し、ガス管更新の権利を確保した上で甲不動産を売却することが考えられます。

第6章

---

[4]　前掲注3）安藤645頁
[5]　ウエストロー・ジャパン（平30（ワ）29677号）

Q 36 相隣関係②
袋地

Xは、甲土地を所有していますが、甲土地は、他の土地に囲まれて公道に通じない「袋地」となっています。そのため、Xは、公道に通じるために乙土地を長年にわたり通行してきました。Xが甲土地を宅地として売却するにあたり、どのような点に留意すべきでしょうか。

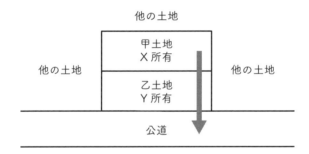

長年にわたり通行

　甲土地の通行権が第三者に対抗できるものであるか否か、建築基準法の接道要件を満たすものであるか否かにより、売却価格が変わることになります。

　そのため、もし、これらを満たしていない場合、XはYとの間で、第三者に対抗できる通行権の確保、接道要件を満たすよう協議をする必要があります。

解説

1. 袋地とは

「袋地」とは、他の土地に囲まれて公道に通じない土地のことをいいます（民法210条1項）。

自己の土地が他の土地に囲まれている場合だけでなく、池沼、河川、水路若しくは海を通らなければ公道に至ることができないとき、または崖があって土地と公道との間に著しい高低差があるとき、この土地を「準袋地」といいます（同条2項）。

2. 袋地の通行権

では、袋地の所有者が公道に至るためには、どのような通行権が考えられるでしょうか。

(1) 囲繞地通行権

民法は、210条以下に囲繞地通行権を認めており、袋地所有者は、その土地を囲んでいる他の土地（囲繞地）を通行することができます。囲繞地通行権は、隣接する土地所有者相互の関係を調整するために認められた権利で、袋地所有者は囲繞地所有者の承諾を得ることなく、この権利を主張することができます。もっとも、通行の場所および方法は、袋地所有者のために必要かつ囲繞地所有者のために損害が最も少ないものを選ばなければならず（民法211条1項）、囲繞地所有者に損害を与える場合、その損害を賠償しなければなりません（同法212条）。

なお、民法210条に定める「公道」とは、平成16年の民法改正前は「公路」と定められていました。この「公路」には私道も含むとされていました。上記の法改正で「公道」に改められましたが、特に従前の解釈を変更する必要はないと考えられますので、「公道」には私道も含まれると解されます[1]。

---

[1] 川島武宣・川井健編『新版　注釈民法（7）』333頁（有斐閣、2007）

第6章

　囲繞地通行権は、袋地の所有権の移転に当然に随伴します。囲繞地通行権の登記は認められておらず、登記なくして第三者に対抗することができます。

(2) 通行地役権

　袋地の所有者が同土地を要役地として、他人の土地を承役地として地役権（民法 280 条以下）を設定することで、通行権を確保することができます。通行地役権は、囲繞地通行権と異なり、他に通路があっても設定することができる点、要役地の所有権に従属し、その所有権とともに移転するものの（同法 281 条 1 項）、設定行為で別段の定めが可能である点（同項ただし書）、登記（不動産登記法 3 条）をしなければ第三者に対抗することができない点で、囲繞地通行権と異なります。

　通行地役権は、要役地所有者と承役地所有者の設定行為により取得される場合のほか、時効により取得される場合が多く見受けられます[2]。

(3) 賃借権に基づく通行権

　通行権は、上記の物権法により取得する場合のほか、当事者間で通行契約を有償で設定し、袋地所有者が公道に至るまでの賃借権に基づく通行権を取得する場合もあります。

　賃借権に基づく通行権の場合、宅地利用に必要な賃貸借契約であれば、借地借家法が適用され得ます[3]。

　なお、賃借権に基づく通行権の内容が契約において明確になっている場合は別として、賃借権に基づく通行権は、それが有償の通行地役権の意味であるか不明確な場合が少なくありません。いずれの権利であるかは、「契約成立の事情、その後の利用状況等を総合して合理的に判断する」ことになります[4]。

---

[2]　安藤一郎『私道の法律問題〔第 6 版〕』261 頁（三省堂、2013）
[3]　末光祐一『Q & A 道路・通路に関する法律と実務　登記・接道・通行権・都市計画』340 頁（日本加除出版、2015）
[4]　前掲脚注 2）安藤・378 頁

3．建築基準法 43 条の接道要件と囲繞地通行権の関係

　Q30 で指摘したとおり、都市計画区域内にある土地に建物を建築する場合、その土地は、原則として、幅員 4 メートル以上の道路（特定行政庁が指定する区域内においては 6 メートル）に 2 メートル以上接している必要があります（接道要件・建築基準法 43 条 1 項）。

　袋地所有者に通行権が認められるとして、建築基準法 43 条 1 項との関係は、どのように整理すれば良いのでしょうか。すなわち、袋地所有者が通行権を有しているとしても、幅員 4 メートル以上の道路との接続面の幅員が建築基準法 43 条 1 項に定める 2 メートルに満たない場合、袋地所有者は 2 メートルの幅員を求めることができるのでしょうか。

　この点、最判平成 11 年 7 月 13 日[5]は、「民法 210 条は、相隣接する土地の利用の調整を目的として、特定の土地がその利用に関する往来通行につき必要不可欠な公路に至る通路を欠き袋地に当たる場合に、囲繞地の所有者に対して袋地所有者が囲繞地を通行することを一定の範囲で受認すべき義務を課し、これによって、袋地の効用を全うさせようとするものである。一方、建築基準法 43 条 1 項本文は、主として避難又は通行の安全を期して、接道要件を定め、建築物の敷地につき公法上の規制を課している。このように、右各規定は、その趣旨、目的等を異にしており、単に特定の土地が接道要件を満たさないとの一事をもって、同土地の所有者のために隣接する他の土地につき接道要件を満たすべき内容の囲繞地通行権が当然に認められると解することはできない（最高裁昭和 34 年（オ）第 1132 号同 37 年 3 月 15 日第一小法廷判決・民集 16 巻 3 号 556 頁参照）。」と判示しています。すなわち、民法が定めた囲繞地通行権と建築基準法上の接道要件は、趣旨・目的を異にするため、袋地所有者には接道要件を満たす囲繞地通行権が認められるわけではないとしています。

　上記最判は囲繞地通行権に関するものですが、各制度の趣旨・目的等を踏まえて判示していることに鑑みれば、この考え方は、通行地役権および賃借権に基づく通行権についても妥当されるものと解されます。

---

[5]　判タ 1010 号 235 頁

４．売主としての留意点

　Ｘが甲土地を売却するに際しては、乙土地の通行権の内容が大きく影響します。

　通行権の内容が囲繞地通行権や登記された通行地役権の場合、Ｘが甲土地を売却した場合でも、買主は通行権を承継しかつ第三者に対抗することができます。

　しかし、賃借権に基づく通行権の場合、賃貸人の承諾を得なければ、賃借権を買受人に譲渡することはできませんし（民法612条1項）、借地借家法の適否によって第三者に対抗できるかどうかが異なることもあります。そこで、Ｘは、Ｙに対し、賃借権譲渡の承諾を得るとともに念のため賃借権の登記の協力も得ておく必要があります。

　もし、通行権が買主に承継されずまたは第三者に対抗できない場合、甲土地の買受人は公道に通じることができないことになりますから、甲土地の売却は著しく困難となります。この場合、隣地である乙土地の所有者Ｙに対して売却を交渉することが考えられます。

　通行権を第三者に対抗できる場合でも、通行権が建築基準法43条1項の接道要件を満たしていない場合、甲土地の買受人は甲土地上に建物を建築することができません。そのため、Ｘは、Ｙとの間で接道要件を確保できるよう交渉する必要があり、接道要件を確保できない場合、甲土地の売買価格は著しく減額されることになり、上記同様、Ｙへの売却を検討することになります。

〈通行権設定契約書例〉

通行権（賃借権）設定契約書

　ＸとＹは、Ｙの所有にかかる別紙物件目録記載及び別紙図面記載の土地（以下「本件通路」という。）につき、次の通り、Ｘのために通行権（賃借権）を設定する契約を締結する。

第１条（目的）
　　ＸとＹは、Ｘの所有する土地（以下「甲土地」という。）から公道に通じるために、本件通路に通行権（以下「本件賃借権」という）を設定する。
２　Ｘは、本件通路を通路としてのみ使用し、その他の目的に使用することはできない。
３　Ｘは、本件通路上に建物工作物等を築造することはできない。
第２条（賃料）
　　賃料は月額○○円とし、Ｘは、Ｙに対し、毎月末日限り、翌月分をＹの指定する銀行口座に振り込む方法にて支払うものとする。但し、振込手数料はＸの負担とする。
第３条（期間）
　　本契約の期間は、令和○年○月○日から令和○年○月○日までの満○年間とする。
２　前項の期間満了６か月までにＸ又はＹからの相手方に対する更新拒絶の通知がない場合は、自働的に○○年間契約を更新し、以後も同様とする。
第４条（登記）
　　Ｙは、Ｘに対し、本件賃借権の設定登記手続をする。但し、その費用はＸの負担とする。
第５条（賃借権の譲渡）
　　Ｘが甲土地又は同土地上の建物を第三者に譲渡又は賃貸したときは、Ｘは当該第三者に対し本件賃借権を譲渡又は転貸することができるものとし、これについてＹの承諾を要しない。

以上、合意の証として本覚書を２通作成し、Ｘ・Ｙ各１通を保有する。

○年○月○日

Ｘ

Ｙ

第６章

Q37 相隣関係③ 境界未確定

　Xは、甲土地を所有していますが、隣地所有者であるY との境界が確定しておらず、Xが境界の確定を求めても、Y は一向に協力しようとしません。Xとしては、価格への影響 を避けるため、境界を確定した上で売却したいと考えていま すが、Xは、いかなる方策をとることができるでしょうか。

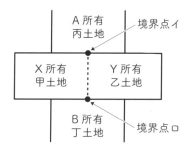

　隣地所有者であるYからの協力を得られない場合、X は、筆界特定制度を利用して筆界特定登記官（法務局）に対 し筆界特定の申請をすることができ、または、裁判所に対し 境界確定訴訟を提起することができます。

解説

1. 境界確定の必要性

　土地を売却するにあたっては、一般に、全ての境界を確定させる必要が あります。境界が未確定なまま売却する場合、土地の面積が確定しないば かりか、将来、境界の争いに巻き込まれる可能性がありますし、結果とし

て、土地面積が減少することもありますから、それは売買価格の減価要素
となります。

2．境界確定の方法

(1) 実測図の作成

　まずは、土地家屋調査士に依頼し、敷地を測量してもらい、実測図を作
成する必要があります。詳しくは、Q30を参照してください。

(2) 立会いと合意

　土地家屋調査士作成の実測図に基づき、境界に接する者が立会いにより
境界の位置を立会い確認し、確認書に署名押印をすると、境界確認書が完
成します。

　なお、隣地が国や地方公共団体の所有地である場合には、官民境界確定
のための手続を行い、境界を確定させます。

3．隣地所有者との境界確認ができない場合の方策

　設例のように、隣地である乙土地の所有者Yが境界確認書に署名押印
してくれず、境界の確定ができない場合、甲がとり得る方法には、一般的
に筆界特定制度を利用する方法と境界確定訴訟を行う方法があります。

(1) 筆界特定制度（不動産登記法131条）

　土地の所有権登記名義人等は、筆界特定登記官に対し、当該土地とこれ
に隣接する他の土地との筆界について、筆界特定の申請をすることができ
ます（不動産登記法131条1項）。この申請については、土地家屋調査士
（土地家屋調査士法3条1項4号）、弁護士、簡易訴訟代理等関係業務を行う
ことにつき認定を受けた司法書士（司法書士法3条2項）[1] が代理人としてこ
れを行うことができます。

---

[1]　司法書士ができる手続は、対象土地の価格の合計額の2分の1に100分の5を乗じた額が140
万円を超えない場合に限られます。

第6章

　設例では、甲土地の登記名義人である申請人Ｘが、乙土地の登記名義人であるＹを関係人として、法務局に対し申請を行います。その際、境界上の点イを含む他の筆界で甲土地・乙土地と接する丙土地、境界上の点ロを含む他の筆界で甲土地・乙土地と接する丁土地は関係土地となり、その所有者である関係人Ａ・関係人Ｂも、手続に参加することになります。

　筆界特定登記官は、外部専門家である筆界調査委員の意見を踏まえて、現地における土地の筆界の位置を特定します[2]。筆界特定とは、新たに筆界を決めることではなく、実地調査や測量を含む様々な調査を行った上、もともとあった筆界を筆界特定登記官が明らかにすることです。

　筆界特定の手続においては、事実の調査が行われます。事実の調査の実施に当たっては、申請人等に立ち会う機会を与えなければならないものとされていますが（不動産登記法136条1項）、仮に相手方が立ち会わなかったとしても、測量または実地調査を行うことができなくなるものではありません。

　筆界特定登記官は、筆界調査委員の意見が提出されたときは、その意見を踏まえ、筆界特定をし、その結論および理由の要旨を記載した筆界特定書を作成します（同法143条1項）。筆界特定書には、筆界特定の内容を正確に表示するため、基本三角点等に基づく測量の成果による筆界点の座標値を記録すべきことになっていますので（不動産登記規則231条5項）、当該座標点に基づき、特定された境界の位置を現地に復元することが可能です[3]。

　土地所有者は、筆界特定書の結果に基づき、必要に応じて地積更正登記の申請を行います。

　なお、特定された筆界は、必ずしも所有権がどこまでであるのかを特定するものではありません。そのため、特定された筆界と所有権界がずれていることがあります。そして、ずれている部分、すなわち、境界から越境して占有している（されている）部分については、別途、その部分の所有権

---

[2]　法務省ホームページ参照（http://www.moj.go.jp/MINJI//minji104.html）
[3]　筆界特定実務研究会編著『Ｑ＆Ａ表示に関する登記の実務［特別編］筆界特定制度一問一答と事例解説』212頁（日本加除出版、2008）

が誰に帰属するかの争いが生じ得ます。その場合、所有権を主張する者は、所有権確認訴訟において、その所有権を取得した経緯（売買や贈与等の所有権承継や取得時効）を主張立証することになります。

筆界特定の結果に納得することができないときは、後から裁判で争うこともできます（不動産登記法 132 条 1 項 6 号参照）。

(2) 境界確定訴訟

境界確定訴訟は、登記官に代わって裁判官が筆界を探し出し、不明のときは引き直す裁判手続です[4]。

筆界は、地番境に不動のものとして存在しているため、境界確定訴訟においては、裁判所は、当事者の主張（自白）に拘束されることなく、境界についての判断が必ず下され、境界が形成されます。境界について和解することも許されません[5]。民事訴訟における処分権主義、弁論主義が大きく制限されています。

すでに筆界が特定されている場合、裁判所は、訴訟関係を明確にするため、登記官に対し、当該筆界特定に係る筆界特定手続記録の送付を嘱託することができます（不動産登記法 147 条）。

訴訟の当事者となるべき者は、相隣接する土地の各所有者です[6]。設例では、甲土地と乙土地の境界を確定するためには、甲土地の所有者 X が原告となって、乙土地の所有者 Y を被告として、境界確定訴訟を提起することになります。甲土地および乙土地の境界を定める訴訟を提起するにあたって、丙土地および丁土地の所有者を共同被告とする必要はありません[7]。

もっとも、イロの境界点の位置によっては、北側隣地丙の所有者 A および南側隣地丁の所有者 B にとっても、利害関係があります。この場

第6章

---

[4]　寳金敏明『境界の理論と実務〔改訂版〕』558 頁（日本加除出版、2018）
[5]　当事者間で和解の機運が高まった場合の具体的方策については前掲注 4）寳金・581 頁以下が詳しいです。
[6]　最判昭和 43 年 5 月 23 日集民 91 号 65 頁、最判平成 7 年 3 月 7 日民集 49 巻 3 号 919 頁。
[7]　前掲脚注 4）寳金・517 頁

合、AおよびBは、境界点の位置に関する主張を同じくする原告Xまたは被告Yに補助参加することができますし（民事訴訟法42条）、独立当事者参加することもできます（同法47条1項）。

　なお、境界を特定する判決主文には、境界を特定する効力があるのみであり、所有権界を確定する効力はありません。そのため、所有権の範囲についても争いがある場合には、併せて所有権確認の請求も立てておく必要があります。

4．境界確定後の措置

　境界確認書の作成、筆界特定書、境界確定訴訟判決書により境界が確定した場合、それに基づき、必要があれば、地積更正の登記申請を行います。

　上記手続により境界が確定したとしても、それは図面上確定したに過ぎず、その確定した境界点を、現地に境界標として設置して境界点を明示する必要があります。

　境界確認の合意が任意に成立した場合には、その手続の流れで、土地家屋調査士が境界標を設置することが多いですが、境界に争いがあり、筆界特定申請や境界確定の訴えにより境界が特定・確定した場合には、その判決に不満がある当事者の一方が境界標を設置することに協力せず、境界標が設置できないケースがあります。

　境界確定判決が確定したとしても、それに基づき、強制執行により境界標を設置することはできません。その場合には、改めて、民法223条に基づき、共同の費用で境界標を設置することの給付判決を得る必要があります[8]。そのため、境界確定訴訟をする際には、所有権確認と併せて、境界標設置請求も行っておくことが望ましい場合もあります。

　たとえば、東京地判平成31年1月23日[9]は、境界確定訴訟において、境界確定および所有権確認の主文に加えて、境界標設置の主文を言い渡しています。

---

[8] この場合の主文記載例は弁護士法人佐野総合編『主文例からみた請求の趣旨記載例集』138頁（日本加除出版、2017）参照。

[9] ウエストロー・ジャパン（平26（ワ）34395号・平28（ワ）20092号）

1　別紙物件目録記載1の土地と同目録記載2の土地の境界は、別紙図面1記載のDP8、DP9、DP10、DP11、DP12、DP13、DP14の各点を順次直線で結ぶ直線であることを確定する。

2　原告らが別紙物件目録記載1の土地の所有権を有することを確認する。

3　被告は、原告らに対し、被告の費用負担を一、原告らの費用負担を一とする割合の費用負担をもって、別紙図面1記載のDP8、DP9、DP10、DP11、DP12、DP13、DP14の各点上にコンクリート杭製の境界標を設置せよ。

※以下の主文は省略

　主文第3項において、原告と被告の費用負担を同じ割合にしているのは、民法224条1項が、境界の設置および保存の費用は相隣者が等しい割合で負担すると定めているからです。ただし、測量の費用は、その土地の広狭に応じて負担するとしています（民法224条2項）。

　また、同裁判例は、「原告らは、境界標について、コンクリート杭製のものの設置を求めているところ、本件各土地の状況、費用等に照らせば、コンクリート杭製のものによることが適当である。」と判示しています。境界標の材質は争点となっておらず、具体的な事実関係は不明ですが、境界付近の状況が土のままなのか、アスファルトやコンクリートで舗装されているのかにより、選択される境界標の材質は異なると考えられ、この点についても土地家屋調査士のアドバイス（立証上は見積書や意見書の提出）を求めるとよいでしょう。

第6章

相隣関係④
越境

　Ｘは、甲土地を所有していますが、甲土地上にある建物の雨樋部分が、Ｙが所有する隣地の乙土地に越境しています。一方、Ｙが所有するフェンスが、途中で蛇行し、その一部が甲土地に越境しています。この場合、Ｘが甲土地を売却するにあたり、どのような点に留意すべきでしょうか。

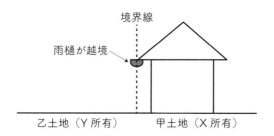

乙土地（Ｙ所有）　　　　甲土地（Ｘ所有）

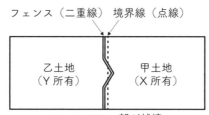

フェンスの一部が越境

　越境状態は、隣地所有者同士の土地利用関係に影響を及ぼすため、可能な限り、それを物理的に解消した上で売却するのが好ましいといえます。

　しかし、コスト面などから現時点での撤去が容易でない場

合には、当事者間で越境状態を確認し、将来的な撤去を約
し、その間、越境部分の土地の無償使用を容認する等の合意
書を作成し、現在および将来のトラブルを未然に防止する措
置を講じるのが妥当です。

　越境状態が存在する以上、合意書の締結の有無を問わず、
買主に対し、越境状態についての説明をする必要があり、場
合によっては、売買価格を減価するなどして、契約不適合責
任を回避することも検討に値します。

解説

1．問題の所在

　一般的に、土地所有権の売買契約は筆単位で行われますから、その売買
の対象である土地の所有権界と筆界は一致しています。もし、この筆界
（境界）を超えて、売主所有物が隣地に越境していたり、相手方所有物が
売買対象地（売主所有地）に越境している場合には、土地の利用関係に影
響を及ぼしますし、場合によっては、越境部分または被越境部分の時効取
得の問題が生じます。

　そのため、越境の有無は、買主にとって重大な関心事であり、売買に当
たっては、越境の有無を確認するとともに、その越境状態の解消を図る
か、解消ができない場合には、何らかの手当、すなわち、越境の当事者間
で合意書を締結するか、それすらできない場合には、買主に説明義務を尽
くすなどの方策を講じる必要があります。

2．越境の状況確認

　越境の有無を確認する前提として、境界が確定している必要がありま
す。境界が未確定の場合の境界確定の方法については、Q37を参照して
ください。

　境界が確定すると、隣地との間で、越境物の有無を確認することができ
ます。塀などの境界上の物が誰の所有物か不明なこともありますが、境界
線上に設けた境界標、囲障、障壁、溝および堀は、相隣者の共有に属する

第6章

ものと推定されます（民法229条）。

3．越境物の除去

　越境物が確認された場合、土地所有者は、越境物の所有者に対し、所有権に基づく妨害排除請求として、訴訟によりその撤去を求めることが可能です。もっとも、越境の程度や経過によっては、権利濫用として請求が認められないこともあります。

　なお、隣地の竹木の枝が境界線を越えるときは、その竹木の所有者に、その枝を切除させることができ（民法233条1項）[1]、隣地の竹木の根が境界線を越えるときは、その根を切り取ることができます（同条2項）。

4．合意書締結

　越境の程度が軽微である場合には、当事者間で合意書を締結し、越境状態の確認をした上で、建物建て替えや越境物の作り替えの際に越境状態を解消することや、それまでの間、当該越境部分の土地の無償使用を認めるなどの合意書を締結することがあります。これにより、将来、境界に関する問題や、越境部分の土地の時効取得の問題を回避することができます。

5．買主に対する説明義務

　越境の状態が確認され、その越境状態が速やかに解消されれば問題ありませんが、越境状態がそのまま存続する場合には、越境に関する状況を買主に説明する必要があります。もし、越境に関する合意書が締結されていれば、その合意内容を説明するとともに、買主に合意書の地位を承継させる必要があります。

　越境に関する合意ができなかった場合（そもそも境界の合意ができなかった場合も含みます。）、そのまま土地を売却せざるを得ないことがあります。その場合、売主としては、買主に対し、その旨を説明しておかなけ

---

[1]　伐採請求を認めた事案として、東京地判平成26年5月29日ウエストロー・ジャパン（平25（ワ）26314号）、東京地判平成24年9月5日ウエストロー・ジャパン（平24（ワ）16053号）があり、請求の趣旨の書き方について参考になります。

れば、契約不適合責任または説明義務違反による損害賠償請求を受けることがあります。

たとえば、東京地判平成25年1月31日[2]は、中古住宅およびその敷地を購入した買主が、売主に対し、ブロック塀が隣地に越境していることの瑕疵を理由に損害賠償請求し、かつ、仲介会社に対し、越境についての説明義務違反による損害賠償請求をした事案において、これらの請求を認めています。

6．売買条件の調整

設例のように、Xが所有する甲土地にある建物の雨樋部分が隣地である乙土地に越境している場合、Xが当該雨樋の撤去工事をすれば、越境が解消されるため、売買の支障がなくなることもあります（雨樋の撤去自体は、さほど問題にならないことも多いでしょう。）。

しかし、隣地所有者であるYが所有するフェンスの一部が甲所有地に越境している点については、越境が解消されないまま、また、越境に関する合意ができないまま売却するにあたっては、買主に対し十分な説明をすれば済むわけではありません。買主は、越境問題を抱え込むことになり、将来的に、当該越境部分の土地をYの時効取得により失うこともあり得るからです。

この場合、たとえば、越境されている部分の面積に相当する土地価格を減額して売買価格を決めるという方法があります。

7．最後に

越境物が、設例のように雨樋やフェンスであって、越境の程度も軽微である場合には、将来的な越境の解消を約する合意書を締結することで、ひとまず越境問題を整理することができることが多いと思います。

しかし、たとえば崖・傾斜地における擁壁が越境している場合など、越境物を物理的に除去する方法により越境状態を解消することが容易でない

---

[2] 判時2200号86頁

場合も存在します。

　こうした越境状態を解消することが容易でない場合には、越境部分を分筆した上で、隣地所有者同士でその越境部分を売買することにより、越境状態を解消するしかない場合もあり得ます。越境部分を分筆してしまうと、残存部分だけでは容積率・建蔽率等において既存不適格を生じる場合には、将来、残存地を処分する際の価格等に影響が出てしまい、分筆した上で売却するという方法がとりにくい場合も存在します。

　越境問題を解消するにあたっては、様々な角度から分析して解決を図る必要があります。

〈越境合意書例〉

越境合意書

　ＸとＹは、Ｘの所有する土地（以下「甲土地」という。）とＹの所有する土地（以下「乙土地」という。）との境界上に存する構造物に関して、以下のとおり確認したので本合意書を締結する。

第１条（境界及び越境する構造物）
　　ＸとＹは、甲土地と乙土地との境界（以下「本件境界」という。）及び所有権界が、別紙図面の通りであることを、相互に確認了承する。
２　ＸとＹは、別紙図面の通り、Ｘが所有・管理する雨樋の一部が乙土地に越境していること、また、Ｙが所有・管理するフェンスの一部が甲土地に越境していることを確認する。

第２条（越境の容認）
　　ＸとＹは、相手方に対し、相手方が所有する前条２項の越境物が本件境界を越境していること、及び、当該越境部分について無償使用することを容認する。

第３条（撤去及び原状復旧）
　　ＸとＹは、自己の所有する越境物を撤去しこれを新設する場合には、越境状態を解消するものとし、新設する構造物を越境させてはならない。

第４条（覚書の承継）
　　ＸとＹは、自己の所有する土地を第三者に譲渡する場合、本合意書の地位を当該第三者に承継させるものとする。

以上、合意の証として本覚書を２通作成し、Ｘ・Ｙが各１通を保有する。

　　○年○月○日

　　Ｘ

　　Ｙ

第6章

第7章　再開発

Q39　再開発①
道路予定地

> 　Xは、甲土地を所有していますが、その土地の一部が、都市計画に基づく道路予定地となっています。Xが甲土地を売却するにあたり、どのような点に留意すべきでしょうか。

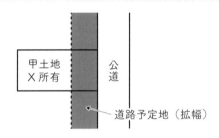

甲土地
X所有

公道

道路予定地（拡幅）

　甲土地が居宅の敷地として使用する目的で売買される場合、都市計画に基づく道路予定地であることは、収用の可能性があるだけで契約不適合となる可能性が高いです。そのため、そのことを説明せずに売却すれば、後に買主から、契約不適合責任を問われたり、説明義務違反を問われる可能性があります。

　そこで、売主としては、仲介不動産業者を活用し、役所における十分な調査の上で重要事項説明を行わせることが肝要です。

　また、売却価格を決定するにあたっては、計画の存在による市場性減価があることを踏まえる必要があり、売買における目的物の客観的な価値と売買金額との等価的均衡を欠くこ

とがないよう、配慮する必要があります。

解説

１．都市計画に基づく道路予定地の取扱い

（1）道路予定地

　道路は、都市施設とされ、都市計画に定められます（都市計画法11条1項1号）。都市計画に基づき道路予定地として定められる場合、全く道路のないところに新たに造られる場合と、既存の道路を拡幅する場合があります。いずれの場合であっても、道路が造られる場合には、立ち退かなければなりません。

（2）都市計画決定と事業認可

　当該土地の全部または一部が道路予定地となっている場合、都市計画決定（都市計画法20条1項）がされている段階なのか、事業認可（同法59条）がされている段階なのかにより、大きく異なります。都市計画決定がされているにすぎない段階では、将来、当該土地が道路になる可能性があるものの、具体的に工事の時期が決まっているわけではなく、計画決定から数十年経過しても何ら変化がないところも多くあります。一方、事業認可がされていれば、具体的な工事開始時期が決まっているため、立退きが具体化してきます。

（3）都市計画法による建築制限

　都市計画に基づく道路予定地においては、都市計画法の規定により、一定の建築制限を受けます。政令で定める軽易な行為[1]、非常災害のため必要な応急措置として行う行為、都市計画事業の施行として行う行為などを除き、都道府県知事の建築許可が必要です（都市計画法53条1項）[2]。

第7章

---

[1] 階数が二以下で、かつ、地階を有しない木造の建築物の改築または移転をいいます（都市計画法施行令37条）。
[2] 許可の基準については、都市計画法54条参照。

2．都市計画に基づく道路敷地と契約不適合責任

(1) 購入目的によっては契約不適合責任の対象に

　当該土地の全部または一部が都市計画に基づき道路予定地とされている場合、将来的に立ち退く必要が生じる可能性があるため、たとえば、購入の目的が当該土地に建物を建築して居住する目的であった場合、契約の趣旨に合致しないことがあり得ます。

(2) 最判昭和 41 年 4 月 14 日（判時 449 号 43 頁）

　買主が永住する居宅の敷地として使用する目的を表示して買い受けた土地の約 8 割の部分が都市計画街路の境域内に存する事例において、最高裁は、「建物を建築しても、早晩その実施により建物の全部または一部を撤去しなければならない事情があるため、契約の目的を達することができないのであるから、本件土地に瑕疵があるものとした原判決の判断は正当」であると判示しました。

(3) 東京地判平成 20 年 10 月 24 日（ウエストロー・ジャパン（平 18（ワ）14034 号））

　土地付新築建物を購入した買主が、同土地付近に区による主要生活道路計画が存在し、これが事業化されたときは土地の 30％以上が収用され購入した建物を取り壊さなければならないことが判明したという事案において、裁判所は、収用の可能性だけでも取引上容易に知り得ない隠れた瑕疵であるとして、説明義務違反による損害賠償請求を認めるとともに、仮に収用がされても買主に区から補償がされるから損害がないという売主の主張を退け、計画の存在による市場性減価を認めています。

3．売主としての方策

(1) いつまで売れるのか

　設例において、X が甲土地を売却したい場合、X は、いつまで売却をすることができるのでしょうか。すなわち、都市計画決定がなされている段階を過ぎ、事業認可がなされ、収用が間近に迫っている時点において、

道路予定地となっている土地を売却することに制限はないのでしょうか。

　都市計画法は、都市計画に基づく道路予定地においては、一定の建築制限を定めていますが（都市計画法53条1項）、当該土地の処分に関しては、制限を設けていません。

　したがって、当該土地を売却するに際しては、制約を受けることはありません。場合によっては、道路予定地を残し、残地のみを売却するという方法も考えられます。

　購入者としても、収用後に残される土地部分の活用方法を念頭に、当該土地を購入するでしょうから、当事者の思惑が合致すれば、売買をすること自体に問題はありません。

(2) 説明義務の履行

　都市計画に基づく道路予定地を売却するにあたっては、売主は、契約不適合責任や説明義務違反による損害賠償請求を受けることを回避するため、買主に対し、あらかじめ説明を尽くす必要があります。現実的には、売主が依頼した不動産仲介業者が、役所において入念な調査を行い、都市計画の内容について重要事項説明を行うことになります。

(3) 売却価格の決め方

　契約不適合責任を回避するために重要なのが、目的物の客観的価値と売買金額との等価的均衡です。この等価的均衡を欠くと、契約不適合責任を問われる可能性が高くなります。

　前掲東京地判平成20年10月24日は、計画の存在による市場性減価を20％と判示しています。同裁判例は、原告とは別の買主の事例として、ほぼ同時期に隣地を購入した同買主が、別の仲介不動産業者から説明を受けて計画の存在を知り、売り出し価格から約2割減価した価格にて購入した事実も認定しています。

　このように、都市計画に基づく道路予定地においては、その評価額が一般的な相場よりも下がることがあります。このことを踏まえ、売買金額を決定する必要があります。

第7章

Q40 再開発② 農地

　Ｘは、かつて農業を営んでおり、農地として使用していた甲土地を所有しています。甲土地の登記事項証明書上も地目が「畑」と記載されています。しかし、長年にわたって耕作を行っておらず、雑草が生い茂った状態です。Ｘは、Ｙに対し、住宅用地として甲土地を売却したいと考えています。こうした状態の土地を処分する場合でも、農業委員会の許可・届出が必要になるのでしょうか。

　農地法にいう「農地」は、その転用および処分について農地法5条の許可・届出が必要になります。農地性は、地目ではなく、当該土地の現況によって判断されますが、現に耕作されている土地でなくても、耕作しようとすればいつでも耕作できるような土地は、農地に該当します。その判断は、ケースバイケースであり、画一的な基準を見出すことは難しく、農地性の判断に迷うことがあれば、農地法の規定に従い、許可申請または届出をすることが望ましいといえます。

解説

1．農地法における許可・届出

　農地について所有権を移転するためには、農地法3条から5条に定める許可・届出が必要です。

　したがって、登記事項証明書上、地目が「畑」になっている農地について、売買を理由に所有権移転登記をするためには、法務局に対し売買契約書や代金の領収書を提出するだけでは足りず、農地転用届または農地転用

許可を提出し、農地法上の要件を満たし所有権移転の効果が生じたことを証明しなければなりません。

　農地法における許可・届出は、以下のとおり、定められています。

許可区分	内　　容	許可権者[1]
3条許可	農地のまま権利を移転・設定[2]	農業委員会
4条許可	農地を農地以外に転用	都道府県知事又は指定市町村長
4条届出	上記において農地が都市計画法の市街化区域内にある場合	農業委員会
5条許可	農地を農地以外に転用し、権利を移転・設定[2]	都道府県知事又は指定市町村長[1]
5条届出	上記において農地が都市計画法の市街化区域内にある場合	農業委員会

1）許可権者が、4ヘクタールを超える農地の転用を許可しようとする場合には、あらかじめ農林水産大臣（地方農政局長）と協議することとされている。
2）所有権の移転および賃借権、使用貸借権、その他使用収益権の設定・移転。

（出典：髙橋宏治・八田賢司編著『事例解説　農地の相続、農業の承継』5頁（日本加除出版、2017）から転載）

　設例においては、甲土地を住宅用地として転用した上で売却しますから、農地法5条の許可・届出の要否が問題となります。

　なお、農地法3条ないし5条の許可・届出の要件については、本書では取り扱いません[1]。

2．農地性

(1) 問題の所在

　甲土地は、かつては農地として耕作していたものの、現在は休耕地と

1　農地法3条ないし5条の許可・届出の要件については、髙橋宏治・八田賢司編著『事例解説　農地の相続、農業の承継　農地・耕作放棄地の権利変動と農家の法人化の実務』5頁以下（日本加除出版、2017年）が詳しいので参照してください。

第7章

なっており、雑草が生い茂った状態です。このような土地も、農地法にいう「農地」に該当し、農地法 5 条の許可・届出が必要となるのでしょうか。

（2）農地の定義・判断基準

　農地法上、「農地」とは、耕作の目的に供される土地とされていますが（農地法 2 条 1 項）、具体的な内容は、「農地法関係事務に係る処理基準について」（平成 12 年 6 月 1 日付農林水産事務次官通知、以下「本通知」といいます。）に定められています。

　本通知によれば、「農地」とは、耕作の目的に供される土地をいい、この場合、「耕作」とは土地に労費を加え肥培管理を行って作物を栽培することをいい、「耕作の目的に供される土地」には、現に耕作されている土地のほか、現在は耕作されていなくても耕作しようとすればいつでも耕作できるような、すなわち、客観的にみてその現状が耕作の目的に供されるものと認められる土地（休耕地、不耕作地等）も含まれるとされています。

　さらに、本通知によれば、農地等に該当するかの判断にあたっては、その土地の現況によって判断するのであって、土地の登記簿の地目によって判断してはならないとされています。

（3）長年にわたって耕作を行っていない土地の農地性

　設例のように、長年にわたって耕作を行っていない土地であっても、本通知に従い、「耕作の目的に供される土地」、すなわち、現に耕作されている土地のほか、現在は耕作されていなくても耕作しようとすればいつでも耕作できるような、すなわち、客観的にみてその現状が耕作の目的に供されるものと認められる土地（休耕地、不耕作地等）であれば、農地に該当し、農地法の許可・届出が必要になります。

　かつては、農地性が争われた事案がありました。

　東京高判昭和 63 年 12 月 12 日[2] も、地目を「畑」から「原野」に変更する登記申請を却下した決定の効力が争われた事案において、当該土地の農

---

[2]　判タ 695 号 119 頁

地性について、耕作をやめて約8年が経過し、その間放置されていたため原野に近い外観を呈していたが、いまだ畑の形状・形質が失われていたものではないこと、費用面からみて当該土地を耕作可能な状態に復元するのは必ずしも困難とは言えないこと等から、いまだ農地性を失っていないと判示しました。

　一方、東京高判昭和58年11月18日[3]は、売買契約成立当時、農地であった土地が、その後耕作ないし肥培管理を全くされないまま放置され、茅、篠等のほか雑草が一面に繁茂するに任せられていた事案において、売買契約後10年を経過する間に非農地化したと認定しています。

3．非農地証明書

　しかし、現在においては、各市区町村の農業委員会から「非農地証明書」を取得することにより、農地法の規制から外す方法があります。

　非農地とは、土地登記簿上の地目が農地（田・畑）であるものの、その現状が農地以外の土地になっているもので、一定の条件を満たしている場合、非農地として証明を受けることができる土地をいいます。

　非農地証明書があれば、地目を変更することができ、売却にあたって、農地法上の許可を得る必要がなくなり、所有権移転登記も可能となります。

　非農地証明書発行の事務は、農業委員会が取り扱っており、申請がなされた後、農業委員会において決定され、非農地証明書が交付されます。その基準については、各地の農業委員会において定められています[4]。非農地

---

[3]　判時1100号66頁
[4]　たとえば、藤沢市農業委員会では、「非農地」とは、農地等に復元することが著しく困難な土地（住宅の庭敷地、駐車場、資材置場など）で、次に掲げる要件をすべて満たすものをいうとしています（https://www.city.fujisawa.kanagawa.jp/nogyoiin/hinoutisyoumei.html）。
1. 農用地区域に設定されていないこと
2. 第1種農地の場合は、転用目的が立地基準に適合すること
3. 周辺の農地に係る営農条件に支障を生じるおそれがないこと
4. 農地を含む筆の一部でないこと
5. 申請時から過去10年間、違反転用として追及されておらず、かつ、今後も追及する見込みがないこと。
6. 他法令違反がないこと（建築物等）

証明書の発行は、農業委員会のサービスであるとされ、その基準も農業委員会ごとに違いがあります。

4．実務対応

　甲土地は、長年にわたって耕作を行っておらず、雑草が生い茂った状態であり、その農地性は直ちに判断できませんが、現実問題として、地目が「畑」として登記されている以上、非農地証明書を取得して地目を「畑」以外の地目に変更するか、農地法の許可・届出をしなければ、当事者間で売買契約を締結したとしても、所有権移転登記をすることができません。

　甲土地が市街化区域内にあるのであれば、農業委員会に対する届出のみで足りるのですから、手続は簡便です。

　しかし、甲土地が市街化区域外にある場合には、まずは、非農地証明書の取得を検討することになります。非農地証明書の取得ができなかった場合には、農地法5条の許可申請を行い、許可を得た上で、売却を行うことになります。

Column

生産緑地制度

　近時、生産緑地の解除が話題となっています。生産緑地は、大都市圏の市街化区域に多く存在します。バブル経済期の1992年に生産緑地法が改正され、一定の条件を満たした農地を生産緑地として指定されると、固定資産税が一般農地並みの課税になり、終身営農することを条件に相続税の納税猶予が受けられたりする税制優遇措置が取られますが、その代わり、農業以外の用途に土地を使えない、建築物を建てられないなどの行為が制限されます。バブル経済を背景に、多くの都市農地が1992年にその指定を受けました。

　生産緑地指定解除の条件の一つが「指定から30年の経過」です。法改正（1992年）から30年が経過するのが2022年です。生産緑地指定を解除すれば、税制優遇は受けられない代わりに、宅地転用が可能になります。そこで、ハウスメーカーやデベロッパーが、良質な農地（宅地）を求め、農地転用が活発化すると言われてきました。

　もっとも、国による宅地化防止の対策も取られています。2017年の生産緑地法の改正により、「特定生産緑地指定制度」が創設され、生産緑地に指定されている農地が新たに「特定生産緑地」に指定されると、引き続き農地としての課税評価と相続税納税猶予制度が継続されます。2018年には都市農地貸借法が成立し、農地を他の農家に貸し付けたり、市民農園を経営する事業者に直接貸し付けることが可能になりました。

　弁護士が生産緑地を扱うことは少ないですが、相続問題を契機として扱うことがあります。被相続人が営農していたが、相続人に営農を希望する者がいない場合、農地を宅地化して換価し、その代金を分割したいこともありますし、営農を希望する相続人が、広大な都市農地（生産緑地等）を相続した上で、他の相続人に多額の代償金を支払わなければならないこともあります。こうした場合、農業委員会との折衝や農地の取扱いに長けている司法書士や税理士等への相談により、円滑な対応ができることが多くあります。

第7章

Q 41　再開発③
都市再開発

> 　Xは、第一種市街地再開発事業の施行区域内に宅地を有しているところ、その土地を売却することを検討しています。再開発事業の進捗状況に応じて、土地の売却にあたって留意すべき点は何でしょうか。

A　第一種市街地再開発事業の都市計画決定がなされた段階、施行認可等を受けた段階、権利変換計画が決定された段階など、都市再開発法に基づく手続の進捗に応じて、施行区域内の土地処分については、施行者の承諾が必要になったり、登記自体が許されない時期があったりする等、一定の制限は受けることがあります。

　手続の進捗に応じて、法令を調査し、売却（所有権移転登記）が円滑に進むかどうか確認をした上で、土地を売却する必要があります。

解説

1. 市街地再開発事業

　よく駅前再開発において、一定の区域が更地になり、その後、拡大したロータリーや再開発ビル（高層マンション）が現れることがあります。都市再開発は、既成市街地内部の低層過密・用途混在・公共施設不足といった問題を解決するため、都市機能の更新や環境の改善を図るために行われます。たとえば、老朽木造建築物が密集している地区等において、細分化された敷地の統合、不燃化された共同建築物の建築、公園、広場、街路等の公共施設の整備等を行うことにより、都市における土地の合理的かつ健

全な高度利用と都市機能の更新を図ることを目的に行われます[1]。

　市街地再開発事業は、第一種市街地再開発事業と第二種市街地再開発事業とに分けられますが、いわゆる駅前再開発は、権利変換方式の第一種市街地再開発事業として行われることが多いです[2]。以下、第一種市街地再開発事業を前提に記述します。

　市街地再開発事業においては、施行区域内の各土地は合筆され、それぞれの所有権は合筆された土地の共有持分に権利変換され、各建物は、その所有権が施工者に移転された上で解体され、権利者には、新しく建築される建物（高層マンションや商業施設）の区分所有権が与えられます。

　再開発事業が完了するまでには長い時間がかかるのが一般的ですが、再開発事業が完了すれば、権利者には高層マンションの一室や再開発ビルの商業スペースが与えられ、そこに住んだり商売を営んでもよいですし、売却してもかまいません。しかし、権利処分（換価）を急ぐ事情がある場合、手続の進捗に応じて、どのような手続で処分するのか検討しておく必要があります。

　権利者には、再開発事業に支障がない限り、原則として、その権利を処分する自由があるはずです。しかし、再開発事業は何十年もかかる場合もあり、それは事業の進捗に応じて考えていく必要があります。そこで、まずは、市街地再開発事業の流れを整理し、自らの所有地を含む施行区域において、手続がどこまで進んでいるのかを確認する必要があります。

第7章

---

[1]　都市再開発法制研究会編著『わかりやすい都市再開発法〔改訂3版〕』4頁（大成出版社、2018）

[2]　第二種市街地再開発事業は、原則として地方公共団体が実施する事業であり、施行区域の面積が0.5ヘクタール以上で災害発生のおそれが著しく、防災上必要な公共施設や駅前広場などを早急に整備する必要があるときに施行されます（井上治『不動産再開発の法務　都市再開発・マンション建替え・工場跡地開発の紛争予防』307頁）。

2．第一種市街地再開発事業の手続の流れ

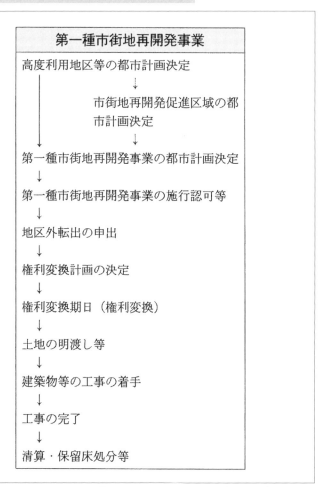

（出典：都市再開発法制研究会編著『わかりやすい都市再開発法〔改訂3版〕』7頁より（大成出版、2018）から《市街地再開発事業のフロー》第一種市街地再開発事業を転載）

3．土地所有者に対する制限

(1) 市街地再開発促進区域の都市計画決定

　市街地再開発促進区域の都市計画決定（①）がされると、市街地再開発促進区域内においては、木造等の二階建て以下の建築物の建築についても、都道府県知事等（建築許可権者）の許可を得なければなりません（都市再開発法7条の4第1項）。これに違反した場合、建築許可権者から、その違反を是正するため必要な措置を命ぜられます（同法7条の5第1項）。

　建築の許可が得られなかった場合には、当該土地の所有者は、建築許可権者に対し、同法7条の4第1項の許可がされないときはその土地の利用に著しい支障を来すこととなることを理由として、当該土地を買い取るべき旨の申出をすることができ、特別の事情がない限り、当該土地を時価で買い取ってもらうことができます（同法7条の6第3項）。

　上記の都市再開発法の手続によらず、当事者間で任意に施行区域内の土地建物を売買することも可能です。

(2) 市街地再開発事業の都市計画決定後

　市街地再開発事業の都市計画決定（②）がされると、施行区域内で建築物の建築をしようとする者は、都道府県知事等の許可を得なければなりません（都市計画法53条1項、55条1項）。

　建築の許可が得られなかった場合には、当該土地の所有者は、都道府県知事等に対し、都市計画法55条1項の許可がされないときはその土地の利用に著しい支障を来すこととなることを理由として、当該土地を買い取るべき旨の申出をすることができ、特別の事情がない限り、当該土地を時価で買い取ってもらうことができます（同法56条1項）。

　上記の都市再開発法の手続によらず、当事者間で任意に施行区域内の土地建物を売買することも可能です。

(3) 市街地再開発事業の施行認可

　市街地再開発事業の施行の認可（③）の公告があった後においては、施行地区内においては、市街地再開発事業の施行の障害となるおそれのある

土地の形質の変更もしくは建築物その他の工作物の新築・改築・増築または移動の容易でない物件の設置・堆積を行おうとする者は、都道府県知事等の許可を受ける必要があります（都市再開発法 66 条 1 項）。

　また、市街地再開発事業の施行認可の公告がされると、施行者は、遅滞なく施行地区内の宅地、建築物等について権利変換手続開始の登記の申請または嘱託を行います（同法 70 条 1 項）。この登記がされた後は、土地所有者等は、これらの権利を処分するには施行者の承認を得なければならず（同条 2 項）、その承認を得ないでした処分は、施行者に対し対抗することができません（同条 4 項）。

(4) 地区外転出の申出

　市街地再開発事業の施行の認可の公告があったときは、施行地区内の宅地の所有者等は、その公告があった日から起算して 30 日以内に、施行者に対し、権利変換を希望せず、自己の有する宅地等に代えて金銭の給付を希望しまたは自己の有する建築物を施行地区外に移転すべき旨を申し出ること（地区外転出の申出④）ができます（都市再開発法 71 条 1 項）。

　地区外転出の申出期限が経過した日は、権利変換計画作成に際しての評価基準日となります。地区外転出の申出をした者に対しては、その補償として、権利変換期日までに、近傍類似の土地、近傍同種の建築物または近傍類似の土地もしくは近傍同種の建築物に関する同種の権利の取引価格等を考慮して定める相当の価額（同法 80 条 1 項）に、評価基準日から権利変換計画の認可の公告の日までの物価の変動に応ずる修正率を乗じて得た額に、当該権利変換計画の認可の公告の日から補償金を支払う日までの期間につき法定利率による利息相当額を付してこれが支払われます（同法 91 条 1 項）。

　この段階においても、土地所有者等は、これらの権利を処分するには施行者の承認を得なければならず（同法 70 条 2 項）、その承認を得ないでした処分は、施行者に対し対抗することができません（同条 4 項）。

(5) 権利変換期日

　権利変換計画が認可（⑤）されると、遅滞なく、その旨の公告が行われ、関係権利者に書面をもって通知されます（都市再開発法86条1項）。

　権利変換期日（⑥）には、権利変換計画に従い、施行区域内の土地は合筆され、土地所有権は、合筆後の共有持分に変換され、建物所有権は、施行者に移転します（同法87条1項・2項）。

　権利変換期日以後においては、施行地区内の土地および都市再開発法87条2項の規定により施行者に帰属した建築物に関しては、権利変換の登記がされるまでの間は、他の登記をすることができません（同法90条3項）。

　権利変換の登記がなされた後は、当事者間の売買契約に基づき、土地共有持分の所有権移転登記を行うことができます。

(6) 土地明渡し

　権利変換により失った権利に基づき施行地区内の土地または建築物を占有していた者は、施行者が通知した明渡しの期限（⑦）までは、従前の用法に従い、その占有を継続することができますが（都市再開発法95条）、明渡し期限までに、土地若しくは物件を引き渡さなければなりません（同法96条1項）。

　この場合、関係権利者は、施行者から、土地の明渡しに伴い通常受ける損失が補償されます（同法97条1項）[3]。

(7) 工事着工から完成へ

　市街地再開発事業の施設建築物の建築工事が着工（⑧）し、完了（⑨）したときは、施行者は、遅滞なく、施設建築物および施設建築物に関する権利について必要な登記を申請または嘱託します（都市再開発法101条）。この登記がなされるまでの間は、施設建築物に関する権利に関しては、他

第7章

---

[3]　通常受ける損失には、物件の移転料、仮住居、仮営業所のための費用、移転雑費等があります（前掲脚注1）都市再開発法制研究会編98頁）。

の登記をすることができません（同条 2 項）。

　この登記申請により、関係権利者は、施設建築物についての所有権保存登記を得ることができます。その後は、一般的な不動産売買と同じく、区分所有権および敷地権を売却して換価することが容易になります。

4．最後に

　このように、市街地再開発事業の施行区域内の土地を所有している場合、都市再開発法等に基づき、建築制限、地区外転出、権利変換、補償などが行われますが、都市再開発法外において、当事者間で土地や建物（施設建築物の区分所有権を含みます。）を売買することも可能です。もっとも、この場合、登記手続上、また、施行者との関係上の制約を受ける場合がありますので、注意が必要です。

　本設例では、土地所有権を中心に説明をしていますが、借地権や借家権を有している場合にも、様々な規制を受ける反面、保護の制度もありますので、注意が必要です。

Column
再開発と賃借人対応

　都市再開発法に基づく再開発に際し、対象となる建物に賃借人がいる場合、当該建物の所有者は、どのように対応すべきでしょうか。

　賃借人も都市再開発法に従う義務があります。権利変換期日に借家権は消滅し（都市再開発法87条2項）、施行者が定めた期限までに立ち退く必要がありますが（同法96条1項）、権利変換計画に従い権利変換により新建物に借家権を取得します（都市再開発法73条12号、88条5項）。

　しかし、これを機に所有者（賃貸人）が自己使用を希望したり、賃料の大幅な引き上げを希望する場合も多く、再開発を機に賃借人に退去を求めることがあります。

　この場合、賃貸人は、賃借人に対し、賃貸借契約の更新拒絶や解約申入れをしますが、借地借家法にいう正当事由を満たす必要があります。新建物について借家権を取得できることは賃借人の権利でもあり、単に再開発が実施されることだけで正当事由を満たすことはできません。賃貸人が自己使用する必要性や相応の立退料提示が必要であり、これを満たすことは容易ではありませんし、交渉の時間も限られています。そのため、合意解除を目指すことになります。

　立退き交渉の場面では、賃借人から、移転に伴う過大な補償金や再開発の経済的メリットの分配を主張され、高額な立退料を要求されることがあります。法律的に理由のない法外な要求であることもありますが、裁判をしている時間的余裕はありません。そのため、立退料鑑定の結果、退去による経済的利益（賃料上昇）による回収可能性といった経済的合理性や、自己使用の必要性などと天秤にかけながら、賃借人の要求にどこまで我慢できるかの勝負となります。特に、新建物で自分の店舗やオフィスを持ちたいという要求は、経済的合理性だけでは説明できないこともあるでしょう。所有者（賃貸人）である依頼者の目的が何にあるのかをよく伺い、依頼者の納得のいく結論を目指すことが肝要です。

第7章

再開発④
土地区画整理

　Xは、土地区画整理事業の計画区域内に宅地を有している
ところ、その土地を売却することを検討しています。土地区
画整理事業の進捗状況に応じて、土地の売却にあたって留意
すべき点は何でしょうか。

A　土地区画整理事業の施行区域内の土地を所有している場
合、都市計画法や土地区画整理法に基づき、建築制限、仮換
地売買についての制約、登記名義変更制限を受けることがあ
りますので、注意が必要です。

解説

1．土地区画整理事業

　土地区画整理事業とは、未整備な市街地または市街地予定地を健全な市
街地に造成するため、定められた施行地区内の土地について、換地方式に
より、道路、公園等の公共施設の整備とともに宅地の区画形状を整える事
業であり、それに必要な土地を公平に負担、すなわち減歩するという仕組
みを持った事業をいいます。土地を供出することにより土地所有面積は減
少しても、後の残った土地が宅地として環境、利用面が改善され、価値が
上がることにより、その損失を補って余りあるのが通例とされています[1]。
　土地区画整理事業が完了するまでには長い時間がかかるのが一般的です
が、土地区画整理事業が完了すれば、権利者は、その所有する土地の面積

---

[1]　土地区画整理法制研究会編著『よくわかる土地区画整理法　〔第二次改訂版〕』1頁以下（ぎょ
　　うせい、2013）

が減少してもその価値が上昇しているのが通常であり、その利益を享受することができます。もっとも、権利処分（換価）を急ぐ事情がある場合、手続の進捗に応じて、どのような手続で処分するのか検討しておく必要があります。

　権利者には、土地区画整理事業に支障がない限りは、原則として、その権利を処分する自由があるはずですが、土地区画整理事業は何十年もかかる場合もあり、それは事業の進捗に応じて考えていく必要があります。そこで、まずは、土地区画整理事業の流れを整理し、自らの所有地を含む施行地区内において、手続がどこまで進んでいるのかを確認する必要があります。

２．土地区画整理事業の仕組みと流れ

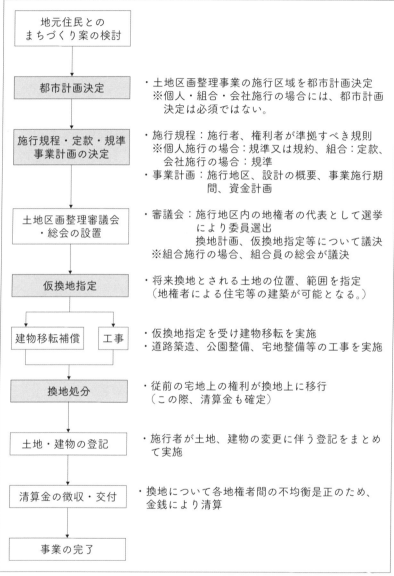

地元住民との
まちづくり案の検討

都市計画決定
・土地区画整理事業の施行区域を都市計画決定
　※個人・組合・会社施行の場合には、都市計画
　　決定は必須ではない。

施行規程・定款・規準
事業計画の決定
・施行規程：施行者、権利者が準拠すべき規則
　※個人施行の場合：規準又は規約、組合：定款、
　　会社施行の場合：規準
・事業計画：施行地区、設計の概要、事業施行期
　　　　　　間、資金計画

土地区画整理審議会
・総会の設置
・審議会：施行地区内の地権者の代表として選挙
　　　　　により委員選出
　　　　　換地計画、仮換地指定等について議決
　※組合施行の場合、組合員の総会が議決

仮換地指定
・将来換地とされる土地の位置、範囲を指定
　（地権者による住宅等の建築が可能となる。）

建物移転補償　工事
・仮換地指定を受け建物移転を実施
・道路築造、公園整備、宅地整備等の工事を実施

換地処分
・従前の宅地上の権利が換地上に移行
　（この際、清算金も確定）

土地・建物の登記
・施行者が土地、建物の変更に伴う登記をまとめ
　て実施

清算金の徴収・交付
・換地について各地権者間の不均衡是正のため、
　金銭により清算

事業の完了

（出典：国土交通省都市局市街地整備課ホームページを元に作成）

3．土地の所有者に対する制限

(1) 都市計画決定

　土地区画整理事業の施行区域の都市計画が決定されると（都市計画法12条2項）、以後、土地区画整理事業の事業計画の決定の公告がなされるまでの間、施行区域内においては、建築行為等の制限が課せられます（都市計画法53条、土地区画整理法3条の4第3項）。

　なお、個人・組合・会社施行の場合には、都市計画決定は必須ではないため、この場合には、都市計画法53条による建築行為等の制限はありません。

(2) 事業計画の決定

　個人または区画整理会社施行の場合の施行認可の公告、組合施行の場合の組合設立の認可（事業計画と併せて行う場合）または事業計画の認可の公告、地方公共団体または国土交通大臣施行の場合の事業計画の決定の公告、機構等施行の場合の施行規定および事業計画の認可の公告がなされると、その公告の日以後、換地処分の公告の日まで、土地の形質の変更、建築物等の新築、改築または増築等が制限されます（土地区画整理法76条1項）。

　もっとも、この時点において、土地所有権の処分自体が制限されることはありません。

(3) 仮換地指定

ア　仮換地の効力

　仮換地指定がなされると、その効力発生日から換地処分の公告の日まで、従前の宅地の所有者および使用収益権者は、仮換地について従前の宅地と同じ内容の使用収益権を有するとともに、従前の宅地については使用収益をすることができません（土地区画整理法99条1項）。

　つまり、従前の宅地に所有者としての登記名義を残したまま、仮換地に権利の実体は移転し、仮換地について従前の宅地と同一内容の使用収益を

第7章

させることになります[2]。

　この仮換地指定がなされた場合において、従前の宅地を売却する場合には、従前土地の所有名義を買主に移転すれば足ります。

イ　仮換地の売買

　仮換地指定がなされた後も、土地所有名義は、従前の土地にそのまま据えおかれますが、仮換地を売買することは可能でしょうか。

　最判昭和 43 年 9 月 24 日[3] は、仮換地の売買は、法律的には従前地の売買であり、従前地の権利移転に対応してその譲受人が仮換地の使用収益権を取得することとなるとしています[4]。

ウ　仮換地の特定の一部分についての売買

　仮換地指定がなされた場合において、仮換地の特定の一部分について売買が行われた場合、その効力をどのように考えるべきでしょうか。

　前掲最判は、仮換地の一部の売買契約が成立したが、その部分が従前の土地二筆のうちいずれの土地のどの部分に該当するかを確定することができないという事実関係の下で、「このような場合には、仮換地全体の面積に対する当該特定部分の面積比率に応じた従前の土地の共有持分につき売買契約が締結され、その持分について、処分の効果が生ずるとともに、従前の土地についての持分に基づいて仮換地の当該特定部分を使用収益する権能を認める合意があったものと解するのが相当である」と判示しています。

エ　仮換地の指定後従前土地が分割譲渡された場合

　仮換地の指定後に、従前土地が分割されて譲渡された場合、従前土地のうち分割譲渡された土地の所有名義人は買受人となりますが、この場合、買受人は、仮換地についてどのような権利を取得するのでしょうか。

　最判昭和 43 年 12 月 24 日[5] は、「分割された従前の土地の所有権に基づ

---

[2] 仮換地上に使用収益の障害となる物件が存する場合その他特別の事情がある場合は、使用収益の開始日を仮換地指定の効力発生日と別に定めることができます（土地区画整理法 99 条 2 項）。

[3] 民集 22 巻 9 号 1959 頁

[4] 前掲脚注 1）土地区画整理法制研究会 109 頁

[5] 民集 22 巻 13 号 3393 頁

いて各自が使用収益権を専有するものと主張し得べき仮換地の範囲を具体的に確定するためには、仮換地の指定権者たる施行者から各筆に対する仮換地を特定した変更指定処分を受けることを要し、その変更指定がされるまでは、各所有者は、分筆前の土地に対して指定された仮換地全体につき、従前の土地に対する各自の所有地積の割合に応じ使用収益権を共同して行使すべき、いわゆる仮換地に対する使用収益権は準共有関係にある」と判示しました。

(4) 換地処分

換地処分は、換地計画において定められた関係事項を関係権利者に通知することによってなされ（土地区画整理法103条1項）、換地処分の公告がされます（同条4項）。

換地処分の公告がされると、換地計画において定められた換地は、その公告があった日の翌日から従前の宅地とみなされ（同法104条1項）、遅滞なく、土地および建物についての登記が行われます（同法107条2項）。

換地処分の公告があった後においては、施行地区内の土地および建物に関しては、上記登記が完了するまでは、他の登記をすることができません（土地区画整理法107条3項）。

したがって、換地処分の公告から登記が完了するまでの間は、換地について売買をしたとしても、所有権移転登記をすることができません。一方、換地の登記が完了すれば、換地の売買についての制約はなくなります。

4. 最後に

このように、土地区画整理事業の施行区域内の土地を所有している場合、土地区画整理法等に基づき、建築制限、仮換地売買についての制約、登記名義変更制限を受けることがありますので、注意が必要です。

第7章

著者紹介

関 口 康 晴 （せきぐちやすはる）

西村・町田法律事務所。第一東京弁護士会所属
立教大学法学部兼任講師、一般財団法人不動産研究所判例研究員、ビル経営
管理士試験 試験委員、賃貸不動産経営管理士試験 試験委員、日中法律家交
流協会（理事・幹事）

主な執筆歴

- 『Q&A マンション管理紛争解決の手引』（共著）（新日本法規出版、2015）
- 『お墓にまつわる法律実務』（編集・執筆代表）（日本加除出版、2016）
- 『マンションにおける共同利益背反行為への対応』（共著）（日本加除出版、2018）
- 『逐条 破産法・民事再生法の読み方』（共著）（商事法務、2018）
- 「建物への仮差押えが本執行に移行した場合の法定地上権の成否」不動産研究第 60 巻第 2 号

町 田 裕 紀 （まちだひろのり）

西村・町田法律事務所。第一東京弁護士会所属。
ビル経営管理士試験 試験委員、投資法人コンプライアンス委員会外部委員、
私立大学評議員、事業会社監査役、第一東京弁護士会司法研究委員会、元マ
ンション管理紛争研究部会所属

主な執筆歴

- 「更新料問題が賃貸実務に与える影響（上下）」週刊住宅平成 22 年 1 月 18 日号、同 25 日号
- 『Q&A マンション管理紛争解決の手引』（共著）（新日本法規、2015）
- マンションと民泊に関するコメント掲載（読売新聞 2015 年 12 月 25 日号）
- 『マンションにおける共同利益背反行為への対応』（共著）（日本加除出版、2018）

こんなときどうする？　Q＆A
処分の難しい不動産を整理するための法律実務
負動産にしないための法的アプローチ

2022年7月28日　初版発行
2024年1月22日　初版第2刷発行

著　　者　　関　口　康　晴
　　　　　　町　田　裕　紀

発　行　者　　和　田　　裕

発行所　　日本加除出版株式会社
本　　社　　〒171-8516
　　　　　　東京都豊島区南長崎3丁目16番6号

組版・印刷・製本　㈱アイワード

定価はカバー等に表示してあります。
落丁本・乱丁本は当社にてお取替えいたします。
お問合せの他、ご意見・感想等がございましたら、下記まで
お知らせください。

〒171-8516
東京都豊島区南長崎3丁目16番6号
日本加除出版株式会社　営業企画課
電話　　03-3953-5642
FAX　　03-3953-2061
e-mail　toiawase@kajo.co.jp
URL　　www.kajo.co.jp

© 2022
Printed in Japan
ISBN978-4-8178-4817-8

JCOPY　〈出版者著作権管理機構　委託出版物〉
　本書を無断で複写複製（電子化を含む）することは、著作権法上の例外を除
き、禁じられています。複写される場合は、そのつど事前に出版者著作権管理
機構（JCOPY）の許諾を得てください。
　また本書を代行業者等の第三者に依頼してスキャンやデジタル化することは、
たとえ個人や家庭内での利用であっても一切認められておりません。

〈JCOPY〉　H P：https://www.jcopy.or.jp、 e-mail：info@jcopy.or.jp
　　　　　電話：03-5244-5088、FAX：03-5244-5089

行為差止め、使用禁止、強制競売、とるべき対応は？

マンションにおける共同利益背反行為への対応
区分所有法57条・58条・59条・60条の実務

商品番号：40735
略　　号：マン共

関口康晴・町田裕紀・小川敦司・田村裕樹・川口洸太朗 著
2018年10月刊 A5判 268頁 定価2,750円(本体2,500円)
978-4-8178-4514-6

●区分所有法57条〜60条（義務違反者に対する措置）に絞って、その法律
　実務を徹底的に掘り下げた実務書。具体的事例を基にしたQ&Aで、様々な
　トラブルごとにその行為が①共同利益背反行為に該当するかどうか②該当す
　るとして57条〜60条のどれで対応するかを、豊富な裁判例を踏まえて詳説。

不動産に関する弁護士実務の「実践的」手引書

実例 弁護士が悩む不動産に関する法律相談
専門弁護士による実践的解決のノウハウ

第一東京弁護士会法律相談運営委員会 編著

商品番号：40592
略　　号：弁不相

2015年7月刊 A5判 488頁 定価4,620円(本体4,200円)
978-4-8178-4243-5

●実例をもとに、事件解決までの具体的な道筋を紐解き、弁護士が直面しやす
　い「問題や疑問」に対する方策を提示。「専門弁護士」の考え方や事件解決
　の手法、「難しい問題」に直面したときの「採るべき方策」がわかる。

日本加除出版

〒171-8516　東京都豊島区南長崎 3 丁目16番 6 号
TEL（03）3953-5642　FAX（03）3953-2061（営業部）
www.kajo.co.jp